《政治学与国际关系智库丛书》 总主编：陈 琪 陈 波

本书出版得到中央财政支持地方高校发展专项资金和重庆市
一级重点学科——西南政法大学政治学学科的资助

战后美国对阿富汗政策的演变研究

On the Evolution of American Policy towards Afghanistan after World War II

► 王 冲◎著

中国出版集团公司

世界图书出版公司

广州·上海·西安·北京

图书在版编目（CIP）数据

战后美国对阿富汗政策的演变研究 / 王冲著 . — 广
州：世界图书出版广东有限公司，2017.4
　ISBN 978-7-5192-2853-8

　Ⅰ . ①战… Ⅱ . ①王… Ⅲ . ①美国对外政策—研究—
阿富汗 Ⅳ . ①D871.20

中国版本图书馆 CIP 数据核字（2017）第 090308 号

书　名	战后美国对阿富汗政策的演变研究
	ZHANHOU MEIGUO DUI AFUHAN ZHEGNCE DE YANBIAN YANJIU
著　者	王　冲
责任编辑	孔令钢　冯彦庄
装帧设计	黑眼圈工作室
出版发行	世界图书出版广东有限公司
地　址	广州市新港西路大江冲 25 号
邮　编	510300
电　话	020-84460408
网　址	http:// www.gdst.com.cn
邮　箱	wpc_gdst@163.com
经　销	新华书店
印　刷	北京市金星印务有限公司
开　本	710mm×1000mm　1/16
印　张	16.75
字　数	284 千
版　次	2017 年 4 月第 1 版　2017 年 4 月第 1 次印刷
国际书号	ISBN　978-7-5192-2853-8
定　价	50.00 元

《政治学与国际关系智库丛书》
学术委员会

谨以此书献给我的父母和妻子

《政治学与国际关系智库丛书》总序

2014年伊始，世界政治就被层出不穷的冲突和纠纷所困扰，亦显示出变化的曙光。一方面，俄罗斯与西方世界围绕克里米亚的角力，隐隐然让世人看到传统冷战思维的回潮；另一方面，包围在马航MH370航班失联事件的疑团，凸显了在全球化时代国家间合作的必要性与困难度。在和平与发展成为世界公认价值的今天，很多老问题尚待解决，不少新问题也应运而生。面对略显纷乱嘈杂的现实，古老的政治学和国际关系学，迎来了前所未有的发展机遇和严峻挑战。

重新聚焦政治学与国际关系学研究，是全球化浪潮和信息时代的必然要求。首先，伴随着经济全球化程度的不断加深，全球治理的概念开始受到越来越多的关注，这一趋势在国际金融危机爆发之后更加明显。在武器扩散、恐怖主义、环境保护、疾病预防以及经济发展等诸多领域，都要将全球看作一个相互联系的体系来解决问题，政治学者需要及时提出有效的理论分析和政策建议。其次，国家作为国际关系中最主要的行为体，既要对外面对国家间冲突、政经纠纷等问题，也要对内面对因应贫富差距拉大、扁平化社会所带来的诸多矛盾。这些理论及操作层面的疑问，都亟需学者从政治学与国际关系学的视角给出相应的答案。

重新聚焦政治学与国际关系学研究，是对正走在"圆梦之路"上的中国自身的突出贡献。其一，正在崛起的中国，对内正在进入全面深化改革和经济结构转型的"深水区"，学者需要为促进经济发展和缓解社会矛盾提供更多的政治智慧。其二，随着中国实力的不断提升，伴随而来的外面环境压力也在逐渐增强。如何妥善解决包括海洋争端和贸易摩擦在内的国际议题，如何为已经秉承了近三十年的"韬光养晦"的对外战略注入新的内涵，是理论界必须承担的责任。其三，中国怎样更好地履行负责任大国的职责，并更好地向全世界传达属于自己的政策主张乃至价值取向，也是一个有价值的前瞻性课题。

重新聚焦政治学与国际关系学研究，也是中国政治学和国际关系学术界自身发展的诉求。政治学是一个古老的学科，中国的政治学研究则是一个肇始于19世纪末，

　　繁荣自 20 世纪 70 年代末的新局面。学者们目前的工作，不仅是要积极追赶和呼应西方政治学科的发展前沿，提高我国政治学研究的科学性；也要充分汲取中国传统政治文化和政治治理的丰富养分，扎根于目前的政治现实，缔造具有中国特色和普遍适用价值的理论观点。对国际关系学科而言，国内学界在学科建设、研究方法和运用研究资料等方面，也存在着追赶国际先进水平的压力。在目前国际关系学科内范式融合和全球治理理念盛行的背景下，国内学者需要在思想创新和议题选择上做出更多努力。

　　当然，一个学科的发展和壮大，绝不能仅仅依赖于学者个人或者群体的努力，更需要有蓬勃向上的国力和理性有序的社会氛围作为支撑，需要来自于政府、高校、非政府组织乃至公司企业的资源倾斜。与此同时，学者也有责任将相关理论和政策研究的成果，以及自身所具有的文化视角和国际视野，转化为推动国家发展的动力，即所谓智库的作用。目前，智库在中国的发展尚属方兴未艾，我们也希望有更多的学者同仁加入其中，群策群力间实现本学科的跨越式发展，一同积极面对现实，踏实研究问题。

　　基于以上的目的与意义，为了向国内外学者与公众展示和分享政治学和国际关系学领域的研究成果，中国出版集团世界图书出版广东有限公司武汉学术出版中心精心策划和推出了《政治学与国际关系智库丛书》。我们期望通过这样一个平台，收集和推出一批高质量的兼具理论与现实意义的专著、译著、论文集等，展现本学科学者们笃学省思的风采。在此，也拜求学界各同道先进，不吝赐稿，共襄盛举。

　　最后，该丛书的顺利出版有赖中国出版集团世界图书出版广东有限公司武汉学术出版中心和清华大学国际关系学系的大力支持，有赖有关部门的关心与指导，有赖学界同仁们的关注与帮助，更有赖广大读者、学人的阅评和指教。本人在此一并致上诚挚的谢意！

陈 琪　陈 波

2014 年 3 月 28 日

　　（陈琪，政治学与国际关系学术共同体秘书长，清华大学社会科学学院副院长、教授、博士生导师，《国际政治科学》执行主编；陈波，"冲突管理、和平经济与和平科学"常设国际学术会议中方主席，中央财经大学国防经济与管理研究院院长、教授、博士生导师，*International Journal of Peace Economics and Peace Science* 共同主编）

目　　录

绪　　论

一、研究主题与意义

（一）研究主题

2003 年，美国哥伦比亚广播公司记者乔治·奎尔（George Crile）出版纪实性著作《查理·威尔逊的战争》。[1] 该书出版后，很快引起美国社会高度关注。2007 年，该书被好莱坞经过艺术加工，改编为由汤姆·汉克斯和茱莉亚·罗伯茨等人主演的同名传记电影。作为书中和电影中的主人公，查理·威尔逊（Charlie Wilson）是现实中的美国国会议员，被誉为"冷战英雄"。在 20 世纪 80 年代苏联入侵阿富汗期间，他是要求援助阿富汗抵抗运动以反对苏联的最坚决的美国政客之一。就像一个超级球迷对足球的狂热那样，查理·威尔逊深深地迷上这场战争。他与美国中央情报局合作，说服国会暗中提供经费、武器与人员给阿富汗抵抗运动游击队，使他们能够对抗苏联的入侵，"从而在国际政治中发动了一系列多米诺骨牌效应，将冷战与苏联帝国推向了终结"[2]。影片最后一幕是："在苏联从阿富汗撤军后，查理·威尔逊提出的继续帮助阿富汗人建设公路和学校的要求却被国会拒绝了，美国选择放手不管阿富汗的事务。"由于苏联撤军后美国和国际社会并没有专注于帮助阿富汗人民进行战后重建和恢复和平，阿富汗继续陷入内战和混战的状态，以至于最终成为伊斯兰极端主义和恐怖主义的基地。从某种意义上说，"查理·威尔逊的战争"至今仍以一种他当年从未想过的方式在继续进行着。从 20 世纪 80 年代到 90 年代，再

---

[1]　George Crile, *Charlie Wilson's War: The Extraordinary Story of How the Wildest Man in Congress and a Rogue CIA Agent Changed the History of Our Times.* New York: Grove Press, 2003.

[2]　龚小夏：《"冷战英雄"查理·威尔逊的传奇》，载《南风窗》2008 年第 23 期，第 87 页。

到 21 世纪初期，美国推行的对阿富汗政策及其调整与阿富汗形势变化存在着密切的关联。

最近三十多年来，阿富汗问题始终是国际政治中的重要议题。其间有两个重要的标志性事件，其一是 1979 年 12 月底苏联入侵阿富汗，其二是 2001 年的"9·11"事件及美国发动阿富汗反恐战争。可以说，苏联入侵阿富汗是阿富汗问题产生的直接根源，而美国发动阿富汗战争则使阿富汗问题进一步凸显并延续至今都未能得到解决。自 1980 年至 2012 年，除了 1982、2006、2008 和 2011 年这四个年份外，联合国大会在其他每一年都会通过阿富汗问题相关决议，总数达 53 份之多。[1] 这反映出阿富汗问题在最近三十多年来一直是国际社会关注的焦点。

所谓阿富汗问题，狭义上是指以阿富汗国家重建为中心的一系列问题，涉及中央政权权威树立、现代民主政治和经济发展、社会改革、塔利班和基地组织等极端势力和恐怖势力、民族矛盾、部落与部族、宗教对立、难民回归、军阀势力、毒品种植和交易，等等；广义上还包括这一问题对地区和国际社会产生的影响。显然，阿富汗问题不仅是阿富汗一国的国家问题，也是阿富汗周边国家面对的地区性问题，更是包括美国在内的整个国际社会面对的共同问题。由于阿富汗问题的复杂性、敏感性和特殊性，它又不可避免地带有地缘政治博弈和外部力量权力争夺的色彩。一方面，阿富汗周边和近邻国家的利益和安全与阿富汗问题息息相关；另一方面，美国是阿富汗问题的重要利益相关方，在阿富汗问题上扮演着关键角色，美国的对阿政策对阿富汗重建以及对阿富汗周边和近邻国家都有着不可估量的影响。小布什政府在 2001 年借"9·11"事件发动了阿富汗反恐战争，不仅推翻了塔利班政权，还拉开了阿富汗战后重建的序幕。然而，至今阿富汗重建进程依然缓慢，安全形势仍不容乐观，部分原因在于美国在推翻塔利班政权后对阿富汗长期的战略忽视和对阿政策的失误。奥巴马政府上台后将阿富汗问题置于战略重视的高度，其对阿政策经历了先增兵、后撤军两个阶段。按照奥巴马政府的计划，2014 年年底前，阿富汗国家安全部队将完全接管本国的安全防务责任，美国将从阿富汗实现战略退出。就目前形势来看，阿富汗问题的症结依然存在，未来阿富汗形势仍不明朗甚至有进一步恶化的可能。可以肯定地说，在相当长的时间内，阿富汗问题仍将是国际社会持续关注的焦点，并且在美国对外政策议程中会继续占有一席之地。

---

[1] 参见联合国大会网站 http://www.un.org/zh/ga/documents/gares.shtml，2013 年 4 月 10 日访问。

　　总的来看，最近三十多年来，美国始终是阿富汗问题的重要参与方，美国扮演的角色在一定程度上影响着阿富汗总体形势的发展。如果往前追溯，在 80 年代以前，美国推行的对阿政策同 80 年代以后的阿富汗形势走向之间有着内在的联系。也就是说，目前的阿富汗问题是有历史原因的，单就历史上的外部因素来看，美国推行的对阿政策无疑当列其中。不同历史时期和阶段的美国对阿政策，彼此之间既有共同点，又有不同点，前后既相继又有变化。因此，研究和关注目前的阿富汗问题，不能不探究美国对阿富汗政策的历史变迁。美国对阿政策的演变同目前的阿富汗问题之间的联系是必然性和偶然性的辩证统一。

　　有鉴于此，本研究拟以二战后美国对阿富汗政策的演变为研究主题 [1]，尝试探讨美国在战后不同历史时期对阿富汗政策的成因、内容和影响，力图较全面地揭示美国对阿富汗政策的演变历程，进而从中发现其内在的规律。

（二）研究意义

　　本研究聚焦战后美国对阿富汗政策的演变，既立足于当前的阿富汗问题这一热点，具有现实性，又注重回归和追溯政策演变历程，富有历史感。大体来看，本研究的意义和价值体现在学术和现实两个方面。

　　第一，在学术意义上，本研究较系统地考察了战后美国对阿富汗政策的演变，从而在一定程度上弥补了国内外学界在这一研究领域研究中的不足。从时间上来看，目前国内外学界关于美国对阿富汗政策的研究更多地集中在 "9·11" 事件以后，尤其是奥巴马政府时期。对于 "9·11" 事件以前的美国对阿富汗政策，相关的研究显得较为欠缺，现有的一些研究成果往往限定在特定的历史时期，并且大多属于简单地进行历史性的叙述。本研究论述了战后美国对阿富汗政策的演变，并对战前的美国对阿富汗政策进行了追溯，力图从整体上来勾画出美国对阿富汗政策的演变历程，大致按照背景或成因、内容与特点、影响或评价这样的思路对战后不同历史时期的美国对阿富汗政策进行分析。虽然本研究不可避免地存在相当大的难度，但它在一定程度上有助于弥补国内外学界在美国对阿富汗政策研究中的不足。本研究希望，完成这样一项整体性研究工作能够起到抛砖引玉的效果，在某种程度上推动学界尤其是国内学界对美国对阿富汗政策演变的进一步研究。

_____

　　[1]　需要说明的是，本书研究的奥巴马政府对阿富汗政策主要限于其第一届任期。

第二，在现实意义上，本研究对于中国外交具有一定的参考价值和启发意义。一方面，在不同的时期或阶段，中国因素在美国对阿富汗政策中都有不同程度的凸显。如今美国对阿富汗政策越来越看重中国的角色和作用：美国希望中国能为阿富汗的和平与重建做出更多的贡献，配合而不是阻碍美国对阿富汗政策的实施；同时美国也力图借阿富汗问题保持在中亚的势力存在，以此遏制中国在中南亚的影响力，给中国崛起制造麻烦。在阿富汗问题上，中国和美国既有合作，又有冲突，不过合作是主流，两国在阿富汗问题上有着广泛的共同利益和关注。另一方面，作为阿富汗的重要邻国，中国与阿富汗问题利益攸关。随着近年来中国在中南亚和阿富汗的利益不断增强，阿富汗在中国周边外交的棋盘上分量也在加重：中国是中美巴阿四方协调组成员，在阿富汗政治和解与和平重建进程中始终发挥积极的建设性作用；中亚宗教极端主义、民族分裂主义和国际恐怖主义三股势力活动猖獗，阿富汗问题事关中国西部边疆稳定和安全；阿富汗作为连接"一带"与"一路"两条战略线路的重要通道，具有独特的地缘政治优势和经济投资价值，其安全形势直接关系到"一带一路"战略尤其是中国—中亚—西亚经济走廊和中巴经济走廊在该地区的推进。因此，本研究的现实意义在于：总结战后美国对阿富汗政策的得与失，汲取有益的经验教训，"为我所用"，从而构建更完善有效的中国对阿富汗政策乃至对整个中南亚地区外交的基本框架，以更好地发展中阿战略合作伙伴关系，有力地打击中亚三股势力，维护和拓展中国在阿富汗和中南亚地区的利益，为中国的和平发展和"一带一路"战略规划营造良好的周边环境。

二、相关文献述评

国内外学界关于美国对阿富汗政策的研究具有以下几个特征：其一，对"9·11"事件后的美国对阿政策的研究可以说是方兴未艾，而在对"9·11"事件前的研究上似乎无人问津；其二，对"9·11"事件后的研究主要关注奥巴马政府时期，而关于小布什政府对阿政策的研究非常不足；其三，在对"9·11"事件前的研究上，80年代的美国对阿政策要比其他时期更受学界青睐，与除了80年代的其他时期相比，90年代虽然距今时间上不远，但对这一时期的研究显得最为薄弱；其四，学界关于"9·11"事件前美国对阿政策的研究成果以历史叙述类为主，重叙述、轻分析总结；其五，整体来看，国内学界对美国对阿政策演变的研究无论在质上还是量上都还难以和西方尤其是美国学界相比。

就学界的研究趋势来看，目前的美国对阿富汗政策及其前景依旧是学界研究的重心所在，"9·11"事件以前的美国对阿富汗政策仍然处于被学界冷落和受到忽视的境地。鉴于"9·11"事件在学界对美国对阿富汗政策研究中的标志性意义，加之本研究所需，相关文献述评主要从三个领域展开：一是"9·11"事件前的美国对阿富汗政策；二是"9·11"事件后的美国对阿富汗政策；三是美国与阿富汗关系的历史演变。其中第二个领域是本研究进行文献述评的重点，因为学界在这个领域已做了大量富有成效的研究工作。关于另外两个领域的研究，不仅成果极为有限，而且研究水平也有待提高，但却可以为本研究提供必需的历史素材和有益的思路启发。

（一）关于"9·11"事件前的美国对阿富汗政策

关于"9·11"事件以前的美国对阿富汗政策，国内外学界的研究明显不足，只有极少数的专门研究成果。而且无论是国内学界还是国外学界，都对苏联侵略阿富汗期间的美国对阿政策更感兴趣，但是和研究苏联对阿政策取得的成果相比，学界在美国对阿政策上取得的成果显得要逊色许多，反映出学界对冷战期间美苏两个超级大国对阿政策的研究存在重苏轻美的倾向。

1. 关于美国对阿富汗政策的专门研究

国内外学界在"9·11"事件以前美国对阿富汗政策演变的专门研究上取得了一些成果，这些成果大都可以归入世界史领域的研究范畴。陕西师范大学张树明的硕士学位论文《冷战期间美国对阿富汗政策的发展演变》可以说是国内专门研究美国对阿富汗政策的开拓性成果。该文主要分析了冷战期间的美国对阿富汗政策[1]，将之划分为三个阶段：冷战初期，美国对阿政策是不冷不热、不即不离；50 年代初至 70 年代末，美国对阿政策是与苏争夺、确保中立；苏阿战争期间，美国对阿政策是援"叛"抗苏、逼苏撤军。这篇学位论文对冷战期间美国对阿政策阶段的划分与本研究思路基本一致，是本研究工作的重要基础。不过作为世界史学科专业的论文，它重在还原和叙述美国对政策的历史过程，忽视了对政策背景与动因以及政策影响等方面的研究，而且在运用史料特别是原始档案方面有诸多不足之处。北京语言大学阿米力的硕士学位论文《浅析美国对阿富汗政策的演变：1979—2003》主要论述了 80 年代

---

[1]　张树明：《冷战期间美国对阿富汗政策的发展演变》，陕西师范大学 2003 年硕士学位论文。

和 90 年代以及 "9·11" 事件后两年内的美国对阿政策变化。[1] 然而，该论文在史料运用、逻辑分析等方面存在不少的问题，并且看起来更像是世界史专业的学位论文，虽然作者的专业是国际政治。本研究认为，该论文最重要的价值应该是它尝试对 20 世纪 90 年代的美国对阿政策进行探索，但它的这一探索又是浅尝辄止的。吉林大学姜雅琳的硕士学位论文《里根政府对阿富汗与尼加拉瓜政策的比较研究》通过对里根政府对阿富汗和尼加拉瓜的政策进行比较研究，分析了里根政府对阿政策的动因、内容和表现。[2]

美国犹他大学阿卜杜勒·加尧姆·莫赫曼德（Abdul–Qayum Mohmand）的博士学位论文《美国对阿富汗政策：1919—2001》对 20 世纪的美国对阿富汗政策做了比较全面系统的梳理，[3] 这是国外研究美国对阿政策历史演变不可多得的一个成果。该论文比较好地做到了史论结合，可是相对来讲疏于对其观点进行归纳总结，缺乏一定的条理性。印度学者贾格莫汉·梅赫（Jagmohan Meher）在其著作《美国的阿富汗战争：失败了的胜利》中对美阿关系和美国对阿政策做了比较系统的论述。[4] 该书论述的重点是 20 世纪 80 年代美国在阿富汗事务上的角色，并且对后苏联时代即 20 世纪 90 年代的阿富汗与美国政策问题进行了阐述，尤其突出研究了美国与塔利班的关系问题。对于 "9·11" 事件后小布什政府的阿富汗战争，该书也做了初步的分析和评价，认为美国在战争中取得的只是 "失败了的胜利"。总的来看，该书侧重于二战后的阿富汗问题与美国政策，对二战前的美阿关系着墨甚少。

美国加州州立大学多明格兹岗分校卡尔·布伦尼曼（Carl Brenneman）的硕士学位论文《美国在阿富汗的政策：1979—1989》主要分析了 20 世纪 80 年代美国的阿富汗政策。[5] 该论文认为美国在这一时期的政策框架是与巴基斯坦和沙特阿拉伯结盟，通过援助和资助阿富汗圣战者以使苏联为其侵略阿富汗付出代价。在结语部分，该

---

[1] 阿米力：《浅析美国对阿富汗政策的演变：1979—2003》，北京语言大学 2009 年硕士学位论文。

[2] 姜雅琳：《里根政府对阿富汗与尼加拉瓜政策的比较研究》，吉林大学 2012 年硕士学位论文。

[3] Abdul-Qayum Mohmand," American Foreign Policy toward Afghanistan: 1919-2001 ", *ProQuest-PQDT*, UMI Numeber: 3271439, 2007.

[4] Jagmohan Meher, *America's Afghanistan War: The Success that Failed*, Delhi: Kalpaz Publications, 2004.

[5] Carl Brenneman, " Bleeding the Bear by Funding Jihad: U.S. Foreign Policy in Afghanistan 1979-1989 ", ProQuest-PQDT, UMI Numeber: 1449107, 2007.

论文将美国的政策评价为"短期看结果是成功的，长期看影响是复杂混乱的"。美国加州州立大学北岭分校马修·罗伯特·卢卡斯（Matthew Robert Lucas）的硕士学位论文《自我认输的战略：美国在阿富汗（1946—1960）》对从二战结束至 1960 年期间的美国对阿政策进行了分析，认为二战结束以后美国在阿富汗事务上缺少参与直接影响到以后几十年美国在该地区的政策。[1] 无独有偶，国内也有关于这一时期美国对阿政策的专门研究成果。张树明的论文《变革与奠基：20 世纪 50 年代美国对阿富汗政策初探》指出，美国在这一时期对阿富汗政策的基本内容和目的是与苏联争夺，确保阿富汗中立和缓冲国地位不受破坏，这一政策框架一直维持到 80 年代才酝酿再次调整。[2]

2. 关于美国对阿富汗政策的非专门研究

上述文献大体上代表了学界对于"9·11"事件前美国对阿富汗政策研究的专门成果，这些研究成果大都注重历史叙事，缺乏必要的归纳总结。除了一些关于阿富汗研究的专著[3]，有些国际关系史、冷战史和美国外交史的著作往往也会对美阿关系和美国对阿政策做简单的介绍分析，代表性的著作有刘金质的《冷战史》[4]、张小明的《冷战及其遗产》[5]、刘德斌的《国际关系史》[6]、张士智与赵慧杰的《美国中东关系史》[7]以及刘竞等人的《苏联中东关系史》[8]。

此外，国内还有不少文献也涉及"9·11"事件前的美国对阿富汗政策，这些文献通常不是关于美国对阿政策的专门研究。就 20 世纪的美国对阿富汗政策来看，由于 80 年代苏联对阿富汗的侵略和占领，这一时期的美国政策成为国内外学界研究的重点所在。白建才的论文《论美国对苏联入侵阿富汗的政策与隐蔽行动》指出：面对苏联对阿富汗的侵略，美国制定了通过公开外交手段辅之以隐蔽行动迫使苏联撤

---

[1]　Matthew Robert Lucas, " A Self-Defeating Strategy: The United States in Afghanistan, 1946-1960 ", California State University, Northridge, 2012.

[2]　张树明：《变革与奠基：20 世纪 50 年代美国对阿富汗政策初探》，载《青海师范大学学报（哲学社会科学版）》2010 年第 1 期，第 77—79 页。

[3]　文献述评的第三个部分对这些专著做了评介。

[4]　刘金质：《冷战史》，世界知识出版社 2003 年版。

[5]　张小明：《冷战及其遗产》，上海人民出版社 1998 年版。

[6]　刘德斌：《国际关系史》，高等教育出版社 2003 年版。

[7]　张士智、赵慧杰：《美国中东关系史》，中国社会科学出版社 1993 年版。

[8]　刘竞、张士智、朱莉：《苏联中东关系史》，中国社会科学出版社 1987 年版。

军的政策。美国的隐蔽行动主要表现为非军事行动，并且有多国参与配合。[1] 白建才又在其新著《"第三种选择"：冷战期间美国对外隐蔽行动战略研究》中，对美国对苏联入侵阿富汗的政策应对特别是美国在阿富汗实施的隐蔽行动战略做了更为详细的论述。[2] 外交学院周世立的硕士学位论文《里根、布什政府时期的美国与苏联解体》分析了里根政府对阿富汗穆斯林抵抗组织的秘密军事援助问题，包括实施这一战略的目标、过程与特点以及效果。[3] 华东师范大学李琼的博士学位论文《苏联、阿富汗、美国：1979—1989 年三国四方在阿富汗地区的一场博弈》从苏联、阿富汗人民民主党、阿富汗伊斯兰抵抗组织和美国三国四方博弈的角度，对苏联侵阿战争进行研究，揭示了在这场博弈中三国四方的政策取舍及成败得失[4]，其中美国的政策选择及其变化是论文论述的一个重要内容。根据该论文的观点，1978 年以前，美国对阿政策的目标非常有限；1978 年 4 月—1979 年 12 月，美国政府内部面对阿富汗形势的变化有不同意见，但总的反应比较平静，这个时候中央情报局在布热津斯基的积极支持下开始援助阿富汗抵抗组织；1980—1984 年，美国对阿富汗圣战者的援助渐趋公开化，并有所发展。不过，美国政府内部在对阿政策上仍然存在分歧，其政策也并无明确的战略目标；1985—1987 年，美国加强了对圣战者的政治支持和军事援助，并且对日内瓦谈判持消极、不配合的态度。华东师范大学李晓亮的博士学位论文《阿富汗战争：苏联高层决策研究（1979—1989 年）》也对美国在 80 年代的阿富汗战争中的角色做了一定的分析，但该论文主要分析的是苏联的角色和高层决策问题。[5] 张敏的《阿富汗文化和社会》是国内关于阿富汗文化和历史比较全面的最新著作，书中也对美国对阿政策有所论及。[6] 弘杉、海佳的《无名之师 —— 苏军入侵阿富汗始末》[7] 和刘温国、郭辉的《强弩之末 —— 前苏联入侵阿富汗秘闻》[8] 是国内关于苏联侵略

---

[1] 白建才：《论美国对苏联入侵阿富汗的政策与隐蔽行动》，载《陕西师范大学学报》（哲学社会科学版）2011 年第 6 期，第 29 页。

[2] 白建才：《"第三种选择"：冷战期间美国对外隐蔽行动战略研究》，人民出版社 2012 年版。

[3] 周世立：《里根、布什政府时期的美国与苏联解体》，外交学院 2002 年硕士学位论文。

[4] 李琼：《苏联、阿富汗、美国：1979—1989 年三国四方在阿富汗地区的一场博弈》，华东师范大学 2007 年博士学位论文。

[5] 李晓亮：《阿富汗战争：苏联高层决策研究（1979—1989 年）》，华东师范大学 2011 年博士学位论文。

[6] 张敏：《阿富汗文化和社会》，昆仑出版社 2007 年版。

[7] 弘杉、海佳：《无名之师 —— 苏军入侵阿富汗始末》，世界知识出版社 1997 年版。

[8] 刘温国、郭辉：《强弩之末 —— 前苏联入侵阿富汗秘闻》，社会科学文献出版社 2001 年版。

阿富汗的纪实作品，美国因素自然也是书中讨论的内容，尤其是后一部作品对美国在苏联侵阿战争时期的角色和表现有比较详细的叙述，是本研究的重要参考资料。国内学者刘伯瘟的著作《阿富汗战争大解密》通过对阿富汗历史、文化、地理位置、大国势力等各方面的分析，从数次阿富汗战争一步步揭开阿富汗成为大国博弈焦点的真相。[1] 书中以较多的篇幅叙述了 80 年代和"9·11"以来美国在阿富汗采取的政策和行动，不过关于 90 年代的美国对阿政策，该书几乎没有触及。杨少华所著的《当代不对称冲突研究：一项以战略为视角的考察》将 80 年代的苏阿战争作为不对称冲突的典型案例，分析了苏联和阿富汗圣战组织各自实施的战略。[2] 不过，该书侧重研究圣战组织与苏军之间游击战与反游击作战的较量，对于美国在冲突中扮演的角色并未触及。

在国外一些并非专门研究美国对阿政策的文献中，也有涉及"9·11"事件以前特别是 80 年代美国对阿政策的内容。这里选取其中主要的文献做一评述。美国学者罗赞·克拉斯（Rosanne Klass）主编的《阿富汗："大博弈"重返》将冷战期间特别是 80 年代美苏在阿富汗的竞争称为"大博弈"重回阿富汗，该书对美苏阿三边关系以及各自政策进行了分析，认为在 1919—1980 年，阿富汗一直走在不断通向危机的道路上，这是美国的失败、阿富汗的错误和苏联的成功。[3] 澳大利亚学者威廉·马雷（William Maley）的《阿富汗战争》分析了美国对苏联入侵阿富汗的反应，指出美国对阿富汗圣战者的援助在苏联入侵前就开始了。书中还专门讨论了 90 年代美国与塔利班的关系问题，对美国对塔利班的态度变化做了一定的分析。[4] 曾于 80 年代长期担任联合国阿富汗问题特使的迭戈·科多维斯（Diego Cordovez）与他人合著的《离开阿富汗：苏联撤军的内幕》主要从侧重于苏联的研究角度出发[5]，按照不同的时间段对苏联干预、侵略阿富汗及撤军的全过程做了叙述和分析，其中不乏对美国因素的论述，包括美国对苏联侵略的最初反应、美国决定向阿富汗抵抗运

　　[1]　刘伯瘟：《阿富汗战争大解密》，凤凰出版社 2012 年版。

　　[2]　杨少华：《当代不对称冲突研究：一项以战略为视角的考察》，中国社会科学出版社 2012 年版。

　　[3]　Rosanne Klass, *Afghanistan: The Great Game Revisited*, New York: Freedom House, 1990, p. 37.

　　[4]　William Maley, *The Afghanistan Wars*, Palgrave Macmillan, 2009.

　　[5]　Diego Cordovez and Selig S. Harrison, *Out of Afghanistan: The Inside Story of the Soviet Withdrawal,* New York: Oxford University Press, 1995.

动提供"毒刺"导弹、美国在战争和谈判的最后阶段上的表现等内容,这为研究 80 年代美国对阿政策提供了不少参考资料和启发。美国中央情报局前雇员彼得·施魏策尔的《里根政府是怎样搞垮苏联的》一书分析了苏联侵阿战争时期里根政府特别是中央情报局卷入阿富汗抵抗运动的情况。[1] 该书对时任中央情报局局长的威廉·凯西(William Joseph Casey)在援助阿富汗抵抗运动中的角色和表现做了比较详细的描述和分析,并且对里根政府在援助阿富汗抵抗运动问题上的政策制定过程和政策变化进行了大体的论述。对于美国试图利用苏联侵略阿富汗的机会通过阿富汗抵抗组织之手将战争引向苏联这一极其隐秘和敏感的准军事行动,该书也用了一定的篇幅去还原和呈现。美国著名记者鲍勃·伍德沃德的《中央情报局 1981—1987 秘密战》[2]、美国学者约翰·普拉多斯的《总统秘密战——战后中央情报局和五角大楼的隐蔽行动》[3] 以及美国学者史蒂夫·考尔(Steve Coll)的《幽灵战争:中央情报局、阿富汗和本·拉登的秘密史(从苏联入侵到 2001 年 9 月 10 日)》[4] 都是研究 80 年代中央情报局在阿富汗隐蔽行动的重要文献,其中最后一部著作以大量第一手资料为依据,包括众多的人物访谈和解密的档案文件,可以说是迄今为止所见研究 20 世纪最后 20 年美国卷入阿富汗事务的最佳成果。美国学者安德鲁·哈特曼(Andrew Hartman)的论文《红色样板:苏联占领阿富汗时期的美国政策》分析了冷战背景下美国对苏联占领阿富汗的援"叛"政策 [5],指出美国资助和武装那些原教旨主义的、危险的穆斯林最后造成了适得其反的结果,塔利班的崛起和美国的反恐战争都源于美国在苏联占领阿富汗时期的政策。美国学者汤姆·兰斯福德(Tom Lansford)的《苦涩的收获:美国外交政策和阿富汗》主要对"9·11"事件以前的美国对阿政策和美阿关系进行了探索 [6],对"9·11"事件后的美国在阿角色也有初步的论述。不

---

[1] [美]彼得·施魏策尔:《里根政府是怎样搞垮苏联的》,殷雄译,新华出版社 2001 年版。

[2] [美]鲍勃·伍德沃德:《中央情报局 1981—1987 秘密战》,蔡建勇译,中国物资出版社 1988 年版。

[3] [美]约翰·普拉多斯:《总统秘密战——战后中央情报局和五角大楼的隐蔽行动》,谢勇等译,时事出版社 1989 年版。

[4] Steve Coll, Ghost Wars: *The Secret History of the Cia, Afghanistan, and Bin Laden, from the Soviet Invasion to September 10, 2001*, New York: Penguin Group, 2004.

[5] Andrew Hartman, " ' The Red Template' : US Policy in Soviet-Occupied Afghanistan ", *Third World Quarterly*, Vol. 23, No. 3, Jun. , 2002, pp. 467–489.

[6] Tom Lansford, *A Bitter Harvest: US Foreign Policy and Afghanistan*, Burlington: Ashgate Publishing Company, 2003.

过该书大部分内容都是在叙述阿富汗国内背景和形势变化，真正涉及美国政策的部分并不多。从该书各章的标题可以看出这一缺陷所在，在全部八章中，只有两章的标题出现了"美国政策"的字眼，其他各章标题表述的都是阿富汗国内问题或与苏联有关的问题。印度学者布哈巴尼·森·古普塔（Bhabani Sen Gupta）的《阿富汗综合征：怎样与苏联权力相处》围绕苏联对阿富汗的军事干预，分别论述了地区相关各方包括美国、苏联、中国、巴基斯坦和印度所推行的政策，该书是较早从地区主义视角分析阿富汗问题及美国政策的著作。[1] 美国威斯康星大学麦迪逊分校马赛厄科（Lcuy Joanne Mathiak）的博士学位论文《美国的圣战：作为政策和实践的里根主义》分析了在里根主义指导下美国对阿富汗抵抗组织的援助问题 [2]，认为阿富汗在几个关键方面都不同于里根主义的其他实践案例（如柬埔寨、安哥拉和尼加拉瓜）。该论文关于美国援助阿富汗抵抗运动的详实论述为本研究提供了难得的参考和借鉴。

很明显的是，学界对 80 年代美国对阿政策的研究成果相对丰富一些，而对 80 年代以前和 90 年代美国对阿政策的研究则薄弱许多。由于在 90 年代美国对阿富汗一直没有予以足够的重视，其政策不明显，也多变，自然不易梳理，学界关于这一时期的研究几乎还是空白，更多的研究往往侧重于塔利班的兴起和阿富汗内战问题，其中对美国因素和作用虽有涉及但通常比较简略，学术意义较小，故在此不一一列举。不过，其中有三份文献还是值得强调的。哈萨克斯坦学者苏·马·阿基姆别科夫的《阿富汗症结与中亚安全问题》从博弈论的角度主要分析了 90 年代外部力量在阿富汗的争夺 [3]，关于美国的角色，该书是以美国对塔利班的态度和政策为核心进行论述的，由此呈现出美国对塔利班由支持到反对的变化过程。巴基斯坦学者艾哈迈德·拉希德（Ahmed Rashid）的《塔利班：中亚的伊斯兰教、石油和新大博弈》是研究 90 年代美国与塔利班关系和美国对阿政策的一部重要的参考书 [4]，该书对这一时期美国在阿富汗和中亚事务上的卷入做了深入浅出的叙述。美国"9·11"独立

[1] Bhabani Sen Gupta, *The Afghan Syndrome: How to Live with Soviet Power,* London: Croom Helm Limited, 1982.

[2] Lcuy Joanne Mathiak, " American Jihad: the Reagan Doctrine as Policy and Practice ", *ProQuest-PQDT*, UMI Numeber: 9972805, 2000.

[3] [哈萨克斯坦] 苏·马·阿基姆别科夫：《阿富汗症结与中亚安全问题》，汪金国、杨恕译，兰州大学出版社 2010 年版。

[4] Ahmed Rashid, *Taliban: Islam, Oil and the New Great Game in Central Asia,* London: I.B. Tauris & Co Ltd, 2002.

调查委员会于 2004 年公布的最终调查报告，也是一份研究美国在 90 年代期间特别是 90 年代后期对阿富汗、塔利班和本·拉登政策的重要文献，不过该报告侧重于回顾和叙述克林顿政府后期为了打击本·拉登如何对塔利班软硬兼施，却没有论及或者故意回避了克林顿政府前期同情和姑息塔利班的政策。

从以上的文献述评可以发现，学界对"9·11"事件前的美国对阿富汗政策虽然有一些专门的研究成果，但同对"9·11"事件后的研究水平相比还有待提高和加强。最主要的是，即便是这些专门的研究成果也存在不少问题：它们都具有重视历史叙事的共同特征，缺少充分的归纳和总结的通病使得这些研究多少有些失色。本研究工作就是立足于学界既有的成果基础之上，研究美国对阿政策的整体演变，同时力避叙多议少、忽视总结归纳和条理不清楚的问题。

（二）关于"9·11"事件后的美国对阿富汗政策

迄今为止，国内外还没有论著专门考察"9·11"事件事件后的美国对阿富汗政策。相对而言，学界对"9·11"事件后美国对阿政策的关注更多地集中于奥巴马政府时期，研究得比较深入，成果颇丰。但对小布什政府时期的这一相关研究明显要薄弱得多，主要原因在于小布什政府在推翻塔利班政权后，很快就将反恐重心转移到伊拉克，从而导致其任期内对阿富汗长期忽视。奥巴马政府上台后对阿富汗的重新重视也相应地提高了学界对阿富汗问题的关注。需要指出的是，在对"9·11"事件后美国对阿政策的相关研究中，学界常常以"战略"代替"政策"，本研究对此不做严格区分。

1. 关于小布什政府的对阿富汗政策

目前，学界在小布什政府对阿政策方面的研究所取得的成果并不多，国内代表性的成果主要有何明的论文《浅析美国所面对的阿富汗挑战》[1]、邵峰的论文《布什第二任期美国对外战略的走向》[2] 以及华东师范大学吴炉火的硕士学位论文《"后塔利班时代"的美国对阿富汗政策》[3]。国外的主要成果有：美国陆军战争学院教授德波拉·哈娜甘（Deborah Hanagan）的论文《变化中的阿富汗：2001—2008》论及了小布什政府时期美国的阿富汗政策及阿富汗发生的变化[4]；美国卡托研究所（Cato

---

[1] 何明：《浅析美国所面对的阿富汗挑战》，载《现代国际关系》2001 年第 10 期。

[2] 邵峰：《布什第二任期美国对外战略的走向》，载《世界经济与政治》2004 年第 12 期。

[3] 吴炉火：《"后塔利班时代"的美国对阿富汗政策》，华东师范大学 2010 年硕士学位论文。

[4] Deborah Hanagan, " The Changing Face of Afghanistan, 2001-08 ", *Carlisle Paper*, Jul. 2011.

Institute）研究员玛丽欧·伊森特（Malou Innocent）的文章《美国的阿富汗和巴基斯坦政策》针对小布什政府后期的阿富汗和巴基斯坦形势，提出了若干政策建议[1]。总体来看，目前国内外系统研究小布什政府对阿富汗政策的文献，多聚焦于小布什政府的反恐战略以及新保守主义与小布什政府对外政策等方面。这与小布什政府在推翻塔利班政权后不久就将反恐战略重心转移到伊拉克有关系，而美国长期深陷伊拉克战争泥潭也使得小布什政府无暇东顾，这种客观形势的变化也决定了学术界的研究成果比较有限。

2. 关于奥巴马政府的对阿富汗政策

学界对于奥巴马政府对阿富汗政策的研究成果要比小布什政府丰富得多，代表性的论著主要有：赵华胜的论文《评美国新阿富汗战略》[2]，高新涛的论文《奥巴马"阿富巴"新战略及其面临的挑战》[3]，黄凤龙的论文《美国的阿富汗新战略分析》[4]，肖河、余万里的论文《奥巴马政府的阿富汗新战略》[5]。相对而言，国外特别是美国学界对奥巴马政府对阿政策的关注度要比国内高得多。美国兰德公司（Rand Corporation）研究员塞思·琼斯（Seth G. Jones）的研究报告《美国的阿富汗战略》从奥巴马政府的阿富汗新战略出发，探讨了其中实现美国目标和终结叛乱的多种方式[6]；美国约翰·霍普金斯大学教授梅丽莎·查德伯恩（Melissa Chadbourne）的论文《美国的阿、巴政策对美国及其盟友的影响》分析了奥巴马政府的"阿巴新战略"的广泛影响[7]；美国雪城大学教授艾萨克·开法尔（Isaac Kfir）的论文《奥巴马政府时期美国对巴基斯坦和阿富汗的政策》分析了自 2009 年以来奥巴马政府阿富汗战

---

[1]　Malou Innocent, " U.S. Policy toward Afghanistan and Pakistan ", *Cato Handbook for Policymakers*, 7th Edition.

[2]　赵华胜：《评美国新阿富汗战略》，载《复旦学报》社会科学版 2009 年第 6 期。

[3]　高新涛：《奥巴马"阿富巴"新战略及其面临的挑战》，载《和平与发展》2009 年第 5 期。

[4]　黄凤龙：《美国的阿富汗新战略分析》，载《当代世界》2010 年第 2 期。

[5]　肖河、余万里：《奥巴马政府的阿富汗新战略》，载王缉思主编：《中国国际战略评论 2010》，世界知识出版社 2010 年版。

[6]　Seth G. Jones, " U.S. Strategy in Afghanistan ", Before the Committee on Foreign Affairs Subcommittee on Middle East and South Asia United States House of Representatives, Apr. 2, 2009.

[7]　Melissa Chadbourne, " U.S. Policy toward Afghanistan and Pakistan Implications for the U.S. and its Allies ", Spring 2009. Cited from. http://legacy2.sais-jhu.edu/academics/regional-studies/southasia/pdf/USAfghanistanPakistanStrategy_CHADBOURNE.pdf.

略的调整和演变 [1]；英国学者乔恩·伦恩（Jon Lunn）和本·史密斯（Ben Smith）在 2010 年 3 月提交给英国议会的一份简报《"阿富巴"政策：缘起和进展》中对"阿富巴"政策的起源和演进态势做了一定分析 [2]；美国《联合部队季刊》2010 年第 4 期发表了马克·施雷克（Mark Schrecker）的论文《美国的阿富汗战略：错误的假定将导致最后的失败》，该文简要评析了奥巴马政府的阿富汗战略 [3]；尤其值得一提的是，2011 年 9 月美国阿斯本研究所出版了哈佛大学肯尼迪政府学院教授尼古拉斯·伯恩斯（Nicholas Burns）和乔纳森·普莱斯（Jonathon Price）主编的著作《美国在南亚的利益：构建在阿富汗、巴基斯坦和印度的大战略》[4]，该书也是美国学界研究当前美国对阿政策的代表性成果。

（三）关于美国与阿富汗关系的演变

一般来说，国与国的关系变化主要与彼此推行的政策有关，那么研究一国对另一国推行的政策便可以从两国的关系变化这个角度出发。就美国与阿富汗关系的演变来看，学界的研究重点在"9·11"事件以前的时期内。

目前国内还没有关于美阿关系历史演变或美国对阿富汗政策演变这方面的专著，对美阿关系的研究和论述主要散见于以阿富汗为主题的通识著作中。彭树智等人所著的《中东国家通史·阿富汗卷》是一本关于阿富汗的通史著作，书中涉及不同历史时期阿富汗的对外交往和对外关系。[5] 该书简单地论述了美阿关系，时间段大致从 1921—2000 年，但它关于美阿关系的论述是放在阿富汗不同的历史时期中展开的，处于书中不同的章节里。该书是了解美阿关系历史演变的一个窗口，为本研究提供了最基本的参考材料。刘云的《阿富汗史 —— 战争与贫困蹂躏的国家》在写作风格上与彭树智的著作相似，其中也涉及阿富汗不同时期的对外关系，自然也有关于美

---

[1] Isaac Kfir, " U.S. policy toward Pakistan and Afghanistan under the Obama administration ", Jan. 23, 2010. Cited from http://www.weeklyblitz.net/441/us-policy-toward-pakistan-and-afghanistan-under.

[2] Jon Lunn and Ben Smith, " The AfPak policy: Origins and evolution ", Mar. 19, 2010. Cited from http://www.parliament.uk/briefing-papers/SN05411.

[3] Mark Schrecker, " U.S. Strategy in Afghanistan: Flawed Assumptions Will Lead to Ultimate Failure ", *Joint Force Quarterly*, Issue 59, 4th Quarter 2010.

[4] Nicholas Burns and Jonathon Price, *American Interests in South Asia: Building a Grand Strategy in Afghanistan, Pakistan, and India,* Washington, DC: The Aspen Institute, 2011.

[5] 彭树智、黄杨文：《中东国家通史·阿富汗卷》，商务印书馆 2009 年版。

阿关系的论述。[1] 与上述两本著作不同的是,属于中国社会科学院"列国志"系列并由王凤编著的《阿富汗》是一部关于阿富汗的百科全书式的著作,涵盖了阿富汗的国土与人民、历史、政治、军事、外交以及教科文卫等各个方面。[2] 该书将阿富汗的外交单列一章,其中阿富汗同美国的关系是该章单列的一节,该节论述了苏联入侵阿富汗之前、苏联占领期间、20 世纪 90 年代和"9·11"事件后这四个时期的美阿关系,不过作者明显倾向于从美国对阿富汗政策的角度去论述美阿关系。上述三份文献可以说是国内专门研究阿富汗的代表性著作,而且也都对不同时期的美阿关系做了简明扼要的论述,但无一例外地存在着泛泛而谈的共同问题。

此外,马晋强的《阿富汗今昔》也是国内关于阿富汗的较早的研究成果[3],该书介绍了阿富汗的历史与现状,其中有一章专门介绍了阿富汗的国际联系和美苏在阿富汗的争夺,涉及 20 世纪 90 年代以前的美阿关系沿革以及美国对阿政策。张树明的论文《20 世纪上半期美国与阿富汗关系的演变》分析 1948 年以前美阿关系的缘起、发展阶段及特点,并对不同发展阶段特点的原因做了探讨。[4] 该论文是国内系统研究冷战以前美阿关系的代表性成果。黄民兴的论文《达乌德第一次执政时期阿富汗与苏美的关系(1953—1963 年)》分析 1953—1963 年阿富汗与苏联和美国的关系,认为这一时期美国对阿富汗援助基于三个主要目的:一是削弱苏联在阿富汗的影响,加强后者与美国及其亚洲盟国的联系;二是对阿富汗文化教育界进行渗透,在知识分子中培植亲美势力;三是扩大对阿富汗的商品和资本输出。[5] 在另一篇论文《近现代时期的阿富汗中立外交》中,黄民兴论述了 20 世纪 80 年代以前阿富汗的中立外交以及美阿关系的演变。[6]

国外方面,阿富汗裔学者沙伊斯塔·瓦哈卜等人所著的《阿富汗史》也论及美阿关系[7],和上述中国学者的著作不同的是,该书以论述阿富汗历史为主,阿富汗的

---

[1] 刘云:《阿富汗史——战争与贫困蹂躏的国家》,三民书局 2004 年版。

[2] 王凤:《阿富汗》,社会科学文献出版社 2007 年版。

[3] 马晋强:《阿富汗今昔》,云南大学出版社 1993 年版。

[4] 张树明:《20 世纪上半期美国与阿富汗关系的演变》,载《西亚非洲》2011 年第 2 期。

[5] 黄民兴:《达乌德第一次执政时期阿富汗与苏美的关系(1953—1963 年)》,载《西亚非洲》1985 年第 4 期,第 38 页。

[6] 黄民兴:《近现代时期的阿富汗中立外交》,载《西亚非洲》2002 年第 4 期。

[7] 沙伊斯塔·瓦哈卜、巴里·扬格曼:《阿富汗史》,杨军、马旭俊译,中国大百科全书出版社 2009 年版。

对外关系在书中处于相对边缘化的地位。在美阿关系上，该书论述的重点是苏联入侵阿富汗以后美国的反应和对策，讨论了美国在阿富汗抗苏斗争中的角色。关于90年代美国在阿富汗事务上的表现包括美国对塔利班的前后态度变化，书中也有一定的论述。印度学者马阿鲁夫（Mohammad Khalid Ma'Aroof）的《世界政治中的阿富汗：阿富汗与美国关系之研究》论述了1986年以前的美阿关系，其中还专门对阿富汗的不结盟政策对美阿关系的影响以及美阿经济关系等内容进行了探讨。[1] 该书对研究冷战期间及冷战以前的美阿关系和美国对阿政策演变都有非常重要的参考价值，不过由于该书出版于1987年，因此对1980年代美国对阿政策的研究明显不足，而且对美国如何秘密援助阿富汗抵抗运动也几乎没有展开实质性论述。美国外交官普拉达（Leon B. Poullada）与其夫人合著的《阿富汗王国与美国：1828—1973年》一书是早期关于美阿关系研究的重要代表作。[2] 该书论述了阿富汗王国时期美阿关系的起源和演变，认为在处理阿富汗事务上，美国政策制定者的眼睛总是有一个盲点，美国将自己对阿富汗应承担的部分责任转交给了苏联。根据该书的内容可以看出，这一时期的美阿关系史就是一个让阿富汗对美国失去希望和美国在阿富汗的机会被忽视的故事。美国学者路易斯·杜普雷（Louis Dupree）在《阿富汗现代史纲要》一书中也对1980年以前的美阿关系做了简明的论述，其中美国援建的赫尔曼德河水利工程是该书论述的重要内容之一。[3] 路易斯·杜普雷认为，进入60年代后，美苏在阿富汗的竞争逐渐演变为"合作"，这是她在该书中的一个重要观点。美苏在阿富汗竞争态势的变化与美苏阿三国关系互动和各自推行的政策不无关联。英国学者安东尼·海曼（Anthony Hyman）的《苏联主导下的阿富汗（1964—1983）》一书也有一章专门论述阿富汗的对外关系，其中包括阿富汗与美国的关系演变，只是论述得非常简单浅显。[4]

另外，还有一些国外的阿富汗史著作也不同程度地涉及美阿关系以及美国对阿

[1]　Mohammad Khalid Ma'Aroof, *Afghanistan in World Politics: A Study of Afghan-U.S. Relations*, Delhi, India: Gian Publishing House, 1987.

[2]　Leon B. Poullada and Leila Poullada, *The kingdom of Afghanistan and the United States: 1828-1973*, Lincoln, Nebraska: University of Nebraska at Omaha and Dageforde Publishing, 1995.

[3]　[美] 路易斯·杜普雷：《阿富汗现代史纲要》，黄民兴译，西北大学中东研究所2002年版。

[4]　Anthony Hyman, *Afghanistan under Soviet Domination, 1964-1983*, London: Macmillan Press, 1984.

富汗政策，如：美国学者鲁尼昂（Meredith L. Runion）的《阿富汗史》[1]、长期在联合国系统工作的拉萨纳亚加姆（Angelo Rasanayagam）所著的《阿富汗现代史》[2]、阿富汗裔学者塞卡尔（Amin Saikal）的《现代阿富汗：挣扎与生存的历史》[3]、美国学者史蒂芬·坦纳（Stephen Tanner）的《阿富汗军事史：从亚历山大大帝到反塔利班战争》[4]。

从以上简述中不难发现，国内外关于阿富汗现当代历史的研究成果通常都会论及美阿关系的内容，研究美国对阿富汗政策可以从这些文献中汲取一些有用的材料。

三、研究思路与方法

（一）研究思路

通过对国内外学界关于美国对阿富汗政策研究文献的梳理可以发现，迄今为止学界还没有一部全面系统地研究战后美国对阿富汗政策演变的论著。已有的研究在美阿关系的时间跨度上有长有短，其中有涉及整个 20 世纪的，有涉及整个冷战期间的，亦有涉及 20 世纪最后 20 年的，也有涉及 80 年代、50 年代或"9·11"事件后的，但尚无论著从整体上来系统研究战后美国对阿富汗政策的演变。而且正如前文的文献述评中所言，上述这些涉及不同历史时期或阶段的研究成果存在共同的"通病"：在研究方法和写作方式上基本都属于史学研究的范畴，注重历史叙事，缺少对不同阶段美国对阿政策内容的归纳和总结，并且对不同阶段政策的背景和影响的研究也比较薄弱。如果将学界对美国对阿富汗政策的研究和对美国对阿富汗周边国家（如巴基斯坦、伊朗、中国、俄罗斯以及作为整体的中亚五国）政策的研究进行对比，也可以发现：就整体水平和质量来看，前者显然不如后者。学界对阿富汗问题的研究热潮也是最近几年才兴起的，而且大都属于对当下的即时研究，包括研究当前的美国对阿政策。但"9·11"事件前的美国对阿政策却在目前的阿富汗问题研究热潮

[1]　Meredith L. Runion, *The History of Afghanistan*, Westport: Greenwood Press, 2007.

[2]　Angelo Rasanayagam, *Afghanistan: A Modern History*, London: I.B. Tauris, 2005.

[3]　Amin Saikal, *Modern Afghanistan: A History of Struggle and Surviva,* London: I.B. Tauris, 2004.

[4]　Stephen Tanner, *Afghanistan: A Military History from Alexander the Great to the War Against the Taliban*, Philadelphia: Da Capo Press, 2009.

中被忽略了，而"9·11"事件前的美国对阿政策恰恰又存在着很多的研究空间，因为已有的这方面研究成果在研究方法和内容上存在明显的不足。

基于这些原因，本研究拟主要研究战后美国对阿富汗政策的整体演变，在研究上对"9·11"事件前后的美国对阿政策实现一种平衡，并且针对已有研究比较薄弱的阶段（如80年代以前、90年代和小布什政府时期）的美国对阿政策加强研究。本研究力图真正做到"拾遗补缺"，在学界已有研究成果的基础上，完成对美国对阿政策演变的整体、全面的呈现和论述。为了能更准确地把握战后美国对阿政策演变的不同阶段及其内容，本研究搜集并整理了大量的美国政府档案。本研究将这些美国政府的档案和现实的外交行为结合起来进行分析，以避免造成对美国对阿政策内容的主观臆断或有失偏颇。与已有研究不同的是，本研究基本上坚持按照背景或动因、过程与内容、影响或评价这种论述思路去分析战后不同时期的美国对阿政策。这种思路的优点在于它能更为直观、更有条理地呈现出美国对阿政策的演变历程以及不同阶段其政策变化的原因和背景。这也是本研究在美国对阿政策这一研究领域中的主要创新之处，而对大量来自于美国的原始档案文献的运用也是本研究有别于已有研究成果的特点所在。

在结构安排上，本研究包括绪论、正文和结束语三个部分，其中正文大致按照时间顺序分为五章。

绪论部分论述了本研究的主题及其缘起、研究意义、国内外研究现状、研究思路和研究方法等内容。

第一章论述阿富汗的地缘政治地位和二战前的美国对阿富汗政策。地缘政治因素对美国对阿政策有比较重要的影响。该章首先分析了在阿富汗地缘区域属性界定上的复杂性，认为阿富汗具有独特的地缘政治地位，历史上英俄"大博弈"是对阿富汗地缘政治地位独特性的最好诠释。阿富汗的地缘政治地位从根本上说，取决于它的地缘区域属性以及外部势力对它的争夺力度。该章对二战前的美阿关系做了初步的回顾和总结，指出二战前的美阿关系发展比较缓慢曲折。美国对承认阿富汗以及同阿富汗建立正式外交关系态度消极。美国对阿政策经历了从长期疏离冷淡到最终与阿富汗建立正式外交关系这样一个演变过程。

第二章论述1946—1989年美国对阿富汗政策的演变，将之分为两个阶段：第一阶段是在冷战前中期亦即1946—1978年，美国对阿富汗提供以经济援助为主，与苏联在阿富汗争夺影响力，以确保阿富汗的外交中立和主权独立；第二阶段是冷战后期亦即 1979—1989 年，美国积极向阿富汗的叛乱武装亦即伊斯兰圣战组织提供军事援助，对抗入侵阿富汗的苏军和在苏联扶持下的阿富汗政府，以恢复阿富汗的独立和中立地位并使苏联为其侵略阿富汗付出代价。从根本上来说，这一时期美国对阿富汗政策乃是基于冷战背景下美国为遏制苏联而制定的，其政策目标在于确保或恢复阿富汗的独立。

第三章论述 90 年代的美国对阿富汗政策。具体而言，1992 年前美国虽然继续援助阿富汗抵抗力量但已呈现出退出姿态，并在 1992 年纳吉布拉政权垮台后从阿富汗抽身而退，1995 年后美国在总体持观望态度的同时又在一定程度上重新关注阿富汗，其对阿富汗政策经历了从间接支持塔利班到反对塔利班的变化。阿富汗逐步沦为极端主义和恐怖主义的大本营，"9·11"事件与这一时期美国对阿富汗的长期忽视不无关系。本研究认为，可以用"退出"和"观望"来概括此时期美国对阿政策的基本特征。

第四章论述"9·11"以来主要是塔利班政权垮台后的美国对阿富汗政策。在后塔利班时代，美国对阿政策处于直接参与阿富汗事务的安全与重建阶段。以"9·11"事件为标志和契机，美国不仅更直接地卷入阿富汗事务中，而且在各个层面和领域对阿富汗事务的参与力度都达到了前所未有的程度。小布什政府不仅借阿富汗反恐战争推翻了塔利班政权，还主导了阿富汗的战后安全与重建任务。但由于塔利班政权垮台后不久小布什政府反恐战略重心就转移到伊拉克，从而导致美国在战略上对阿富汗事务的忽视。继任的奥巴马政府重新调整美国反恐战略的重心，根据阿富汗形势的变化对美国对阿政策进行多次调整，并且开启了美国对阿政策的退出阶段。

第五章论述战后美国对阿富汗政策的演变规律，涉及影响美国对阿富汗政策的基本因素以及美国对阿富汗政策的总体特点等内容。美国自身、阿富汗和阿富汗的周边国家以及某些大国因素都影响了美国的对阿政策，其中美国的全球和地区战略是影响美国对阿政策的根本因素。从总体上看，在美国与阿富汗 90 多年互动的较长过程中，美国对阿富汗长期在战略上轻视和短视，这是美国对阿富汗政策的最基本特点。

结语部分主要对战后美国对阿富汗政策的演变进行总体回顾和评价。

（二）研究方法

从宏观上看，研究方法既有行为主义，又有传统主义，二者并不互相排斥。具体来讲，本研究主要运用了以下几种研究方法。

第一，历史分析法是运用发展、变化的观点分析客观事物和社会现象的方法。传统上对外交政策的研究较多采取史学的方法，即用描述性的手法叙述国家对外关系和国家间相互关系的变化，这些被称为外交史和国际关系史。这种史学的方法对于人们认识历史、总结历史经验、指导实践是非常有益的。[1] 历史分析法有一个由三个要素组成的基本模式：一是历史背景、原因和目的，二是历史内容，三是历史影响、意义和教训。本研究主要运用历史分析法论述战后美国对阿富汗政策的演变历程，并且大致在美国对阿政策的不同阶段都遵循历史分析法的这种基本模式。

第二，文本分析法指的是通过对文本的"解读"和诠释去挖掘其深层含义的方法。研究一国的外交政策，必须要"占有"该国足够的官方文本即一手的政府档案文献。本研究通过多种途径和方式获得了与美国对阿政策有关的大量美国政府档案，因此文本分析法自然成为本研究重要的研究方法。但本研究并不仅仅拘泥或完全依赖文本分析去把握美国对阿政策的全貌，毕竟"传统的政策分析是从外交决策者的行动中获得辨别力的"[2]。本研究通过对来自美国的政府档案进行分析、梳理和"解读"，辅之以对美国政府的现实行为分析，将"解读"政策文本和分析实际操作有机地结合起来，从而准确、全面地呈现战后美国对阿政策不同阶段的内容及其整体的演变历程。

第三，比较分析法是把客观事物加以比较以达到认识事物的本质和规律并做出正确评价的方法。本研究运用这一方法对战后不同时期的美国对阿政策做了一定的比较分析，既有不同政府政策之间的比较，也有同一政府前后政策之间的比较。例如，本研究对克林顿政府前期和后期对塔利班态度的变化进行分析比较，以探寻导致这一变化的原因；对小布什政府和奥巴马政府的政策进行比较，认为二者存在延续与嬗变的关系。只有进行比较分析，才能更准确地把握美国对阿政策演变的规律、

---

[1] 张清敏：《外交政策分析的三个流派》，载《世界经济与政治》2001 年第 9 期，第 18 页。

[2] ［加］罗伯特·杰克逊、［丹］乔格·索伦森：《国际关系学理论与方法》，吴勇、宋德星译，天津人民出版社 2008 年版，第 309 页。

趋势和特点。

第四，理论分析法在本研究中也得到了运用。"理论提供分析的规则；理论来源于具体事件，并提供一般性的解释。"[1] 本研究运用的理论知识主要涉及国际关系学、历史学、地缘政治学和心理学等学科领域。有关权力、均势、国家利益、国际体系和意识形态以及地缘政治等方面的理论知识对本研究起到了较好的指导作用。

第五，层次分析法是一种定性分析和定量分析相结合的实用决策方法。它把复杂的问题分解成若干层次，形成递进层次结构，使问题的分析过程大为简化，具有简洁性、系统性和可靠性等优点。层次分析法是国际关系学科中比较受欢迎的研究方法之一。新现实主义国际关系理论流派的代表人物肯尼思·华尔兹早在 1959 年就提出一个经典的层次分析法模式，他将导致战争的原因分为三个层次：个人、国家和国际体系。[2] 不过，在国际关系研究中，"有意义的解释通常都把第二个（国家或社会）和第三个（国际体系）分析层次结合起来"[3]。本研究在分析战后美国对阿政策的背景或动因时对国际关系这一经典的层次分析法做了变通性的运用，大致涉及个人、国家、地区国际体系和全球国际体系等层次。例如，本研究对里根和小布什总统的个性分析、对美苏冷战格局的分析、对地区形势和力量对比的分析以及对阿富汗、苏联和美国等有关国家的分析，这些分析是对层次分析法的灵活运用。

（三）资料来源

本研究工作主要参考了两类资料，第一类是学界已有的研究成果，第二类是原始的档案文献。关于第一类，在前面的文献述评中大体都已经罗列出来，这些研究成果都是已经公开出版或发表的著作或文章，既有纸质版的，也有电子版的。其中电子版的资料有少数来自于互联网资源，大多数是都通过图书馆的电子数据库获得，对本研究有重要帮助的数据库有 CNKI 中国知网、超星数字图书馆、JSTOR、Wiley–Blackwell、EBSCO 以及美国 ProQuest 公司创建的博硕论文数据库（PQDT），等等。当然，运用互联网上合适而有价值的信息及学术资源也是本研究所必不可少的，

---

[1]　[美] 卡伦·明斯特：《国际关系精要》，潘忠歧译，上海人民出版社 2007 年版，第 53 页。

[2]　[美] 肯尼思·N·华尔兹：《人、国家与战争——一种理论分析》，倪世雄、林至敏、王建伟译，上海译文出版社 1997 年版，第 11 页。

[3]　[美] 小约瑟夫·奈：《理解国际冲突：理论与历史》，张小明译，上海人民出版社 2005 年版，第 44 页。

特别是国外一些智库和研究机构的网站上有许多有用的参考资料。

鉴于本研究需要利用大量的原始档案，因此此处重点介绍这一类档案文献的来源。第一，由美国政府出版局和美国国务院网站以及威斯康星大学图书馆网站发布的"美国对外关系文件"（Foreign Relations of the United States，缩写 FRUS）。FRUS 收录了 1861—1976 年的美国政府对外政策档案，其中"阿富汗"作为这一套档案中单列的小标题开始于 1921 年。FRUS 是研究 1976 年以前美国对阿政策的重要工具。第二，由美国 ProQuest 公司和美国国家安全档案馆共同创建的"数字化国家安全档案"（Digital National Security Archive，缩写 DNSA）。DNSA 收录了 1945 年以来美国对其他国家外交和军事政策的大量一手资料，是研究战后美国政治与历史发展的重要资源，内容包括多种政府文件，如总统命令、外交任命、备忘录、会议记录、报告与简报、白宫往返文件、电子邮件、秘密信件及其他机密文件。到目前为止，DNSA 由 39 个独立子库组成，其中就有一个关于阿富汗的专门子库，主题是"阿富汗：美国政策的形成（1973—1990）"。DNSA 为研究战后以来特别是 80 年代的美国对阿政策提供了重要的原始档案。第三，由美国 Thomas Gale 公司研发的解密文件参考系统（Declassified Documents Reference System，缩写 DDRS）。DDRS 收集了自战后以来来自包括白宫、国务院、国防部、FBI、CIA 在内的美国各个政府机构的解密文件，文件类型包括总统指令、国家安全委员会文件、国家情报评估报告、备忘录、电报、信件和会议记录等。DDRS 也是本研究工作中许多重要档案的来源库，本研究一共从 DDRS 下载了与阿富汗有关的 158 份档案文件。从时间上看，DDRS 收集的这些档案最早的一份出现于 1949 年，最新的一份则是 1991 年的。很显然，这些档案涵盖了整个冷战时期，对研究战后以来特别是冷战期间美国对阿政策的演变大有帮助。

除了以上三个最重要的档案来源外，本研究还从其他一些来源获得了对本研究工作有价值的档案文件。美国乔治·华盛顿大学的国家安全档案馆提供一些原始档案，涉及美国国家安全、外交政策、外交和军事史以及情报政策等领域。其中的"9·11 原始资料"项目（The September 11th Sourcebooks）提供了许多与阿富汗、塔利班和本·拉登有关的美国官方档案，对本研究 20 世纪 90 年代的美国对阿政策以及美国与塔利班的关系演变非常有价值。[1] 美国加州大学圣芭芭拉分校的"美国总统项目"（The

---

[1]　参见 http://www.gwu.edu/~nsarchiv/NSAEBB/index.html，2013 年 4 月 10 日访问。

American Presidency Project）提供了 1789—2013 年与历任美国总统有关的大量公开文件，包括总统的声明、谈话、演讲、公告和行政命令等。本研究以"Afghanistan"为关键词并且不设特定时间段，对"美国总统项目"中的总统公开文件数据库进行检索，一共获得 2 982 份与阿富汗有不同关联的总统文件。[1] 从时间上看，最早的文件出现于胡佛总统（Herbert Hoover）时期的 1929 年。美国科学家联合会的"情报资源计划"（Intelligence Resource Program）也发布了不少美国政府的档案，其中一些与阿富汗有关的档案如总统指示和行政命令等对本研究也有帮助。[2] 此外，美国白宫、国务院、国防部和国际开发署等政府部门网站以及美国总统图书馆网站上也有不少与本研究有关的一手资料。美国政府问责局（Government Accountability Office）和美国国会研究服务处（Congressional Research Service）发布了许多与 2000 年以后的阿富汗问题有关的研究报告，本研究对"9·11"事件后美国对阿政策的研究有赖于这类资源。

---

[1]　参见 http://www.presidency.ucsb.edu/ws/index.php，2013 年 4 月 10 日访问。

[2]　参见 http://www.fas.org/irp/index.html，2013 年 4 月 10 日访问。

第一章　美国对阿富汗政策的历史追溯

位于欧亚大陆腹地的阿富汗具有天然独特的地缘政治位置，这就决定了它的战略重要性非同一般。历史上，许多强权力量都曾在阿富汗地区展开过激烈的角逐，而控制了这一地区就为进攻周边地区特别是印度次大陆打开了方便之门。近代历史上，英国和沙皇俄国对于亚洲的殖民扩张在阿富汗就发生了长达一个世纪的交会和碰撞。20世纪以前，美国同阿富汗几乎不曾发生过任何往来。直至1919年阿富汗赢得独立后，两国之间才开始有了正式的官方接触。不过在二战爆发前，美阿关系的发展比较缓慢曲折，美国对承认阿富汗以及同阿富汗建立正式外交关系态度消极。可以说，战前美国对阿富汗政策经历了从长期疏离冷淡到最终与阿富汗建立正式外交关系这样一个过程。

第一节　阿富汗的地缘政治地位与英俄"大博弈"

阿富汗地处欧亚大陆的交通咽喉部位，历来为兵家必争之地，具有十分重要而独特的地缘政治地位，以至于有"亚洲命运的十字转门"和"印度次大陆的锁钥"之称。近代历史上，英国和沙皇俄国两大帝国围绕着对以阿富汗为中心的欧亚大陆腹地的控制权展开了近一个世纪的"大博弈"（The Great Game）[1]。阿富汗的地缘政治地位从根本上说，取决于它的地缘区域属性以及外部势力对它的争夺力度。

---

[1]　一般认为，"大博弈"一词是由亚瑟·康诺利（Arthur Connolly）提出，后因英国小说家鲁德亚德·吉卜林（Rudyard Kipling）的小说《金姆》而流传开来。

一、关于阿富汗地缘区域属性的争论

阿富汗位于亚洲的中南部,西部同伊朗为邻,北部与前苏联即现在的乌兹别克斯坦、土库曼斯坦和塔吉克斯坦三国为邻,东南部与巴基斯坦和巴控克什米尔地区相邻,而其东北部有一条突出的被称为瓦罕走廊的狭长地带则与中国新疆维吾尔自治区接壤。从地形上看,阿富汗是一个多山地和荒漠的国家,平原分布在西南和北部,仅占全国领土面积的五分之一。如果仅从领土面积来看,拥有60多万平方千米领土的阿富汗算不上是一个小国,但由于四周多为强邻,所以阿富汗在世界舞台上又是一个实实在在的小国。

地处中亚、南亚和西亚结合部的阿富汗在历史上是东西方陆路交通枢纽和民族迁徙融合的走廊,是古代丝绸之路的重要中转站,也是欧亚大陆腹地的锁钥,波斯文明、古希腊 — 罗马文明、中华文明、印度文明和阿拉伯 — 伊斯兰文明曾先后交汇于这一地区,以至于当代日本考古学家樋口隆康在《丝路文明》一书中将阿富汗称为古代东西方的"文明十字路口"。[1]

关于阿富汗地缘区域属性的界定,国内外学界尚有争议,这种争议本身就反映出阿富汗地缘政治地位的独特性。归纳起来大致有七种不同的说法:①"西亚"说;②"大中亚"说;③"大中东"说;④"大亚太"说;⑤"南亚"说;⑥"帕西"说;⑦"中南亚"说。

(1)"西亚"说:按照中国地理学界的传统划分,阿富汗既不和巴基斯坦一样属于南亚国家,也不能列入中亚国家的行列,而是和伊朗、沙特阿拉伯一样被划为西亚国家。只是作为西亚国家的阿富汗,其地理位置和其他西亚国家相比显然太过于偏东部了,以至于和中国也有毗连。国内几个主要的区域问题研究刊物持此说。如与阿富汗有关的论文集中发表在《西亚非洲》、《南亚研究》和《俄罗斯中亚东欧研究》(原名《东欧中亚研究》)等几份刊物上,其中又以《西亚非洲》为主,这也从一个侧面反映出国内学界的基本态度,即大体倾向于认同阿富汗的西亚国家属性。"西亚"说一般也称为"西南亚"说,不同是,后者比前者多涵盖了一个国家——巴基斯坦。冷战期间,美国政府曾把阿富汗作为西南亚国家来对待。

---

[1] 彭树智、黄杨文:前揭书,第19页。

（2）"大中亚"说：1978年，联合国教科文组织总部在巴黎举行讨论撰写《中亚文明史》的专家会议，会议的最终报告明确指出，中亚包括"今位于阿富汗、中国西部、印度北部、东北伊朗、蒙古、巴基斯坦以及苏联诸中亚共和国境内的各个地区"[1]。这个界定与该地区可明确辨别的文化和历史现实也相符，阿富汗则被很自然地划进中亚地区的范围。2005年，美国约翰·霍普金斯大学中亚高加索研究所（Central Asia-Caucasus Institute）的所长弗雷德里克·斯塔尔（S. Frederick Starr）在《阿富汗与其邻国的"大中亚伙伴关系计划"》的报告中，首次将阿富汗与中亚五国作为一个整体称为"大中亚"。[2]他在美国《外交》杂志上发表的一篇文章中进一步指出，在美国国防部和国务院的机构设置中，中亚五国属于欧亚，阿富汗则属于南亚，这是无视"大中亚"国家存在的诸多共性，没有认识到一个以阿富汗为中心的"大中亚"正在出现。[3]2006年，美国国务院调整部门机构设置，将原属欧洲局的中亚五国归入了新成立的中亚南亚局，由此以阿富汗为桥梁将中亚和南亚连接在一起。小布什政府后期力推的"大中亚计划"就是一种将中亚和南亚整合为大中亚的战略设计。值得注意的是，连中亚国家近年来都基本认同了阿富汗的地缘区域属性，将其视为中亚国家的一员。在中亚国家共建的网站上，阿富汗已被列入中亚六个区属国家之列。[4]

（3）"大中东"说：传统上特别是冷战时期，西方学界多将阿富汗置于中东地区的整体环境下来考察。如，1973年美国学者尼基·凯蒂（Nikki R. Keddie）认为，"作为一个地理名词，中东今天通常被用来指代从摩洛哥延伸至阿富汗的广大地区"[5]。很显然，这是一个包括了阿富汗的"大中东"区域概念。

（4）"大亚太"说：也是近年来关于阿富汗区域属性界定的说法之一，如美国知名智库布鲁金斯学会（Brookings Institution）就将阿富汗列入亚洲和太平洋地区的

---

[1]　[巴基斯坦]A·H·丹尼、[俄罗斯]V·M·马松：《中亚文明史·第一卷》，中国对外翻译出版公司2000年版，第368页。

[2]　S. Frederick Starr, " A 'Greater Central Asia Partnership' for Afghanistan and Its Neighbors ", *Silk Road Paper*, March 2005, p. 5.

[3]　S. Frederick Starr, " A Partnership for Central Asia ", *Foreign Affairs*, Vol. 84, No. 4, Jul./Aug., 2005, p. 167.

[4]　参见中亚网站 http://www.centrasia.ru/，2013年4月10日访问。

[5]　Nikki R. Keddie, " Is There a Middle East? ", *International Journal of Middle East Studies,* Vol. 4, No. 3, Jul., 1973, p. 255.

研究范围内，而没有划入中东或中亚地区中。不过有观点认为，"把远离太平洋的阿富汗归为亚太地区似乎也在刻意把阿富汗及其周边独特的地缘环境边缘化"[1]。

（5）"南亚"说：美国一些知名智库，如战略与国际研究中心（Center for Strategic and International Studies）、对外关系委员会（Council on Foreign Relations）、卡内基国际和平基金会等，都将阿富汗同巴基斯坦、印度一起列入南亚地区的相关研究中，代表了对阿富汗地缘区域属性的又一种看法。奥巴马政府上台后，一度被热议的"阿富巴"概念就包含了"南亚"说的因素。[2]

（6）"帕西"说：2002年，中国学者安维华就首倡"帕西"说，"帕西"指帕米尔高原以西，与属于中国的"帕东"相对应。安维华对此的定义为："帕米尔高原的西部地区及其以西的接邻地区，存在一个由伊斯兰国家组成的次地区"，"它涉及哈萨克斯坦、乌兹别克斯坦、土库曼斯坦、吉尔吉斯斯坦和塔吉克斯坦、伊朗、巴基斯坦以及阿富汗八国。这个次地区处于狭义中亚以及西亚和南亚之间的结合部，是伊斯兰世界东北边缘地带，多数为内陆国家"。[3] 根据这个定义，阿富汗是一个典型的"帕西"地区国家。

（7）"中南亚"说：2003年，潘志平提出"中南亚"的概念，将"中南亚"的地理范围界定为我国新疆附近的中亚五国，包括车臣在内的高加索地区、伊朗、阿富汗、克什米尔、巴基斯坦和拥有大量穆斯林的印度西北部。[4] 仅从这个划分范围来看，阿富汗恰恰处于中南亚地区的中心位置。此说如今正被越来越多的中国学者所采纳。"9·11"事件以来，美国政府先后推动以解决阿富汗问题为核心目标的"大中亚计划"和"新丝绸之路"战略，其政策前提都是因为阿富汗是连接中亚和南亚的核心枢纽国家。

通过比较不难发现，"帕西"和"中南亚"这两个术语与斯塔尔所提的"大中亚"在区域范围上几乎是重叠的，反映出"9·11"事件以来阿富汗地缘政治形势的新变化，

---

[1]　孙军：《苏军出兵阿富汗与中南亚地缘政治新思考》，新疆师范大学2009年硕士学位论文，第6页。

[2]　"阿富巴"（Afpak）一词是由阿富汗（Afghanistan）和巴基斯坦（Pakistan）两个单词的前几个字母组合起来的，最初是由担任奥巴马政府阿富汗和巴基斯坦问题特使的理查德·霍尔布鲁克早在2008年3月提出来的。他认为，美国和北约面对着来自杜兰线东西两条战线的战争威胁，这是不容忽视的事实。

[3]　安维华、钱雪梅：《美国与"大中东"》，世界知识出版社2006年版，第507页。

[4]　潘志平：《中南亚：地缘政治文化的考察（代序）》，载潘志平主编：《中南亚的民族宗教冲突》，新疆人民出版社2003年版，第6页。

也体现了中西方学者在阿富汗地缘区域属性认知上存在一致性和共通性。在上述七种说法中，本研究更倾向于"中南亚"说，这种划分既尊重了阿富汗的历史与传统文化，也比较契合当今阿富汗的地缘政治现实及地区和国际安全形势。

二、阿富汗独特的地缘政治地位与英俄"大博弈"

阿富汗在历史上不仅仅是文明交汇区和民族融合地，更是大国博弈的重要场所，地缘政治地位既独特又重要。前述关于阿富汗地缘区域属性的种种看法和争论，本身就彰显出阿富汗地缘政治地位的复杂性和重要性。历史上的英俄"大博弈"更是阿富汗地缘政治地位重要性的最好证明。在不同的历史时期，阿富汗的地缘政治地位又有一定的起伏变化，只是并不足以影响阿富汗在地区和世界政治中所具有的独特地缘价值。

（一）阿富汗与英俄"大博弈"

历史学家通常以 1747 年艾哈迈德（Ahmad Shah Durrani）建立杜兰尼王朝作为阿富汗历史的开端，在此之前，除了作为更大的外来帝国统治的组成部分外，阿富汗从未作为一个单一的国家而出现。近现代历史上，阿富汗独特的地缘政治地位在英国和沙俄的"大博弈"中得到了鲜明的凸显，阿富汗的领土疆域也在两大帝国的百年博弈中被最终确定了下来。"大博弈"作为 19 世纪中叶到 20 世纪初的特定政治术语，特指英国和沙俄为争夺中亚控制权所发生的战略冲突，博弈的中心为阿富汗，传统的"大博弈"时期大致从 1813 年至 1907 年双方签订英俄协约时止。正如有学者所指出的，"在现代，阿富汗却充当了英、俄这两个膨胀帝国的终结点。由于其令人生畏的地形和贫瘠的自然资源，两大帝国最终都满足于使阿富汗作为缓冲国继续存在，将其置于它们的正式控制之外，也置于当时已经延伸穿越欧亚大陆其他地区的铁路、电信和文化的基础设施网络之外"[1]，这段话描述了阿富汗成为缓冲国的部分原因，却忽略了英国和沙俄大体的势力均衡和利益妥协这一根本因素。"大博弈"的根本原因在于处于帝国上升期的英俄两国的对外扩张和争霸野心。早在 18 世纪初，沙皇彼得大帝就已拟定了南下征服中亚并最终夺取印度洋出海口的扩张计划，阿富汗自然成为沙俄的觊觎之地。随着 19 世纪中期沙俄逐步占据整个中亚，对阿富汗更

---

[1] 沙伊斯塔·瓦哈卜、巴里·扬格曼：前揭书，第 1 页。

是志在必得，阿富汗不但成为沙俄南下印度洋的必经之路，也是入侵英属印度这一英国"帝国皇冠之宝石"的跳板和前哨。对于英国来说，阿富汗乃是保卫英属印度不可或缺的北方屏障，也是北上染指中亚的基地，英国对阿富汗奉行的基本政策是将阿富汗纳入自己的势力范围或至少保持阿富汗作为缓冲国的地位不变。沙俄和英国在根本战略上的矛盾导致双方近一个世纪的博弈。

对于 19 世纪中期英国在阿富汗的渗透，沙俄的态度在其外交部亚洲司司长科瓦列夫斯基（Kowalewski）1859 年初写的一份报告中可见端倪："俄国外交部不能再满足于原来在部内占上风的那种思想，即在中亚保留尽可能多的空旷辽阔的地域，所谓不属于任何一个大国的中立地带。这一思想已造成了这样的情况：当我们对我们的边界漫不经心、不以为意的时候，英国却从印度推进到了拉合尔，征服了拉合尔，在阿富汗设置了专员，并把它的影响扩大到赫拉特。"[1] 关于沙俄对英属印度及其相邻领土包括阿富汗的看法，还有这样一段生动的表述："印度多方面的和无限制的价值激起了英国人将其置于自己权力之下和使其免受他人接近损害的贪欲，而对于俄国方面来说则是自然倾向印度周边国家的趋势吸引着它，它的目的不是为了掌握它们，因为它们的好处太少，它的目的是为了有机会影响印度或者将来有可能攫取印度。"[2]

沙俄对英属印度的企图使英国人的不安有充分的理由，"俄国在阿富汗方向采取的军事行动以及它给予波斯的贷款行为都预示着罪恶"[3]。英国对沙俄不断向印度推进所产生的敌对情绪在 1868 年罗林逊（H. Rawlinson）的一份函件中表露无遗："印度已经处在一种被包围国家的境地，有待俄国完成的只是沿波斯边界经过坎大哈、喀布尔向赫拉特建立'第三条平行线'，并占领通往印度的'锁钥'——马里。英国必须以加强在波斯的阵地相答复，并应通过卷入阿富汗事务而牢牢地立足于阿富汗。"[4]

对于英国而言，最大化地确保英属印度的安全和利益就成为孜孜以求的目标，阿富汗显然是实现这一目标的关键棋子。19 世纪末的英属印度总督的

[1]　外交部，总档案局，Ⅰ-1，1841—1860 年，第 83 号，第 280—283 页。转引自 [美] 亨利·赫坦巴哈等：《俄罗斯帝国主义——从伊凡大帝到革命前》，吉林师范大学历史系翻译组译，生活·读书·新知三联书店 1978 年版，第 437 页。

[2]　[哈萨克斯坦] 苏·马·阿基姆别科夫：前揭书，第 7 页。

[3]　Horace Rumbold, " Sir H. Rumbold to the Marquess of Salisbury ", *British Documents on the Origins of the War 1898-1914,* Vol. 1: The End of British Isolation, p. 249.

[4]　[美] 亨利·赫坦巴哈等：前揭书，第 476 页。

乔治·纳撒内尔·寇松伯爵（George Nathaniel Curzon）曾就此清楚地指出这场博弈对于英国的利害关系："中亚诸国、阿富汗、里海地区和波斯，许多这样的地名仅仅是一个十分遥远的概念，或者是对异邦变迁和一些死气沉沉的传奇故事的记忆。说实话，对我来说，它们只是大棋盘上的棋子而已，棋手们要用它们来下好控制世界的这盘棋。"[1]

很显然，英俄对于阿富汗的地位认知都是将其作为战略棋子来对待的。19 世纪末的阿富汗国王阿卜杜尔·拉赫曼（Abdor Rabman Khan）这样谈到阿富汗面临的严峻处境："阿富汗是一个小国，它就像两头狮子之间的一只山羊，或者像夹在两块磨石之间的一粒小麦。像这样的小国，怎么能够立于双磨之间而不被碾为齑粉呢？"[2] 因此，"在夹缝中求生存"就成为"大博弈"时期阿富汗对外政策的基本甚至唯一目标。英俄博弈的结果使得阿富汗成为双方在亚洲势力范围之间的一个缓冲带，由此导致阿富汗失去大片领土并最终形成以后的国家版图，同时也造成了阿富汗在国家现代化方面始终落后于曾受英俄统治的周边邻国的状况。在第二次侵阿战争期间的 1879 年，英国强迫阿富汗签订了不平等的《冈达马克条约》，其中规定："第三条：阿富汗及其附属地的埃米尔殿下同意按照英国政府的劝告和愿望处理与外国的关系。未经英国政府同意，埃米尔殿下将不同外国缔结条约，不对任何国家采取武装行动……如果英国军队为击退外国入侵进入阿富汗领土，一当任务完成他们将马上返回在英国领土上的驻地。"[3] 这个条约将阿富汗的外交置于英国控制下，还规定英国对阿富汗的部分领土实行保护和行政控制，由此阿富汗沦为英国的附庸和保护国。而此时的沙俄因 1878 年《柏林条约》的签订，同英国的矛盾有所缓和，对阿富汗也失去了兴趣。直至 1907 年英俄协约的签订，沙俄正式承认阿富汗为英国的势力范围。英国向沙俄保证"不鼓励阿富汗采取任何威胁俄国的措施"，沙俄则保证同阿富汗的一切政治关系通过英国为中介来进行。[4] 英俄协约的签订是两国背着阿富汗来决定阿主权归属的强权行为，标志着英俄传统"大博弈"落下帷幕。苏俄／苏联成立后，英苏在阿富汗及波斯／伊朗又展开了一场总体形势相对缓和的博弈直至二战爆

---

[1] [英]卢茨·克莱维曼：《新大牌局：亚洲腹地大国角力内幕》，王振西译，新华出版社 2006 年版，第 2 页。

[2] 彭树智、黄杨文：前揭书，第 161 页。

[3] 彭树智：《阿富汗史》，陕西旅游出版社 1993 年版，第 391 页。

[4] [英]珀西·塞克斯：《阿富汗史》（第二卷下册），张家麟译，商务印书馆 1972 年版，第 1240 页。

发，这也是传统"大博弈"的后续和尾声。伴随着二战的结束和冷战的开始，美苏围绕阿富汗展开了一场新的大博弈，博弈的高潮发生在苏联入侵阿富汗时期。因此，从历史的角度看，冷战期间美苏在阿富汗的博弈与此前的英俄／英苏博弈存在着一脉相承的关系。

（二）阿富汗具有独特的地缘政治地位

阿富汗处于中南亚地区，兼具中亚、南亚、西亚和中东的多重地缘区域属性，这种多重性决定了阿富汗地缘政治地位的独特性和地缘战略价值的非凡性。美国政治地理学家科恩（Saul B. Cohen）将地缘政治界定为"国际政治权力与地理环境之间的关系"[1]。近两个世纪以来，阿富汗的地缘政治正是由于外部强权的不断介入而凸显出其价值。阿富汗的地缘政治特性在不少地缘政治学家的论著里都有直接或间接的涉及。

海权论的创立者马汉（Alfred Thayer Mahan）在他 1900 年出版的地缘政治学论文集《亚洲问题及其对国际政治的影响》中多次提到阿富汗，他认为在亚洲大陆北纬 30—40 度的地带是世界强国争夺最激烈的地方，也是发生冲突的"心脏地带"，"苏伊士地峡、巴勒斯坦和叙利亚、美索不达米亚平原、波斯的绝大部分地区和阿富汗"都属于这个地带，这个区域就是"可争执的和受到争执的地方"。[2]

陆心说的创立者麦金德（Halford John Mackinder）则对欧亚大陆的内部区域在国际政治中所具有的重要性给予了高度的评价。1904 年，他在《历史的地理枢纽》一文中提出，欧亚大陆内部区域，是世界政治的枢纽区域。枢纽以外，有一个巨大的内部或边缘新月形地区（包括有德国、奥地利、土耳其、印度和中国）和一个外新月形地区，后者全部是海洋力量，前者则具有部分大陆和部分海洋力量的特征。[3]1919年在《民主的理想与现实》一书中，麦金德提出如下的三段式公式："谁统治了东欧谁便控制了'心脏地带'；谁统治了'心脏地带'谁便控制了'世界岛'；谁统治了'世界岛'谁便控制了世界。"[4]他认为，欧亚大陆就是一个世界岛，从西伯利

[1] Saul B. Cohen, *Geography and Politics in a World Divided*, New York: Oxford University Press, 1975, p. 29.

[2] ［美］阿尔弗雷德·塞尔·马汉：《亚洲问题及其对国际政治的影响》，范祥涛译，上海三联书店 2007 年版，第 13—14 页。

[3] ［英］哈·麦金德：《历史的地理枢纽》，林尔蔚、陈江译，商务印书馆 1985 年版，第 44—63 页。

[4] ［英］麦金德：《民主的理想与现实》，武原译，商务印书馆 1965 年版，第 134 页。

亚的海岸一直伸展到俾路支斯坦和波斯的海岸之间的广大地区都是欧亚大陆的"心脏地带",覆盖了以平原为主的"大低地"的绝大部分和伊朗高原的绝大部分,他还明确指出伊朗高原上有波斯、阿富汗和俾路支斯坦三个国家。[1] 因此,阿富汗的地理位置大部分地位于他所提的"心脏地带"的范围内,部分地处于内部或边缘新月形地区。将麦金德的观点放在历史的角度看,"冷战时期美国的遏制政策是以 1904 年及 1919 年的心脏地带世界领域为基础的"[2]。

"边缘地带说"的倡导者斯皮克曼(Nicholas John Spykman)对"陆心说"进行了矫正。他在 1944 年出版的《和平地理学》一书中写道,处在欧亚大陆心脏地带和边缘海之间的区域是欧亚大陆的边缘地区(即麦金德所说的"边缘新月形地区"),由欧洲沿海地区、阿拉伯中东沙漠地区和亚洲季风地区三个部分组成,边缘地区"在海上势力和陆上势力的冲突中,起着一个广大缓冲地带的作用"。他将麦金德的三段式公式修改为:"谁支配着边缘地区,谁就控制欧亚大陆;谁支配着欧亚大陆,谁就掌握世界的命运。"[3] 斯皮克曼还判断:东半球的势力冲突,向来与大陆心脏地带和边缘地区之间的关系有关,与边缘地区内的实力布局有关,与海上势力对大陆沿岸的压迫所引起的影响有关,最后,与西半球参与这种压迫有关。[4] 这个判断更多的是基于当时二战的战略形势,但如果用来分析冷战期间美苏围绕阿富汗的争夺以及阿富汗局势的发展演变,显然也是行得通的。

总的来看,阿富汗具有独特而又重要的地缘政治地位,可以将阿富汗的地缘政治特性总结为四种:

第一,阿富汗是一个天然的缓冲国。这是由其特殊的地理位置所决定的,缓冲国类似于"三明治国家"。历史上,大凡作为缓冲国的国家往往实力弱小,难有真正独立自主的主权和外交,其命运是要么因若干强权的相互制衡而得到保证,如阿富汗,要么被强权控制、占领或瓜分以至亡国,如波兰。阿富汗的缓冲国角色在英俄两大帝国的"大博弈"时期表现得尤为明显,在美苏冷战时期也是如此。

第二,阿富汗基本上是一个地缘政治中的要害国家。曾于 1898 年起担任英属印度总督的寇松为阿富汗取了一个令人印象深刻的绰号。他说,阿富汗是一杯亚洲的"鸡

---

[1] [英]麦金德,武原译:前揭书,第 73—75 页。

[2] [美]索尔·科恩:《地缘政治学:国际关系的地理学》,严春松译,上海社会科学院出版社 2011 年版,第 19 页。

[3] [美]斯皮克曼:《和平地理学》,刘愈之译,商务印书馆 1965 年版,第 75—78 页。

[4] [美]斯皮克曼:前揭书,第 96 页。

尾酒"，常常会引来很多国家的"搅和"。[1]阿富汗这片土地在历史上之所以屡屡遭到外部势力的入侵和争夺，显然根源于它地理位置的重要性。布热津斯基（Zbigniew Kazimierz Brzezinski）在 1988 年论述进行美苏竞争的地缘战略纲领时明确地指出，在美苏之间三条中心战略战线之一的西南战线上，伊朗或者阿富汗和巴基斯坦两个国家是地缘政治中的要害国家。[2]2003 年，潘志平曾对阿富汗的地缘政治地位做出这样的预测，"这一深厚的历史底蕴决定，阿富汗经常处于中南亚地缘文化的枢纽，也正因为如此，它在一定条件下就有可能成为中南亚地缘政治的枢纽"[3]。最近几年来国际政治形势的发展演变，证明这个预测是正确有力的。很明显，苏联入侵阿富汗以及"9·11"事件都是先后强化阿富汗地缘政治重要性的关键因素。

第三，阿富汗是"破碎地带"或"不稳定弧形带"上的重要一环。最近三十年，阿富汗的这种国家特性逐渐显现并愈加突出，除了国内动乱冲突不断，阿富汗还成为恐怖主义和伊斯兰极端主义的重要滋生地和输出场所。早在 1915 年，英国地理学家詹姆斯·菲尔格里夫（James Fairgrieve）就用"破碎地带"的说法形容海洋国家与欧亚大陆心脏地带之间较小的缓冲国家，其中就包括阿富汗。[4]布热津斯基在苏联解体后提出，欧亚大陆的"心脏地带"变为地缘政治上的真空状态，形成"当代历史上的黑洞"，东南欧部分、中东和波斯湾地区以及前苏联的南部地区，也包括阿富汗和巴基斯坦，共同构成了一个"长椭圆形的激烈动荡的漩涡"[5]。他在《大棋局》一书中进一步论述"欧亚大陆的巴尔干"时，也将阿富汗列入其中。[6]"9·11"事件以来，国际形势的变化使"破碎地带"和"不稳定弧形带"成为两个被论及较多的地缘名词，而阿富汗则是这两个地缘名词所指向的不可或缺的一个国家。对于阿富汗，更为悲观的说法可能就莫过于"失败国家"这个称号了。

第四，阿富汗是公认的"帝国坟墓"。这个特性主要是由阿富汗的地形以及

---

[1]　刘伯瘟：前揭书，第 11 页。

[2]　[美] 兹比格涅夫·布热津斯基：《竞赛方案——进行美苏竞争的地缘战略纲领》，刘晓明等译，中国对外翻译出版公司 1988 年版，第 48 页。

[3]　潘志平：前揭书，第 17 页。

[4]　James Fairgrieve, *Geography and World Power,* London: University of London Press, 1915, pp. 329-330.

[5]　[美] 兹比格涅夫·布热津斯基：《大失控与大混乱》，潘嘉玢、刘瑞祥译，中国社会科学出版社 1994 年版，第 167、176 页。

[6]　[美] 兹比格纽·布热津斯基：《大棋局——美国的首要地位及其地缘战略》，中国国际问题研究所译，上海人民出版社 2007 年版，第 102 页。

阿富汗人的民族性造成的。在"大博弈"时期及一战结束后，英国曾于 1839 年、1878 年和 1919 年三次入侵阿富汗，均遭失败。苏联于 1979—1989 年对阿富汗长达 10 年的入侵最后也以失败撤军告终，苏联解体和冷战结束也与此有着密不可分的关系。以至于有这样一个说法，"如果有人想取代阿富汗的埃米尔，那么一定是阿富汗人自己，任何对此存疑的人都应该去问问英国人和俄罗斯人"[1]，这句话或许可以视作对任何企图控制阿富汗的外部势力的忠告。2003 年，美国学者卡尔·迈耶（Karl E. Meyer）就将阿富汗、伊朗、巴基斯坦等中亚国家称作"帝国的尘埃"[2]，像阿富汗这一"尘埃颗粒"虽然遥远且颇为落后，但并非微不足道，反而能让美国付出沉重的物质代价。如今由美国主导的阿富汗战争已逾十年，超过了越战而成为美国历史上最长的战争。

在战后不同时期的美国对阿富汗政策中，阿富汗地缘政治具有的这四种特性都得到了体现。就地理位置而言，阿富汗对周边国家发挥着承东启西、衔南接北的桥梁作用。任何对阿富汗的控制都可能产生重磅炸弹似的效应，即足可以阿富汗为基地，进而西遏伊朗，操控中东和波斯湾地区局势；东制中国，搅和中国西部腹地复杂的民族、宗教和安全形势；北慑俄罗斯，深入俄罗斯的后院和欧亚大陆的"心脏地带"；南平印巴，增强对南亚次大陆事务的控制力——显然，这主要是针对美国对阿富汗的控制而言的。总之，阿富汗的地缘政治地位从根本上来说，与它的国家实力无关，而是取决于它的地缘位置、地区和国际形势变化、外部各方势力对比的变化以及外部各方不同时期的利益界定。

第二节　二战前的美国对阿富汗政策

一、阿富汗的独立与中立外交的开始

1879 年 5 月，阿富汗国王希尔·阿里汗之子耶古卜汗与英国签订《冈达马克条

---

[1]　Milton Bearden, " Afghanistan, Graveyard of Empires ", *Foreign Affairs*, Vol. 80, No. 6, Nov./Dec., 2001, p. 30.

[2]　Karl E. Meyer, *The Dust of Empire: the Race for Mastery in the Asian Heartland*, New York: Public Affairs, 2003.

约》，使阿富汗沦为英国的附庸和保护国，丧失了外交自主权。但此后的四十年间，阿富汗人一直在为争取国家的完全独立而斗争。

1917 年列宁领导的十月革命获得胜利，成立了苏俄。苏俄的成立和一战的结束推动了阿富汗的民族独立运动。而英国虽然是一战的战胜国但也遭受重创，实力大减。这些为阿富汗的独立创造了有利条件。1919 年，具有强烈民族主义意识的阿曼努拉（Amanulla Khan）登上阿富汗国王王位后随即发表独立宣言，宣布自由独立的阿富汗不承认任何外国的特权，并且先后致信英属印度政府和苏俄政府。一方面，向苏俄建议两国建立友好关系。另一方面，要求英国修改不平等条约，并在平等的基础上另订新约。显然，"保证阿富汗独立的最重要的因素，无疑地就是同苏维埃俄国建立外交关系"[1]。此时在列宁新的东方民族政策和对外政策指导下的苏俄也急欲打破帝国主义的包围和封锁，很快就宣布承认阿富汗的独立和主权，成为第一个承认阿富汗的国家。苏俄领导人列宁和加里宁（Mikhail Ivanovich Kalinin）在给阿曼努拉的回信中说道："阿富汗人民仿效俄国榜样的意愿将是阿富汗国家巩固和独立的最好的保证……两国伟大人民之间的永久外交关系的建立将使我们有极大的可能相互帮助，以反对外国强盗侵犯别国自由和财富的各种行为。"[2]

但当时英国拒绝了阿富汗的独立要求，并且试图阻止阿富汗和苏俄的接近，先发制人地挑起第三次英阿战争。最终阿富汗在这场战争中取得军事胜利，迫使英国与阿富汗于 1919 年 8 月签订《拉瓦尔品第和约》。在作为和约附件的照会中，英国首席谈判代表汉弥尔顿·格兰特爵士（Hamilton Grant）宣布英国放弃对阿富汗外交的控制权，他表示：这次英阿战争已使以前的所有条约全部作废，"阿富汗在其内政和外交事务方面正式地自由和独立了"[3]。

通过战争和谈判，阿富汗终于摆脱了英国的控制，实现了国家独立。独立后的阿富汗在对外关系方面开始推行中立政策。正如有的学者指出：近现代时期的阿富汗具有中立外交的传统，"阿富汗获得独立，中立外交正式付诸实践"[4]。此后，阿富汗开始积极地发展与包括美国在内的其他西方国家以及与中东穆斯林国家的关系。阿富

---

[1]　[苏]В·Г·特鲁哈诺夫斯基：《国际关系和苏联对外政策史（第一卷：1917—1939）》，刘功勋等译，世界知识出版社 1965 年版，第 156 页。

[2]　[苏]И·А·基里林：《国际关系和苏联对外政策史（1917—1945）》，邢书纲等译，中国社会科学出版社 1990 年版，第 112 页。

[3]　[英]珀西·塞克斯：前揭书，第 1243—1244 页。

[4]　黄民兴：《近现代时期的阿富汗中立外交》，载《西亚非洲》2002 年第 4 期，第 45 页。

汗获得独立为美国与阿富汗开始官方接触并走向建交创造了必不可少的前提条件。

二、二战前的美国对阿富汗政策与美阿关系

（一）二战前的美国对阿富汗政策：从疏离到建交

在二战以前亦即 1945 年以前的二十多年时间里，美国对阿富汗政策经历了从疏离到正式建交的转变，可以 1934 年为界。此前，美国对与阿富汗建立外交关系持消极态度，对阿富汗奉行疏离政策；此后，美国确立了正式承认阿富汗政府并与之建交的政策，美阿外交关系取得实质性进展。

在 1919 年以前，特别是在 19 世纪，美国与阿富汗没有任何官方往来，因此美国根本没有对阿富汗的政策。原因大致有两个方面。一方面是因为，阿富汗由于自己受深居内陆的地形限制和持续的英俄博弈，所以几乎没有机会来推进与其他国家特别是和美国的关系。[1]另一方面，此时的美国对亚洲事务的参与极其有限。具体说来，19 世纪的美国受自身力量限制尚不能同欧洲列强在亚洲进行争霸。早在 1796 年"国父"华盛顿发表的卸任前的告别演讲中，他就为美国外交规定了孤立主义准则。[2]在 1823 年推出"门罗主义"后，美国对外政策更加专注于它在美洲的角色扮演和利益维护，对欧洲和亚洲事务参与的程度都很有限，更别说和深居内陆并处于英俄两大帝国夹缝中的阿富汗发展关系了。纵观 19 世纪，美国和阿富汗仅仅发生了一点民间和宗教层面的短暂交往，即在 19 世纪中叶，一些美国基督教长老会的传教士做了开创性的努力，他们在阿富汗设立救济所，宣传基督教，并且试图和阿富汗流亡的前领导人建立直接的接触，不过他们的这一政治努力没有成功。[3]19 世纪末的阿富汗国王拉赫曼也意识到与美国、意大利以及德国这些与阿富汗没有共同边界的国家发展关系的重要性，但他在位期间并没有打开美阿关系的大门。

1. 1934 年以前美国对阿富汗奉行疏离政策

通过对 1861 年以来美国对外关系文件的考察可以发现，"阿富汗"一词最早作为独立的小标题列出是在 1921 年，反映出阿富汗从这时起才成为美国对外政策的关

---

[1] Mohammad Khalid Ma'Aroof, *op. cit.*, p. 21.
[2] 王玮、戴超武：《美国外交思想史：1775—2005 年》，人民出版社 2007 年版，第 67 页。
[3] Mohammad Khalid Ma'Aroof, *op. cit.*, p. 21.

注对象。1919 年，阿富汗获得了独立，这为打开两国关系的大门创造了机会。正是从这时起，阿富汗和美国有了初步的官方接触和交往。但直至 1934 年前，两国关系都没有取得实质性的进展，阿富汗在美国对外政策议程中的分量几乎可以忽略不计。可以说，此期间美阿关系的基本特征是：阿富汗主动积极地寻求美国对阿正式外交承认以及推动两国建立直接的双边关系，但美国对此基本上持消极和漠视的态度。美国对阿富汗的消极态度与德国、意大利、法国、苏联等欧洲国家和土耳其、波斯、埃及等中东穆斯林国家的积极态度形成了鲜明的对比。

1921 年，以穆罕默德·瓦里（Mohammad Wali Khan）为首的阿富汗代表团访问美国。阿富汗代表团此行有两个主要目的：其一是争取与美国建立正式外交关系，其二是寻求美国对阿富汗的经济投资。阿代表团拜会了美国总统哈定（Warren Gamaliel Harding），但美国政府对阿代表团的来访显得比较冷淡，甚至哈定也是在征求英国的意见后才勉强接见了阿代表团。阿富汗代表团还带来了一封阿曼努拉国王给哈定总统的信，信中表达了阿富汗希望同美国建立友好关系的真诚愿望，然而哈定的回信中对于承认一事却持着不置可否，甚至伪善和模棱两可的态度。[1] 美国国务卿查尔斯·埃文斯·休斯（Charles Evans Hughes）给哈定总统的信中反映出这一时期美国对阿富汗的政策态度。他认为，美国与阿富汗的往来一直是通过英国来进行的，虽然阿富汗表面上独立了，但仍然处于英国的势力范围内。另外，阿富汗过于落后，美国在阿富汗的商业机会极其有限，除了阿富汗的宝石生产，美阿之间很难发生贸易往来。[2] 在这一美阿官方的首次正式接触期间，美国政府未同意阿代表团提出的互换外交代表的要求，只考虑了任命一位美国领事派驻喀布尔的可能性。这次会晤意味着美国对阿曼努拉政权的非正式承认，但美国并没有就此同阿富汗建立正式外交关系。

在 1934 年以前，美国在与阿富汗建立正式外交关系的问题上始终持消极无为的态度。美国多次以"需要认真考虑"或"时机不成熟"等为理由委婉地拒绝了阿富汗提出的美阿建立直接和正式外交关系的请求，而美阿之间的官方接触更多的是通过双方驻第三国（如法国、英国、意大利、苏联和波斯）使节的交流渠道来进行。相比之下，阿富汗在寻求与美国建交问题上表现得更为积极和主动。1922 年，美国

---

[1]　FRUS, 1921. Vol. I, p. 261.

[2]　FRUS, 1921. Vol. I, pp. 258-259.

派驻波斯的外交官科·万·恩格特（Cornelius Van H. Eugert）对阿富汗做了非正式的访问并受到热烈欢迎，他也成为历史上首位访问阿富汗的美国官员。事后他给美国国务院发送电报，强烈建议美国正式承认阿富汗，不过报告被归档遭到忽视。[1]1925年，阿富汗驻法国公使穆罕默德·纳第尔（Mohammed Nadir Shah）与美国驻法国大使亨里克（Myron T. Herrick）会面，要求商谈两国建立外交关系的问题，阿富汗方面还拿出了一份建交条约草案。美国方面对此的回应只是表示"赞赏和慎重考虑"[2]。1928年，访问欧洲途中的阿曼努拉国王做出希望访问美国的友好表态，却又遭到羞辱性的回绝。当时主管中东事务的美国国务院高官华莱士·默里（Wallace Murray）在发给由美国驻意大利大使馆转递阿曼努拉国王的电报中写道："为了美国和阿富汗业已存在的友谊，美国政府认为需要指出的是，由于美国长期形成的传统习惯，正式接待存在一定的限制。美国政府还从来没有邀请过外国国王来访，因为与王室身份相称的接待意味着在实际操作中会出现严重的困难。"[3]1930年，纳第尔被推选为阿富汗国王后，阿富汗政府继续争取美国的外交承认。1931年，美国国务卿史汀生（Henry Lewis Stimson）在给美国驻英国大使道斯（Dawes）的电报中指示道："如果阿富汗驻英国公使提出外交承认的问题，你应该向他表明：你没有被授权和他讨论这个问题，但你会很高兴将此问题转呈给国务院。"[4]史汀生还指示美国驻意大利大使柯克（Kirk）告知阿富汗驻意大利公使，"美国政府最近不会考虑与阿富汗政府建立官方关系的问题，目前还不适合谈判订约"。他表示，美国政府还没有承认当前的阿富汗政府。[5]

总之，在1934年以前，无论是对阿曼努拉政权还是此后的纳第尔政权，美国的态度都显得比较冷淡，既不愿正式承认阿富汗政府，也不肯与之建立直接的外交关系。

2. 1934年以后美国调整对阿政策并与之建交

从1934年至二战期间，美国对阿富汗基本摈弃了原来的疏离政策，转而同阿富汗建立正式外交关系，美阿关系取得实质性进展。1934年，美国政府高层对阿富汗的态度有所改变。此时美国国务院代理国务卿威廉·菲利普斯（William Phillips）致

---

[1] Rosanne Klass, *op. cit.*, p. 40.

[2] FRUS, 1926. Vol. I, pp. 557-560.

[3] Leon B. Poullada and Leila Poullada, *op. cit.*, pp. 47-48.

[4] FRUS, 1931. Vol. I, p. 825.

[5] FRUS, 1931. Vol. I, p. 826.

信总统富兰克林·罗斯福（Franklin Delano Roosevelt），要求美国正式承认阿富汗："我们一直以来对同阿富汗建立外交关系很自然地持保守态度，这是由于阿富汗原始落后的国家状况，在阿富汗的外国人缺少可依靠的保护人，美国在阿富汗也不存在重要利益"，"既然阿富汗已得到了所有大国的承认，而且目前阿富汗政府的统治看起来也是稳固的，我认为我们没有理由再拒绝承认那个国家了"。[1]罗斯福总统接受了其国务卿的建议，在给阿富汗国王穆罕默德·查希尔（Mohammed Zahir Shah）的信中表示，美国给予阿富汗以承认并愿意保持美阿友好关系的存在。[2]罗斯福的表态意味着在持续十多年的冷淡和犹豫后，美国终于正式承认阿富汗政府。

1935 年，美国驻伊朗公使威廉·H·豪尼布鲁克（William H. Hornybrook）兼任驻阿公使。1936 年，两国在法国巴黎签订了第一个正式友好条约。[3]根据条约，美国宣布与阿富汗建交，但美国没有在阿富汗建立外交机构和派驻外交官，美国对阿富汗事务仍由美国驻伊朗大使馆负责处理。美国之所以没能在阿富汗设立使馆，既与美阿在此问题上没能达成一致有关，也因为美国政府内部仍然存在着反对与阿建交的强大力量。比如，从未去过阿富汗却又对阿富汗抱有误解和偏见态度的华莱士·默里，仍坚持将阿富汗作为英属印度的延伸部分来对待，甚至认为"阿富汗毫无疑问是今天世界上最富有敌意的国家"[4]。他的这一观点直接阻止了美国在阿富汗开设使馆的可能性。二战爆发以前，美国在阿富汗几乎没有进行过有价值的经济活动，唯一重要的实业活动是 1937 年纽约内陆开发公司在阿富汗西部地区获得为期 75 年的石油勘探的租让权，但勘探活动在 1939 年即草草收场了，主要原因是：油田面积小，开发价值不大；阿富汗对石油的需求和消费量很小，离阿拉伯海岸太远，需要修建费用巨大的输油管才能将石油输送出口[5]，以及苏联反对西方国家在阿北方的任何活动和战争危险的日益增大。

二战期间，阿富汗恪守中立政策，拒绝德意法西斯国家的拉拢。出于反法西斯战争的考虑以及为了改善盟军在中东的战略地位，美国对阿富汗的重视程度有所提高，两国关系有了新的突破。1941 年 5 月上任的美国驻阿公使德莱弗斯

---

[1]　FRUS, 1934. Europe, Near East and Africa: Vol. II, p. 749.

[2]　FRUS, 1934. Europe, Near East and Africa: Vol. II, p. 750.

[3]　FRUS, 1936. Europe, The Near East and Africa: Vol. II, pp. 1-7.

[4]　United States National Archives, NEA memorandum of conversation, file 890h.00/122, 1930.

[5]　［英］珀西·塞克斯：前揭书，第 1198—1199 页。

（Louis G. Dreyfus）就他的喀布尔之行给美国国务院发送电报，他认为对于美国能成为阿"第三国"的大国朋友并给予阿以援助和指导，阿富汗始终抱有真诚和强烈的意愿。他建议美国尽早在喀布尔开设使馆，并分析了其中的理由："首先且最重要的是，美国应该接受阿富汗这个小国主动伸出的友谊之手，这符合美国的世界责任；第二，美国可以在亚洲的这个战略位置确立和巩固我们自己的力量和利益，这是一个不容错过的机会；第三，我们在阿富汗的利益会继续增加，美阿之间正在进行谈判，如果一切顺利，根据计划将会有许多美国教师和技术顾问以及更多的人前往阿富汗。"[1] 德莱弗斯还着重对比了德国在阿富汗的活动情况。他的这些观点奠定了二战期间美国对阿政策的基调，推动了美阿关系的发展。1942 年 6 月，美国正式在阿富汗开设使馆，科·万·恩格特成为首位专任的驻阿公使，这标志着美阿两国间直接的外交关系终于得以正式确立。除了德莱弗斯阐述的上述理由，在阿富汗开设使馆也是二战形势的需要，美国也在考虑根据租借法案建立经由阿富汗向苏联提供军事物资的通道。二战还推动了阿富汗对美国的出口贸易，"战争中盟军对军事物资的需求使阿富汗得以迅速扩大出口，其出口总额从 1939 年的 1 230 万美元猛增到 1945 年的 3 720 万美元。纽约引人注目地取代伦敦成为阿富汗紫羔羊皮的主要出口市场"[2]。这一事实表明，美阿两国的经贸关系也伴随着政治外交关系的最终确立而得到发展。

（二）关于二战前美国对阿富汗政策的评价

纵观二战前美国对阿富汗政策的演变，美国对阿富汗所表现出的大国傲慢以及功利色彩非常明显。根据决策理论，政策制定者应该准备一整套方案并意识到每一个方案可能带来的结果。就此而言，这一时期美国对阿政策是很有问题的，其政策的制定和推行带有较多的主观性、盲目性和偶然性。

总的来看，二战结束之前的二十多年间，美阿关系是向前稳步发展的，但发展得又比较缓慢，可谓是"波澜不惊"，相较于阿富汗对发展美阿关系的重视和期盼，美国的态度显得消极、冷淡乃至于对阿富汗抱有某些偏见。分析原因大致可以归纳为以下几点：第一，自 1919 年独立后，阿富汗积极发展对外关系，坚定地推行中立

---

[1]　FRUS, 1941. The British Commonwealth; the Near East and Africa: Vol. III, p. 259.

[2]　彭树智、黄杨文：前揭书，第 226 页。

外交，在平衡与英苏关系的同时，努力发展与在中亚没有殖民传统的德、意、法、日、美等西方大国的关系，阿所奉行的这种"第三国主义"的外交政策在一定程度上影响了美阿关系的发展程度及其限度。同时，在两次世界大战之间，美国继续推行孤立主义指导下的外交政策，对参与国际事务的兴趣不大[1]，阿富汗更不可能成为美国外交的重点。第二，二战前美国认为阿富汗的地理和战略重要性不大，不值得美国提供军事和经济援助，而且美国最初也无意冒犯在阿富汗有巨大影响力的英国。以后受到其他西方大国以及苏联与阿富汗关系发展的刺激，美国对发展同阿关系的态度有所改观。第三，美国对阿富汗这个遥远而又偏居内陆的国家的文化传统、社会结构和政治事务都缺乏了解，缺少熟知阿富汗事务的外交官。第四，阿富汗和美国在彼此的对外政策议程中均不处于优先的地位，随着二战战争氛围的迫近，特别是德意日法西斯国家在阿势力和影响的增强，美国对发展与阿富汗的关系逐渐重视起来，可以说是二战提高了阿富汗对于美国所具有的战略地位和经济价值，因此美国对阿地位和作用的认知也是影响美阿关系和美国对阿政策的重要变量。

二战结束以前的美阿关系虽然发展得缓慢曲折，双边关系也很不平衡，但双方毕竟建立起了正式和直接的外交关系，美国在阿富汗的政治和经济利益逐渐增强，为以后美国在阿富汗同苏联展开争夺打下了基础。二战期间，科·万·恩格特积极帮助阿富汗政府稳定经济，展现出良好的善意，为美国在阿富汗民众和政府中树立起不错的形象。[2]美国不但同苏联、英国合作打击德意日法西斯国家在阿富汗的势力，还考虑通过阿富汗向苏联提供援助，不过此时美国对于苏联在阿富汗的影响并非没有担心，科·万·恩格特在 1943 年致国务卿的几份电报中就多次提醒道，阿富汗对苏联这个最具有不确定性的邻居缺乏信任，害怕苏联战胜德国后会再次对阿表现出侵略倾向，为了不陷入苏联霸权的统治，阿富汗将会向美国和英国求助，但美英都很难阻止苏联的侵略。[3]二战以后事态的发展大致印证了他的判断，随着 1947 年印度和巴基斯坦在原英属印度的基础上分治独立，英国势力退出印度次大陆，美国逐渐接手对这一地区的主导权，同苏联在阿富汗展开了争夺。

---

[1]　关于两次世界大战之间美国外交政策的性质，也有学者不同意孤立主义这种论断，恰恰相反，认为应该是国际主义或世界主义外交。参见王玮、戴超武：前揭书，第 281 页。

[2]　Rosanne Klass, *op. cit.*, p. 40.

[3]　FRUS, 1943. The Near East and Africa: Vol. IV, pp. 20-33.

本章小结

　　本章论述了阿富汗的地缘政治地位和二战结束以前美国对阿富汗政策的演变过程。阿富汗具有独特的地缘政治地位，历史上英俄"大博弈"是对阿富汗地缘政治地位独特性的最好诠释。阿富汗的地缘政治地位从根本上说，取决于它的地缘区域属性以及外部势力对它的争夺力度。阿富汗的地缘位置和战略价值对美国的对阿政策有着深刻的影响，但这往往离不开美国自身对阿富汗地缘政治地位的判断和认知。二战以前的美阿关系发展比较缓慢曲折，美国对承认阿富汗以及同阿富汗建立正式外交关系态度消极。二战期间，美国对阿富汗的重视有所提高，美阿正式外交关系得以最终确立。总之，二战结束以前的美国对阿富汗政策经历了从长期疏离冷淡到最终与阿富汗建立正式外交关系这样一个演变过程。由于美阿关系在这一时期的互动水平很低，因此美国对阿政策给各方面带来的影响都非常有限。

第二章　1946—1989 年的美国对阿富汗政策

二战结束后不久，美国和苏联发生冷战。两国在全球范围内分别采取结盟等方式组成了以自己为首的资本主义阵营和社会主义阵营。这两个超级大国也在南亚和中东地区展开角逐，阿富汗则是双方争夺的重要着力点，为此双方在阿富汗采取了针锋相对的政策。从根本上来说，这一时期美国对阿富汗政策乃是基于冷战背景下美国为遏制苏联而制定的，其政策目标在于确保或恢复阿富汗的独立和中立地位。冷战期间，以 1979 年苏联入侵阿富汗为标志，美国对阿政策及对阿富汗事务的介入力度都发生了重大变化。本章分析 1946—1989 年实际上也是冷战时期美国对阿富汗政策的演变，将之分为这样两个阶段：第一阶段是在冷战前中期即 1946—1978 年，美国以对阿富汗经济援助为主，与苏联在阿富汗争夺影响力，以确保阿富汗外交的中立和维护其独立主权；第二阶段是冷战后期即 1979—1989 年，美国积极为阿富汗的叛乱武装亦即伊斯兰圣战组织提供军事援助，对抗入侵阿富汗的苏军和在苏联扶持下的阿富汗政府。

第一节　1946—1978 年的美国对阿富汗政策

1946—1978 年，就是二战结束后至阿富汗人民民主党政权建立和苏联入侵阿富汗之前的这段时期。在这一时期，美国对阿富汗的主导政策是向阿富汗提供经济援助，与苏联争夺在阿富汗的影响力。在遏制苏联的根本目标下，美国以对阿富汗经济援助为主，军事援助为辅，加强美阿关系，增强阿富汗维护自身独立自主和中立地位的能力，抗衡和削弱苏联在阿富汗的影响。不过，此时期坚持中立外交立场的阿富汗没能像巴基斯坦、伊朗那样成为美国遏制苏联的一个合作对象和盟国。

一、1946—1978 年美国对阿富汗政策的成因

（一）阿富汗推行中立的外交政策

整个冷战期间阿富汗主要经历了五个时期：1946—1953 年马茂德（Mahmud Khan）政府时期、1953—1963 年达乌德（Mohammad Daud）政府时期、1963—1973 年查希尔国王亲政时期、1973—1978 年达乌德的阿富汗共和国时期以及 1978 年后阿富汗人民民主党政权统治和苏联入侵时期。而冷战前中期亦即从 1946 年马茂德执政到 1978 年阿富汗人民民主党政权成立这一时期，阿富汗外交上推行的是中立政策。从 50 年代中期开始，世界政治舞台上兴起了一股由第三世界国家组成的不结盟运动，成为独立于美苏两大阵营之外的政治力量，阿富汗则是这一运动的重要推动者、参与者和创始会员国之一，阿富汗传统的中立政策融入了不结盟的因素。在冷战初期，美国就积极在中东拼凑反苏军事同盟体系。1955 年，巴基斯坦和伊朗加入了由美英筹划主导的巴格达条约组织，而早在 1952 年，美国就推动土耳其加入了北约组织。这样在与苏联接壤或临近的中东国家中，土耳其、伊朗和巴基斯坦都成为了美国的军事盟国，得以获得美国的安全保证和大量的军事援助，唯有阿富汗仍然坚持中立和不结盟的外交政策。1964 年，美国政府的"国家情报评估"报告分析了阿富汗在两大阵营中间左右逢源的做法："阿富汗将继续渴望从东西方阵营获取援助，但也会致力于保证不让任何一方在阿富汗获得过度的影响力。阿富汗已经成功地这样做了十年，他们还能继续这样做下去，尽管事实上阿富汗几乎所有的军事援助都是来自于东方阵营……如果进一步的大规模外国援助到来，看起来这是很可能的，阿富汗将会在过去十年大量基础设施建设的基础上取得更快的经济发展。但它仍旧是一个不发达国家，苏联在近年来已经成为阿富汗主要的贸易伙伴和外援来源国，它还将继续充当这一角色，但是这并不可能会导致决定性的政治影响。"[1]

阿富汗推行中立外交政策对此段时期美国对阿富汗政策有一定的直接影响。1952 年美国国务院的一份文件指出美国对于阿富汗的立场问题："对于驻阿使馆就阿富汗有倒向苏联阵营的危险这一极端评估，国务院还没有证据支持这一观点。在阿富汗没有共产党组织。就国务院所掌握的情况，在阿富汗目前还没有组织或领

---

[1]　FRUS, 1964–1968. South Asia: Vol. XXV, pp. 1046-1047.

导人有能力或意愿把这个国家拱手让给苏联。"[1] 这份文件表明，美国对于阿富汗最大的关切就是只要阿富汗不倒向苏联阵营，那么美国的目标就算达到，因此对于阿富汗可能出现亲苏组织或领导人，美国是比较警惕的。美国国家安全委员会也在 NSC5409 号文件中专门讨论了美国对阿富汗的政策，其中指出，"只要阿富汗政府不对美国不友好或者屈从于苏联，美国就应该支持它"，"在当前阶段，美国应避免造成这样一种印象，即美国支持阿富汗参与地区防卫协定"。[2]1953 年，美国国防部参谋长联席会议的一份报告进一步分析道："对于美国而言，阿富汗几乎不具有战略重要性。它的地理位置及其领导人对苏联力量的认识，都预示着无论何时，只要情势所需，苏联都会控制这个国家。阿富汗保持中立是可取的，因为除此之外它也许会被苏联作为通往印度次大陆的必经之地而侵占。在阿富汗，如果没有西方对共产主义的抵抗，那么它的中立地位就将有效地保持下去，因为这种抵抗本身就可能促使苏联采取行动控制这个国家。"[3] 根据这份报告，可以了解美国政府特别是军方对阿富汗地位和作用的认识，最重要的是，军方甚至认为为了避免刺激苏联和确保阿富汗的中立地位，美国和西方不应在阿富汗抵制苏联的势力渗透，这就相当于默认苏联在阿富汗具有特殊权利。

总之，此段时期阿富汗的中立外交立场是影响美国对阿富汗政策的重要因素。由于阿富汗坚持中立外交，它既需要把美国作为平衡苏联势力的一个最重要砝码，同时又拒绝美国的军事拉拢，这样美国对阿富汗的政策不得不转向尊重阿富汗的这一外交立场，主要以经济援助的方式保持美国在阿富汗的影响力以制衡苏联。

（二）美国极力遏制苏联扩张，维护其在中东和南亚地区的利益

随着 1946 年丘吉尔"铁幕演说"和 1947 年"杜鲁门主义"的出台，美苏两大阵营之间的冷战爆发，为争夺世界霸权和巩固西方资本主义阵营，美国对苏联和共产主义阵营长期推行遏制战略。"传统美国外交政策的内容非常明显，即孤立主义

---

[1]　FRUS, 1952–1954. Africa and South Asia: Vol. XI, p. 1460.

[2]　U.S. Policy toward Afghanistan. NSC 5409. *Declassified Documents Reference System(DDRS)*. Document Number: CK3100428277.

[3]　*Index of Declassified Documents,* No. 33A , Arlington, Virginia, 1979. Cited in Rosanne Klass, *Afghanistan: The Great Game Revisited,* New York: Freedom House, 1990, p. 48.

和保护主义。而冷战时代要求执行干涉主义和自由贸易政策"[1]，二战成为美国外交告别孤立主义、走向国际主义的转折点。二战结束后的冷战期间，美国对阿富汗政策从根本上来说是服务于遏制苏联和共产主义力量扩张的战略目标的，在不同的历史时期，其政策又有着显著的变化。一般认为，美苏冷战和对抗是"地缘政治和两大思想体系的对抗的结合"[2]，阿富汗相对于苏联所具有的地缘战略价值要比相对于美国大得多，美国对阿富汗的战略评估和采取的对策更多地取决于第三方苏联在阿富汗及中东地区的行动。冷战前中期的美国对阿富汗政策基于遏制苏联扩张、维护美国和西方在中东和南亚地区的战略利益而展开。

二战结束后，中东和南亚地区形势发生了巨大的变化。以英国为代表的老牌殖民主义势力因自身实力急剧下降而开始从这一地区退出，美国逐渐接手并争夺该地区事务的主导权。同时，经历战争磨炼的苏联也对这一地区表现出极大的兴趣，1945 年的伊朗危机就是美苏英三大国矛盾交织的产物，成为美苏在这一地区冷战对抗的开端。"中东在美国对外战略中的地位仅次于欧洲；同样，它对苏联称霸全球也是必不可少的，所以，中东成为苏美的必争之地"[3]，而在对苏遏制战略的指导下，美国对这一地区的国家给予了高度重视，但不同国家在美国战略棋盘中受到的重视程度又有所不同。冷战前中期美国对阿富汗的政策也是在遏制苏联的根本目标下推行的。从地缘政治的角度看，中东和南亚是世界地缘政治的重要地区，这里不仅是美国遏制苏联扩张的前沿阵地，还是对抗苏联所必需的石油等战略性能源的重要产地。只有控制中东和对中东具有重要且直接影响的南亚地区，美国才能构建起一道抵御苏联南下扩张的坚固的防御体系。二战刚结束后的 1946 年，美国国务院近东和非洲事务部的主管亨德森（Henderson）就警告，英、法、苏、美四大国在中东地区执行的对立政策很可能导致第三次世界大战的发生，"苏联正试图突破阻止它向南方和西南方前进的障碍"，"一旦苏联势力进入伊朗和土耳其，它就不会后退，在此之前美国应立即采取行动"。[4]

根据前文的分析，阿富汗兼具中东、中亚和南亚的多重地缘区域属性，其战略

---

[1]　[美] 沃尔特·拉塞尔·米德：《美国外交政策及其如何影响了世界》，曹化银译，中信出版社 2003 年版，第 67 页。

[2]　资中筠：《战后美国外交史：从杜鲁门到里根》（上册），世界知识出版社 1994 年版，第 5 页。

[3]　李晓妮：《美国对巴基斯坦政策研究：1941—1957》，吉林大学出版社 2010 年版，第 72 页。

[4]　FRUS, 1946. The Near East and Africa: Vol. VII, pp. 1-4.

意义自不待言。然而，与其邻国伊朗和新诞生的巴基斯坦相比，在冷战初期，阿富汗不仅没有受到美国的高度重视，反而被一再冷落，这与二战以前美国在承认阿富汗问题上的消极态度如出一辙。随着苏联在阿富汗的渗透加剧和影响力的增强，美国对阿富汗的政策才有所调整，加大了对阿富汗的援助力度。总的来看，遏制苏联向南扩张是美国对阿富汗政策的根本考虑。

二、1946—1978 年的美国对阿富汗政策的内容

在 1946—1978 年，美国对阿富汗政策的出发点就是，在遏制苏联的根本目标下，通过一定的经济、军事援助加强阿富汗与美国、西方及其中东盟国的关系，增强阿富汗维护自身独立自主和中立地位的能力，抗衡和削弱苏联在阿富汗的影响。在涉及阿富汗的问题上，美国首要的是在中东和印度洋地区确保和巩固自身和其中东盟国的利益。因此，对于阿富汗这个在美国看来战略地位不那么重要的国家，美国甚至默认或者说是不否认苏联在阿富汗的特殊地位，也不坚持要阿富汗参加地区安全或军事协定。不难看出，在美国的战略棋盘中，阿富汗就像"大博弈"时期那样再一次扮演了大国争夺的缓冲国角色，只是大国博弈的角色已经从英俄转变为美苏。1948 年，美国国务卿马歇尔（George Catlett Marshall）在给杜鲁门总统关于升格美国驻阿使馆地位的备忘录中指出，"阿富汗因与苏联接壤而易遭受固有的困难，它正努力地与西方民主国家结盟"[1]。此后美阿关系升格为大使级，阿富汗在美国开设使馆。1951 年 2 月，美国国务院发布了一份"美国关于阿富汗的政策"的文件，文件就美国对阿政策的目标做了这样的论述："我们对于阿富汗的目标是：阿富汗继续作为一个独立国家而存在，进一步实现民族融合；政府能保持稳定；改善阿富汗同巴基斯坦和伊朗的关系；鼓励社会、政治和经济发展，这将进一步加强阿富汗当前面向西方民主国家和疏远苏联的定位。"[2]1954 年 10 月，艾森豪威尔政府出台了一份名为"阿富汗展望"的"国家情报评估"文件，"国家情报评估"文件是美国政府高层跨部门做出的关于重大外交政策问题的报告。这份"阿富汗展望"评估报告的起草参与方涉及中央情报局、国防部参谋长联席会议和国务院下属的情报组织、陆海空三军等多个政府部门，报告全面分析总结了阿富汗的国内状况、对外关系和

---

[1] FRUS, 1948. The Near East, South Asia, and Africa: Vol. V, p. 490.

[2] FRUS, 1951. Asia and Pacific: Vol. VI, p. 2004.

美阿关系，报告认为，评估阿富汗内部事务和对外关系的发展要基于以下两点：一是苏联关于阿富汗的政策，二是西方为巩固这个被包围着的国家而做出的努力会产生怎样的影响。[1] 这份报告也是冷战前中期美国对阿富汗政策的重要指导文件。1969年，尼克松政府发布的《国家政策声明：阿富汗》指出：美国关于阿富汗的战略目标是在阿富汗维持相当的存在，以抵消苏联的影响；对美国而言，将苏联在阿富汗的影响力排除出去是不现实的，与苏联竞争在阿富汗的优势地位也不符合美国的利益。[2] 简言之，冷战前中期美国对阿富汗政策的目标就是确保阿富汗的独立和中立地位。具体而言，此时期美国对阿富汗政策的基本内容可以概括为五点。

（一）把阿富汗当作美国对抗苏联的缓冲国

在美国看来，阿富汗是美苏对抗的一个天然缓冲国。在美国关于中东、南亚地区的战略考量中，阿富汗的地位远远低于美国的中东盟国巴基斯坦和伊朗。但凡涉及其盟友的利益时，美国的阿富汗政策往往优先考虑的是巴基斯坦和伊朗，而非阿富汗本身。对外政策的目的是为了维护国家利益，美国对阿政策不是为了阿富汗的国家利益，而是为了达到美国遏制苏联的战略目标，巴基斯坦和伊朗是美国实现这一战略目标的重要地区支柱，阿富汗则不过是美苏博弈的缓冲棋子。换言之，阿富汗对于美国而言本身并不具有多大的价值，它的价值更多地是因为其周边地区的地缘重要性而得到凸显，阿富汗周边的中东和波斯湾地区以及印度洋沿岸的暖水港才是美苏争夺的关键目标，为此美国比苏联更加在乎阿富汗的独立和中立地位，美国则不遗余力地要巩固沿苏联南部边界筑成的反苏阵线，伊朗、巴基斯坦以及土耳其是组成这一阵线的主要国家，阿富汗则无形中扮演了夹在苏联和美国盟国之间的缓冲国角色。

1954 年的"阿富汗展望"报告明确指出：阿富汗的战略重要性在于，作为"一个缓冲国"，它将北边的苏联和南边的非共产主义的巴基斯坦以及印度分隔开来，但它本身不被共产主义或非共产主义阵营所主导。但阿富汗和苏联接壤，距离西方权力中心遥远，军事衰弱，对苏联在贸易和技术援助贷款上的依赖不断增长，这些都使得阿富汗面对苏联的施压会非常的脆弱。[3] 美国国家安全委员会也持类似的立

---

[1] FRUS, 1952-1954. Africa and South Asia: Vol. XI, pp. 1481-1482.

[2] FRUS, 1969-1976. Documents on South Asia: Vol. E-7, Document 326, pp. 1-11.

[3] FRUS, 1952-1954. Africa and South Asia: Vol. XI, pp. 1482-1483.

场："很明显，克里姆林宫并没有太在乎阿富汗贫乏的财产，它很可能认为，为了服务于其宏伟的目标，无论何时它都能轻而易举地控制阿富汗。毋庸置疑，不管阿富汗如何抵抗，它都会被占领。倘若发生入侵，某些力量特别是阿富汗部落民众可能会持续进行抵抗。"[1] 基于这种认识，同时鉴于阿富汗独立后一直在大国间求平衡并且在联合国内不断保持其同阿拉伯——亚洲国家的联盟，所以，冷战前中期美国在对阿富汗政策中一直将阿富汗作为美国遏制苏联扩张的一个"缓冲国"。

（二）致力于维护阿富汗的中立地位

在冷战初期美苏对抗最激烈的时期，阿富汗的中立外交在一定程度上并不太为美国所欢迎，但大部分时候美国对阿富汗的中立外交还是能够理解和接受的，特别是随着 20 世纪 50 年代中期苏联在阿富汗影响力的增强，美国更加致力于维护阿富汗的中立地位。1953 年 2 月，美国国务卿杜勒斯（John Foster Dulles）在致美国驻阿大使馆的电报中，就明确表达了希望阿富汗加入美国主导的中东条约组织的想法。[2] 同年 9 月，美国副总统尼克松访问阿富汗时提出以阿富汗加入军事集团为条件提供经援，遭到阿方的拒绝。苏联在阿富汗影响力的增强以及阿富汗对美国军事拉拢的拒绝，使美国不得不正视阿富汗的中立立场，认识到保持阿富汗中立地位的必要性。艾森豪威尔于 1958 年达乌德访美时公开表示尊重阿富汗的中立立场，达乌德的访问也使美国不再怀疑他的亲苏倾向。[3] 从艾森豪威尔政府开始，美国对阿富汗的中立外交逐渐形成了正面和积极的评价。

美国之所以致力于维护阿富汗的中立地位，还与它对苏联在阿富汗企图的认识有关。1954 年的"阿富汗展望"报告就指出："苏联的经济渗透可能会导致阿富汗逐渐成为苏联的势力范围。然而，我们认为至少在未来数年内，苏联还不会事实上控制阿富汗。如果苏联选择这样做，它能轻易地占领阿富汗。但是公开的入侵会招致普遍性的抵制，特别是在阿拉伯——亚洲国家里，这恰恰是苏联希望避免出现的。"[4] 虽然美国对苏联企图的这种认识在一定程度上导致了自我麻醉，但客观上来

---

[1] *Index of Declassified Documents,* No. 377A , Arlington, Virginia, 1978 . Regarding Soviet assessment of " meager assets ", see Shroder and Assifi, this volume. Cited in Rosanne Klass, *Afghanistan: The Great Game Revisited*, New York: Freedom House, 1990, p. 48.

[2] FRUS, 1952-1954. Africa and South Asia: Vol. XI, pp. 1465-1466.

[3] FRUS, 1958-1960. South and Southeast Asia: Vol. XV, pp. 232-234.

[4] FRUS, 1952-1954. Africa and South Asia: Vol. XI, pp. 1482-1483.

说，美国致力于维护阿富汗中立地位的动机也源于此。1963 年，美国国务卿腊斯克（David Dean Rusk）在给肯尼迪总统关于"美国对阿富汗政策"的备忘录中指出："美国对阿富汗展现的友好姿态是美国在阿富汗两个邻国伊朗和巴基斯坦利益和投入的保证"，他还具体论述了美国对阿政策的两大目标："（1）保护美国在印度次大陆和伊朗的投入：我们的目标是保持阿富汗独立的缓冲国地位，这不是因为我们喜欢阿富汗人而是由于阿富汗这一地域的战略重要性。我们在阿富汗地位的急剧下降会导致苏联完全控制它，这将严重地危及我们的盟国巴基斯坦和伊朗的安全。此外，事态的发展也将会牵连到整个印度次大陆的安全。因此，我们对阿富汗政策的基本目标就是，保护我们在阿富汗的自由世界邻居的投入。（2）挫败苏联的目标：第二个目标也是同样重要的，我们要通过在阿富汗保持实际地位去挫败苏联的主要目标。我们要向苏联表明，他们在阿富汗的行动不是没有对手的，他们也不会达到所希望的预期效果。我们在阿富汗地位的严重下降会给苏联发出这样的信号，即他们的努力成功了。如果我们退却了，苏联会进一步填补真空。"[1]1969 年的《国家政策声明：阿富汗》也指出美国在阿富汗的目标是"一个独立和不结盟的阿富汗，它愿意并且有能力对苏联在其事务上的影响施加限制"[2]。从 50 年代中期起，美国对阿富汗的政策始终围绕维护阿富汗中立这一核心目标而展开，直至 70 年代末阿富汗建立起亲苏的共产主义政权后，美国对阿政策才不得不有所调整。

（三）在"普什图尼斯坦"问题上偏袒巴基斯坦

"普什图尼斯坦"争端是冷战前中期一直困扰美国、阿富汗和巴基斯坦三者关系的重要问题，也是影响美国对阿富汗和巴基斯坦政策的关键因素。美国在阿巴这一争端上的立场是进行斡旋，表面上保持中立态度，推动两国和平谈判，但并不支持甚至否定阿富汗对"普什图尼斯坦"的主张，而且美国对巴基斯坦的援助特别是军事援助也远多于阿富汗。虽然美国也意识到，阿富汗"同巴基斯坦的关系陷入僵局可能导致一个最终结果，那就是阿富汗依靠苏联阵营并最终被这个阵营所吸纳"[3]，然而实际上，美国在"普什图尼斯坦"问题上仍然是偏袒其盟友巴基斯坦的。

所谓"普什图尼斯坦"，指的应是普什图人居住的地区，包括阿富汗东南部和

---

[1] FRUS, 1961-1963. South Asia: Vol. XIX, pp. 472-476.

[2] FRUS, 1969-1976. Documents on South Asia: Vol. E-7, Document 326, pp. 1-11.

[3] FRUS, 1961-1963. South Asia: Vol. XIX, pp. 89-90.

巴基斯坦西北部的普什图人聚居区。在阿富汗与巴基斯坦的争端中，"普什图尼斯坦"主要指的是 1893 年被英国强行划出去的阿富汗领土，即巴基斯坦境内的普什图人聚居区。二战结束后，面对英属印度日益高涨的民族独立运动，英国于 1947 年宣布印度和巴基斯坦实行分治，巴基斯坦作为一个独立的国家继承了原英属印度与阿富汗的边界线，而这条边界线则是 1893 年英国强迫阿富汗划定的，即所谓的"杜兰线"。杜兰线将传统的普什图人聚居区一分为二，该线以东属于英属印度的领土范围，以西属于阿富汗。这就导致普什图人被英国强行划分到两个国家中成为跨境民族，以普什图人为主体民族的阿富汗失去了对杜兰线以东普什图人聚居区的传统控制权，由此埋下了"普什图尼斯坦"争端的种子。在英属印度统治时期，这一地区争取普什图人自治的反英民族运动逐渐兴起，在印巴分治前已发展到要求建立一个自治的普什图人国家——"普什图尼斯坦"。巴基斯坦独立时，杜兰线以东普什图人聚居区通过公民投票加入新生的国家巴基斯坦，遭到阿富汗的强烈反对。阿富汗主张这一地区有加入阿富汗或选择独立的权利，因此对投票结果不予承认，并且积极支持巴基斯坦境内普什图人的独立运动。更进一步地，阿富汗还废除了 1893 年的英阿杜兰线协定以及其他任何涉及普什图人地位的条约。巴基斯坦独立后，"普什图尼斯坦"问题成为阿巴两国关系长期紧张的难解之结。两国围绕这一争端于 1950 年、1955 年、1961 年和 1975 年先后爆发数次冲突，其间甚至一度断交。由于巴基斯坦在争端中往往封锁阿巴边境，使阿富汗的出口贸易难以为继，阿富汗因此比巴基斯坦更迫切地需要他国施以援手，并开拓新的出口通道。

为了使本国在争端中占据优势，阿富汗和巴基斯坦都积极寻求来自美国的道义支持和实际援助。对此，美国基于自身利益要么选择表面中立，要么站在巴基斯坦一边，反对阿富汗对"普什图尼斯坦"的主张。1954 年，美国国务院助理国务卿亨利·拜罗德（Henry A. Byrode）向阿富汗驻美大使卢丁（M. K. Ludin）表示，他不明白阿富汗的主张有何逻辑性或正义性，美国希望阿富汗能改变态度以利于争端的解决。[1] 对于美国偏袒巴基斯坦的立场，阿富汗非常不满，指责美国破坏了地区均势。阿富汗认为，美国与巴基斯坦是共谋。但阿富汗仍然试图利用美国对阿富汗保持中立的兴趣以从美国获得援助。[2] 然而美国并不愿向阿富汗提供军援，认为巴基斯坦是

---

[1] FRUS, 1952-1954. Africa and South Asia: Vol. XI, pp. 1414-1416.

[2] FRUS, 1961-1963. South Asia: Vol. XIX, pp. 90-92.

美国的盟友，美国不能武装可能攻击其盟友的国家。[1] 美国对巴阿两国这种厚此薄彼的政策显然是基于自身的利益而制定的，这也成为导致阿富汗逐渐向苏联靠拢的重要因素，而苏联也多次表示尊重和理解阿富汗在阿巴争端中的主张。

（四）大力援助阿富汗，但态度总体上偏消极

对于美国而言，确保阿富汗中立地位最重要的举措唯有对阿提供援助。美国对阿富汗的援助涉及经济、军事、技术和文化等领域。美国的目的在于，通过援助阿富汗的方式保持美阿之间的互动，增加美国势力在阿富汗的存在，以此抗衡苏联在阿富汗的势力和企图。冷战前中期，美国对阿富汗援助的总体态势表现为：冷战初期，美国对援助阿富汗态度消极，从 50 年代中期开始，作为对苏联在阿富汗势力急剧增强的回应，美国大幅度增加了对阿富汗的援助。而随着美苏冷战的缓和，从 1963 年开始，美国的援助又开始大幅度下降。1969 年的《国家政策声明：阿富汗》指出，美国在阿富汗保持存在和影响力的方式有"经济援助项目、外交代表、适度的军事援助、和平队和宣传活动"[2]。由此不难发现，援助乃是美国对阿政策的主要内容，也是美国平衡苏联在阿影响的主要手段。1974 年，美国国务卿基辛格访问阿富汗，在同阿总统外交政策顾问的会谈中他指出，美国在阿富汗的利益就是阿富汗的独立和主权，美国对在阿富汗处于任何的主导、排他或唯一地位都不感兴趣，阿富汗同北方邻国苏联保持友好关系是完全正常的，美国愿意在社会和经济方面给阿富汗提供帮助。[3]

虽然在冷战前中期，美国给阿富汗提供了大量援助，但其援助规模远远要少于苏联。美国历任政府对于阿富汗相对苏联处于天然弱势地位的看法都是一致的，这种看法导致了美国政府对援助阿富汗的态度总体上持消极立场，认为援助阿富汗难以取得多大效果，援助规模要保持在适度的范围内。1954 年，艾森豪威尔总统在国家安全委员会第 228 次会议上陈述道："我们不想把钱倾注到这个'鼠穴'中，面对苏联的压力和侵犯，阿富汗明显的脆弱不堪。另一方面，如果阿富汗愿意站在自由世界一边，而不是仅仅为了自身利益在苏联和美国中间搞挑拨，那么我们也许会

---

[1] 刘竞、张士智、朱莉：前揭书，第 180 页。

[2] FRUS, 1969-1976. Documents on South Asia: Vol. E-7, Document 326, pp. 1-11.

[3] FRUS, 1969-1976. Documents on South Asia: Vol. E-8, Document 15, pp. 2-12.

借此机会增加援助。"[1] 艾森豪威尔的这段话反映出他对阿富汗在美苏之间搞平衡手段的不满，也可以看作是对阿富汗所奉行的中立外交政策的反对。直到 1976 年，美国国务院的一份"年度政策评论"还这样陈述道：阿富汗是"一个军事和政治上的中立国家，事实上依靠着苏联"，然而美国"不应该在任何方面为保护阿富汗许下承诺或承担责任"。[2] 总的来看，美国对阿富汗的援助主要是基于制衡苏联在阿富汗的影响，试图通过援助这一杠杆与苏联争夺在阿富汗的影响力，以确保阿富汗的中立和独立，这也是冷战前中期美国对阿政策的目标所在。因此，美国对阿援助的主观意愿是不强的，更多地是因为受到第三方苏联援助的刺激而被动实施的援助行为。

（五）对阿富汗的援助重经济、轻军事

美国对阿富汗主要以经济援助为主，美国的援助主要用于阿富汗南部的基础设施建设，以及工农业和技术援助、教育和警察培训，但在对阿富汗的军事援助方面态度消极。可以说，美国在对阿军事援助上的表现最能反映出美国援助阿富汗的消极和保守态度。1954 年的"阿富汗展望"报告就指出："苏联在阿富汗的表现是对西方在中东和南亚行动的回击。如果阿富汗参加西方支持的防卫协定或接受西方大量的军事援助，苏联将会做出强烈的反应。"[3]

杜鲁门政府时期，美国对阿政策表现出保守的特点，而阿富汗马茂德政府则继续奉行战前的"第三国主义"和传统中立政策，并将加强阿美关系作为对外政策的支柱。"杜鲁门政府的阿富汗政策确立了美国对阿政策的一个基本原则，即无论何时何地，美国都要维持与阿富汗最低限度的联系，保持美国对阿富汗的影响力的存在，防止因过于刺激阿富汗而使其倒向苏联。"[4] 虽然阿美关系于 1948 年升格为大使级，但对于马茂德政府时期阿富汗多次提出的经济和军事援助请求，杜鲁门政府态度消极，只向阿富汗提供了少量的经济和技术援助，而对军事援助的请求则予以拒绝。1946 年，美阿达成兴修赫尔曼德河水利工程的协议，这是杜鲁门政府时期美国对阿经济援助的代表。由于美国没有给予足够的重视，这一工程耗资巨大、耗时较长以

---

[1] Discussion at the 228th Meeting of the National Security Council Held on 12/9/54. Issue Date: Dec. 10, 1954. *DDRS*. Document Number: CK3100129249, p.9.

[2] United States Department of State, *Annual Policy Assessment*, Mar. 9, 1976.

[3] FRUS, 1952-1954. Africa and South Asia: Vol. XI, pp. 1482-1483.

[4] 张树明：《变革与奠基：20 世纪 50 年代美国对阿富汗政策初探》，载《青海师范大学学报（哲学社会科学版）》2010 年第 1 期，第 77 页。

至于延绵数十年，引起阿富汗举国上下的不满。"但这一工程以及此后美国在阿富汗援建的其他项目表明在第二次世界大战前后阿富汗已经转向美国寻求经济和军事援助了。美国取代其他西方国家成为阿富汗的主要援助国。"1949 年，阿富汗国家经济部长阿卜杜尔·马吉德（Abdul Majid Khan Zabuli）率团访美，向美国提出 1.18 亿美元的贷款请求 [1]，这一请求被美国国务院转交给美国进出口银行负责，最后美国进出口银行只给阿富汗批准了 2 100 万美元的贷款。[2] 而在 1948 年底，马吉德就代表阿富汗政府向美国提出军事援助的请求，并警告说美国和苏联一旦爆发战争，苏联会占领阿富汗，而在美国的支持下，阿富汗可以和土耳其、伊朗、巴基斯坦建立地区安全协定，组成抵抗苏联的穆斯林阵线。美国国务院对此则认为，这一计划不可行，并且以提供军事援助需要军事主管部门授权等理由拒绝了这一请求。[3] 此后，阿富汗首相马茂德访美再次提出军事援助请求，又被杜鲁门委婉拒绝。纵观杜鲁门政府时期，美国在援助阿富汗、帮助阿富汗经济和军事建设问题上的态度都显得非常冷淡和消极。艾森豪威尔政府时期，美国对阿政策逐渐趋于稳定，确立起援助阿富汗维持其中立地位的对阿政策。在 1953 年副总统尼克松访阿后，美国向阿富汗提供了 1 850 万美元的商业贷款，但 1955 年美国又拒绝了为阿富汗第一个五年计划提供 1 亿美元贷款的请求。[4] 肯尼迪政府时期，为了同苏联争夺对第三世界国家的影响力，1961 年，美国国会通过了肯尼迪总统提出的"和平队"计划的法案，阿富汗有幸成为这一教育和技术援助计划的受援国。由于对阿富汗在阿巴冲突中的强硬立场以及阿苏接近的不满，肯尼迪政府又宣布无法向阿富汗提供阿"二五"计划所需的巨额贷款。

需要指出的是，尽管冷战前中期美国给阿富汗提供了大量援助主要是经济援助，但援助数额远远少于苏联所提供的。截至 1978 年，美国对阿富汗的经济援助只有 5.33 亿美元 [5]，军事援助额几乎可以忽略不计。而苏联从 1956 年到 1978 年共向阿富汗提

---

[1] Mohammad Khalid Ma'Aroof, op. cit., p. 46.

[2] FRUS, 1949. The Near East, South Asia, and Africa: Vol. VI, p. 1779.

[3] FRUS, 1948. The Near East, South Asia, and Africa: Vol. V, pp. 493-494.

[4] 彭树智、黄杨文：前揭书，第 234 页。

[5] A·S·加乌斯：《阿富汗的陷落：一个知情人的叙述》，佩尔加蒙—布拉塞防务出版社 1988 年版，第 156 页。转引自彭树智：前揭书，第 325 页。

供了 12.65 亿美元的经济援助和 12.5 亿美元的军事援助。[1] 这主要是因为冷战形势和美国自身力量发生变化。从 1950 年代中期开始，美国逐渐卷入并最终深陷越南战争的泥潭，由此导致美国元气大伤和总体实力的衰落，"从战后到 60 年代末，美国一直处在遏制苏联、对苏冷战的主动地位，70 年代则发生了苏联转守为攻，美国受到来自苏联方面的强大压力，不得不进行战略收缩的情况"[2]，因此美国在 60 和 70 年代基本上已经无暇、无兴趣、也无足够能力关注和援助阿富汗这个非盟友国家，它所提供的援助也极为有限。"在宪政实验的每一年，美国对阿经济援助都在下降。"[3] 阿富汗最终沦为苏联的附庸几乎是可以预见的。

三、1946—1978 年的美国对阿富汗政策的影响

冷战前中期美国对阿富汗政策的影响是双重的，无论是从阿富汗还是从美国的角度来看。总的来看，由于美国对阿富汗缺乏战略重视，援助规模比较有限，导致苏联在阿富汗的影响不断加强，这就使阿富汗的中立地位受到冲击和动摇。因此，冷战前中期美国对阿政策的负面影响要超过其正面影响。

（一）美国对阿援助有助于维护阿富汗的独立，促成美苏合作的局面

美国对阿富汗的援助在一定程度上有助于维护阿富汗的独立，并且促成了美苏在阿富汗形成竞争与合作并存的局面。冷战前中期美国对阿富汗采取一系列政策，如通过一定的经济、军事援助尤其是经济援助来加强阿富汗与美国、西方及其中东盟国的关系，这在一定程度上有助于增强阿富汗维护自身独立自主和中立地位的能力，抗衡苏联在阿富汗的影响。仅就冷战前中期而言，美国的确达到了维护阿富汗中立地位的目标。在达乌德第一次执政时期，阿富汗"试图避免加入巴格达条约组织（后来的中央条约组织），或者成为美苏两大阵营任何一方的势力范围，然而同时它好像又找到了一种独特的方式从对立的双方那里获得大量的援助"[4]。美苏为了争夺在阿富汗的影响力竞相对阿富汗提供援助，使阿富汗成为美苏经济冷战的热点，

---

[1]　Barnett R. Rubin, *The Search for Peace in Afghanistan: From Buffer State to Failed State*, New Haven: Yale University Press, 1995, p. 22.

[2]　顾关福：《战后国际关系》，时事出版社 2003 年版，第 111 页。

[3]　Rosanne Klass, *op. cit.*, p. 53.

[4]　Anthony Hyman, *op. cit.*, pp. 47-48.

由此导致两个超级大国在阿富汗形成了竞争与合作并存的局面。其实，美国和苏联对外经济和军事援助都有一个共同的目的，就是"获得朋友或盟友，对对方的行动进行反击"，"在阿富汗则由于阿富汗人起了接触剂的作用，结局是事实上的合作"[1]。直至 1978 年阿富汗爆发共产主义性质的"四月革命"和其后的苏联入侵，美苏在阿的僵局式合作才被打破，冷战前中期的美国对阿政策也告终止。

（二）美国没能遏制苏联在阿富汗影响力的上升，阿最终倒向苏联

冷战期间，苏联对阿富汗的战略重视程度要远远高于美国，"从 1955 年到 1975 年的 20 年间，阿富汗是欠发达国家中接受苏联援助的第三大受援国，仅次于埃及和印度"[2]。整个 50 年代，苏联与阿富汗的关系不断向前发展，这也是苏阿对彼此互有所需的结果，阿富汗是苏联南部边陲唯一的非美国军事盟友的国家，而且是国际舞台上比较积极的中立和不结盟的国家，因此阿富汗对于苏联具有很强的吸引力和战略价值。苏联也希望通过对阿富汗加强政治、军事、经济和文化影响，既防止阿富汗成为美国的势力范围，又为逐步控制阿富汗奠定基础。对于阿富汗而言，由于50 年代前期"美国在经济援助、军事援助和'普什图尼斯坦'问题上不能满足阿富汗的要求"[3]，因此阿富汗转而向苏联求助。1955 年，苏联最高领导人赫鲁晓夫和布尔加宁首次访问阿富汗，宣布为阿"一五"计划提供 1 亿美元贷款，而这恰恰是美国此前所拒绝提供的一笔援助。阿富汗因此成为二战后苏联向第三世界国家提供经济援助的第一个受援国。[4] 同时，苏联还公开表态支持阿富汗在"普什图尼斯坦"问题上的立场。[5] 在达乌德第一次执政的十年间，随着苏联在阿富汗全方位的援助和渗透活动，苏阿特殊关系逐渐形成，也埋下了以后苏联入侵阿富汗的种子。苏联在阿富汗势力的增强不免引起美国的担忧，1959 年美国驻阿富汗大使拜罗德指出，虽然美国为阿富汗提供了经济援助，但美国依然疏远阿富汗，在权力意识上美国也没

---

[1]　[美] 路易斯·杜普雷：前揭书，第 111 页。

[2]　Rosanne Klass, *op. cit.*, p. 77.

[3]　黄民兴：《达乌德第一次执政时期阿富汗与苏美的关系（1953—1963 年）》，载《西亚非洲》1985 年第 4 期，第 35 页。

[4]　《苏修社会帝国主义的对外扩张》编写组：《苏修社会帝国主义的对外扩张》，上海人民出版社 1973 年版，第 145 页。

[5]　彭树智：前揭书，第 276 页。

有扮演英国过去的那种角色。[1] 当然，美国也相应增加了对阿富汗的援助，但美国的援助规模要远低于苏联，更远远少于美国对巴基斯坦的援助。

美国学者路易斯·杜普雷认为，美国对达乌德第一次执政时期的阿富汗政策主要基于几个背景："阿富汗的历史，苏联在本阶段统治世界的战略（如果不是真实的也是假定的），美国对经济渗透方面试验的反应，有时甚至是过度的反应，阿富汗不顾两个集团的压力而维持其地位的策略"，美国对阿政策包括援助政策表面上"首尾不一"。[2] 当然，美国在冷战前中期推行的以经济援助为主的对阿政策最终并没能确保阿富汗的独立和缓冲国地位。事实上，阿富汗最终被纳入苏联阵营中。有学者认为 1979 年苏联入侵阿富汗是苏联精心计划的南下战略实施进程的顶点，并据此将这一进程划分为五个阶段：1953—1963 年，在阿富汗国内确立颠覆性的基础；1963—1973 年，组织秘密的共产主义政党以及破坏初生的民主宪政体制；1973—1978 年，扶持达乌德重掌政权以摧毁阿富汗君主制，通过幕后控制将达乌德确立为阿富汗共产主义者的名义领袖；1978—1979 年，推翻不再有用的达乌德并组建一个完全听命于莫斯科的公开的共产主义政权；1979 年以后，军事入侵以组建傀儡政权，将阿富汗完全纳入苏联阵营。[3] 在苏联南下阿富汗的每一个阶段进程中，"美国外交政策都是有机会挫败苏联计划的，但美国没能有效地加以利用"[4]。在冷战期间的历任美国总统中，只有艾森豪威尔曾经于 1959 年访问过阿富汗。1963—1973 年的十年是阿富汗查希尔国王主政的宪政时期，阿富汗首相更迭频频，所有首相都受邀访问过苏联，但只有一位首相受邀访问了美国。这一时期美国对阿富汗的政策短视和轻视与以后苏联入侵阿富汗以及由此导致的阿富汗局势长期混乱动荡都有着紧密的关联。

总之，在对阿富汗战略忽视的根本前提下，冷战前中期美国在经济援助、军事援助以及"普什图尼斯坦"问题上的表现都不能令阿富汗满意。阿富汗逐渐倒向苏联与此有着密不可分的关系。由于美国推行的以经济援助为主的对阿政策最终并没能确保阿富汗的独立和中立地位，因此这一时期的美国对阿政策是不成功的。

---

[1]　FRUS, 1958-1960. South and Southeast Asia: Vol. XV, p. 272.

[2]　[美] 路易斯·杜普雷：前揭书，第 104 页。

[3]　Rosanne Klass, *op. cit.*, p. 39.

[4]　Rosanne Klass, *op. cit.*, p. 39.

第二节　1979—1989 年的美国对阿富汗政策

1979—1989 年，实际上属于冷战后期，主要是苏联入侵阿富汗长达十年的时期。由于阿富汗的社会政治制度在 70 年代末发生了根本性的变化，美苏两大国在阿富汗的势力天平呈现出完全倒向苏联一边的情形，阿富汗作为美国所致力于维持的缓冲国角色已不复存在，美苏在阿富汗近 20 年的竞争与合作逐渐转变为激烈的对抗。从卡特政府开始，根据阿富汗国内形势和苏阿关系的变化，美国对阿政策有了重大调整，从原来以对阿富汗提供经济援助为主转变为从财政和军事等方面援助阿富汗国内各种反政府的叛乱势力。其后的里根政府不但继承了卡特政府制定的对阿政策的基本方针，而且大大增加了对叛乱势力的援助规模和力度，最终冷战后期美苏在阿富汗的对抗以 1989 年苏军从阿富汗完全撤出宣告结束。总的来看，冷战后期的美国对阿政策进入了援"叛"抗苏的阶段，其目的在于迫使苏联撤军以恢复阿富汗的独立和中立地位，并且使苏联为其侵略阿富汗付出代价。

一、人民民主党政权的建立与苏联的入侵

整个 70 年代，阿富汗政治局势动荡不安，发生了多起夺权政变，达乌德和阿富汗人民民主党这两大政治力量在其中先后发挥了重要作用，并且苏联也都牵连其中。阿富汗人民民主党于 1965 年正式成立，该党党章宣称："人民民主党是阿富汗最高的政治组织和工人阶级与所有劳工的先锋队。人民民主党的意识形态是马克思列宁主义的实践经验。"[1] 因此，人民民主党是一个共产主义性质的政党，同时有着强烈的夺权意识。人民民主党从成立之初内部就不团结、矛盾重重，以至于在成立两年后就分裂为"人民派"和"旗帜派"两个对立的政治派别，但两派都和苏联保持着密切的联系，受到苏联的扶持，并沦为苏联影响和控制阿富汗的工具。人民民主党的成立标志着阿富汗国内的政治斗争进入了一个新的时期，苏联对阿富汗的政治影响力也大大提升。

除了人民民主党，以达乌德为首的政治力量也图谋推翻阿富汗国王政府，1963

---

[1]　刘云：前揭书，第 107 页。

年被迫下台的达乌德一直在为重掌政权而积蓄力量，为此他不仅同政府中的一些官员和军官保持密切联系，还积极拉拢一些旗帜派的成员，并得到来自苏联的支持。1973 年 7 月，在旗帜派的配合下，达乌德发动政变推翻了查希尔王朝，将阿富汗王国改名为阿富汗共和国。旗帜派成员一度在新成立的达乌德政权中占据要职，然而存在着权力斗争的达乌德和亲苏的旗帜派之间在内外政策上分歧也非常严重，达乌德便采取了对旗帜派和人民派的清洗和打压行动。在对外关系方面，达乌德继续推行传统的中立和不结盟的政策，对苏联显示出高度的独立性。无论是对内对外，达乌德的所作所为都引起了苏联的强烈不满。1977 年 4 月，苏联领导人勃列日涅夫亲自规劝来访的达乌德，希望他改变疏远苏联的政策，却被达乌德以"我是一个独立国家的总统"为由拒绝，达乌德的这次苏联之行意味着他"在自己的生死状上签了字"[1]，苏阿关系更趋紧张。在苏联的推动下，人民民主党两派实现了联合并积极筹划推翻达乌德政权的政变。1978 年 4 月，阿富汗人民民主党发动军事政变，以武力推翻达乌德政权，建立了阿富汗民主共和国，成立了以人民派领袖塔拉基（Nur Muhammad Taraki）为首、人民派和旗帜派共享权力的人民民主党政权。这场被成为"四月革命"或"二月革命"（按照阿富汗历法为二月）的政变，"是阿富汗自 1919 年独立以来发生的具有政治转折性的军事政变"[2]。塔拉基政权得到了苏联的第一个承认，苏联向阿富汗提供了大量的经济和军事援助，苏阿关系一改达乌德政权时期的紧张气氛，变得密切起来。在对外关系上，塔拉基政权完全倒向苏联，塔拉基在第一次会见苏联大使时就明确宣称，阿富汗"信奉马克思列宁主义，要走建设社会主义的道路并将加入社会主义阵营"[3]。苏联和阿富汗还签订了具有军事同盟性质的《苏联和阿富汗友好睦邻合作条约》，阿富汗真正成为苏联"社会主义大家庭"的一员。塔拉基政权时期，苏联对阿富汗基本实现了严密的控制和全面的渗透，这也是苏联长期以来所追求的目标。

虽然有来自苏联的强力支持，但塔拉基政权在国内却面临着深重的危机。一方面，塔拉基政权推行的亲苏路线背离了阿富汗的传统中立政策，照搬苏联模式的激进改革政策又不符合阿富汗这个伊斯兰国家经济文化落后、部落传统浓厚的国情，

---

[1]　刘温国、郭辉：前揭书，第 36 页。

[2]　刘温国、郭辉：前揭书，第 40 页。

[3]　[俄] 奥列格·格里涅夫斯基：《苏联外交秘闻》，李京洲等译，东方出版社 2003 年版，第 190 页。

由此引起国内各个阶层的普遍不满，穆斯林反政府武装活动蓬勃兴起；另一方面，塔拉基政权自身内斗严重，塔拉基的人民派在将卡尔迈勒（Babrak Karmal）等旗帜派领导人排挤出政权后，人民派内部塔拉基与另一领导人阿明（Hafizullah Amin）又发生了权力斗争。面对阿富汗国内日益动荡的社会政治形势，苏联开始考虑直接干预。对于塔拉基和阿明的权力斗争，苏联显然更愿意看到顺从的塔拉基继续掌握大权，因为"阿明这个人对阿富汗革命前途构成了现实威胁"[1]，苏联国家安全委员会主席安德罗波夫甚至怀疑曾在美国留学的阿明是一名中央情报局的间谍。[2]1979年9月，阿明发动政变并获胜，塔拉基被处死，阿明的政变其实是人民民主党内部的权力斗争，阿明领导的人民民主党政权还是共产主义性质的。阿明上台后一改塔拉基政权的亲苏路线，奉行较为独立的民族主义路线，试图在苏联和西方之间实行平衡政策，并设法改善塔拉基政权所造成的与美国、巴基斯坦等国的紧张关系。他在召见苏联大使时还警告苏联不要继续干涉阿富汗内政，否则他不得不效仿埃及的萨达特（Mohamed Anwar el Sadat）总统。[3] 同时，阿明加强了对国内亲苏势力的清洗和控制，采取了一系列旨在削弱苏联对阿控制力的措施。然而，此时阿富汗国内的穆斯林武装叛乱活动愈演愈烈，阿明政权无力应对，国家近乎处于失控局面。阿明的仇苏政策以及阿富汗严重恶化的安全形势令苏联非常不安，苏阿关系急剧恶化，苏联政府感到阿明"不忠实和虚伪"，是一个"专权、残忍而背信弃义的人"。[4] 因此苏联决定铲除阿明，并在阿明上台后就开始在军事上为入侵阿富汗、颠覆阿明政权做了周密部署和充分准备。

1979年12月12日，勃列日涅夫主持苏共中央政治局会议，会议通过了关于阿富汗局势的第176/125号决定。[5]这次会议表明苏联政府最高层已做出了出兵阿富汗的最后决定。12月25日，苏联对阿富汗的入侵行动正式开始，27日阿明被苏军击毙，阿明政权被推翻，人民民主党旗帜派领导人卡尔迈勒在苏联的支持下组建了新政府。如有学者所言，"1978年人民民主党建立政权尤其是1979年苏联入侵阿富汗后，人民民主党政权本质上是傀儡政权，其政治制度具有显著的苏联政治制度的特点"[6]，

[1] [俄]奥列格·格里涅夫斯基：前揭书，第206页。

[2] 沙伊斯塔·瓦哈卜、巴里·扬格曼：前揭书，第171页。

[3] 刘竞、张士智、朱莉：前揭书，第257页。

[4] 林军：《俄罗斯外交史稿》，世界知识出版社2002年版，第374页。

[5] [俄]奥列格·格里涅夫斯基：前揭书，第259—260页。

[6] 王凤：前揭书，第134页。

苏联对阿富汗的入侵使苏联和人民民主党政权紧紧地捆绑在一起。自此苏联对阿富汗的入侵和占领持续了十年，苏联也陷入了阿富汗全民抗苏战争的泥潭，阿富汗人民以各种形式反抗苏联侵略和完全沦为苏联傀儡的人民民主党政权，原来的反政府武装演变为抵抗运动游击队，成为抗苏的主力军。苏联对阿富汗的占领加剧了美苏在阿富汗的争夺，促使美国积极介入阿富汗事务，美国对阿政策出现重大调整。

二、卡特政府的对阿富汗政策

在冷战前中期，美国历届政府对阿富汗的基本政策都是通过向阿富汗主要提供经济方面的援助，制衡苏联在阿富汗的影响力，确保阿富汗的中立和独立地位。美国对阿富汗经济援助的基本政策从艾森豪威尔时期便确立下来，一直延续到卡特时期。卡特政府前期仍然推行对阿富汗经济援助的政策，苏联入侵阿富汗宣告了美国对阿富汗奉行的既定政策已然失败。由此，卡特政府后期对延续了二十多年的美国对阿政策框架做了根本性调整，开启了以后美国对阿政策持续十余年的援"叛"抗苏的新阶段。由于卡特政府后期实现了整个冷战期间美国对阿政策具有标志性意义的转变，因此本部分研究的卡特政府对阿政策主要指涉其后期的援"叛"抗苏政策。

（一）卡特政府对阿富汗政策的成因

1. 苏联入侵阿富汗与卡特主义出台

1979 年 9 月上台的阿明政权既无力对付国内蓬勃发展的反政府力量，又不肯俯首帖耳地服从苏联的指挥，人民民主党的统治已经岌岌可危。这都引起苏联的极大不安和忧虑。为防止丢失阿富汗这块战略要地，保住人民民主党政权的统治，苏联于 12 月底悍然发动了对阿富汗的军事入侵，从而开始了对阿富汗长达近 10 年之久的军事占领。但为了使出兵阿富汗师出有名，苏联政府对外重申了所谓的三个"理由"，即"一是应阿富汗政府邀请；二是符合联合国宪章；三是根据苏阿友好条约"[1]。

对于苏联入侵阿富汗的动机，国际社会的看法大不相同，基本可以分为两种不同的观点。一种观点是"防御说"，即认为苏联的动机主要在于巩固在阿富汗多年经营的成果，防止南部边境出现一个受美国等国支持的伊斯兰原教旨主义敌对政权，从而危及中亚各穆斯林共和国的安全。长期担任苏联驻美国大使的多勃雷宁（Anatoly

---

[1]　刘温国、郭辉：前揭书，第 125 页。

Dobrynin）就持"防御说"的观点。他在回忆录中分析说："阿富汗国内局势的发展严重威胁了苏联南部边境地区的安全。这种局面能够被美国通过建立和扶持一个不友好的阿富汗政权来对付我们，因此立即派兵进入阿富汗以阻止这种危险的发展十分必要。"[1] 其实，在苏联入侵阿富汗以前，苏联就已经意识到美国等国支持阿富汗反政府武装的问题。1979 年 3 月，勃列日涅夫在苏共中央政治局的一次会议上就将导致阿富汗国内局势紧张的矛头指向美国，"可以完全有理由推断，无论是在阿富汗，还是在其邻国，其中包括中国，所有这些事件都是美国一手指挥的。中国、巴基斯坦、伊朗扮演的远远不是最后的角色"[2]。关于苏联侵阿动机的另一种观点则是"进攻说"，认为苏联的目的在于南下印度洋，夺取伊朗和巴基斯坦，威胁霍尔木兹海峡。[3] 无论是"防御说"还是"进攻说"，都有一定道理。就当时阿富汗形势的发展来看，阿富汗对于苏联具有多重意义，苏联在阿富汗的主要利益集中表现在地缘政治、国家安全和意识形态三个方面，地缘政治利益决定了苏联侵阿具有进攻性的特征，而国家安全利益又决定了其防御性的特征，因此苏联侵阿的动机应该是进攻性和防御性兼而有之。卡特政府基本上持"进攻说"的看法，总统国家安全事务顾问布热津斯基认为，"问题不在于勃列日涅夫进入阿富汗的主观动机，而在于苏联军事力量进入到紧靠波斯湾的位置的客观后果"[4]。卡特政府的这种判断直接影响了美国在苏联侵阿后的阿富汗政策。

鉴于苏联入侵阿富汗已经威胁到美国在中东地区的战略利益，卡特政府不仅多次对苏联的入侵行径进行强烈的谴责，而且积极制定对策。1980 年 1 月 4 日，卡特发表电视讲话时说，苏联对阿富汗的军事入侵和占领，威胁了包括美国在的所有国家的安全，"全世界不能袖手旁观，不能容许苏联这一行动不受惩罚"，"我们必须认识到阿富汗在战略上相对的稳定与和平所具有的重要意义。一个被苏联占领的阿富汗既威胁到伊朗，也会威胁巴基斯坦，并且也是苏联可能进一步控制世界上主要石油供应地的垫脚石"，"如果苏联因为这次入侵的最后得逞而受到鼓励；如果他们能维持对阿富汗的统治并把控制范围扩展到与之毗邻的国家，那就将改变世界

---

[1] ［俄］阿纳托利·多勃雷宁：《信赖——多勃雷宁回忆录》，肖敏、王为等译，世界知识出版社 1997 年版，第 501 页。

[2] 沈志华：《苏联历史档案选编》（第 32 卷），社会科学文献出版社 2002 年版，第 108 页。

[3] 参见彭树智：前揭书，第 349—350 页。

[4] ［美］兹比格涅夫·布热津斯基：《实力与原则——布热津斯基回忆录》，邱应觉等译，世界知识出版社 1985 年版，第 486 页。

上稳定的、战略的与和平的均势状态，进而威胁到世界上所有国家的安全，当然也包括美国和我们的盟友及友邦"。[1]卡特的讲话表明，苏联入侵阿富汗已经威胁到美国在中东地区的战略利益，他的这一看法在同年 1 月 23 日的国情咨文中得到进一步的发展，这被视为卡特主义的出台。卡特在国情咨文中宣称："让人们一清二楚地了解我们如下的立场，任何外部势力企图掌握波斯湾地区控制权的尝试都将被看作是对美利坚合众国切身利益的进攻，这种进攻将被包括军事力量在内的一切必要手段击退。"[2]

由于冷战开始以来，在美国的全球战略棋盘中，西欧和远东是最重要的两个战略地区，所以卡特主义的出台标志着美国首次将中东波斯湾地区提升到和西欧、远东同等重要的战略位置。1978—1979 年，中东地区格局发生了重要变化。伊朗爆发了伊斯兰革命，1979 年 2 月，作为美国盟友的伊朗巴列维国王下台，宗教领袖霍梅尼（Ruhollah Musavi Khomeini）接管政权，伊朗政府一改同美国的友好同盟关系，将美国视为头号敌人。同年 11 月又发生了伊朗伊斯兰学生占领美国驻伊大使馆和扣留人质的外交事件。伊朗政局的变化和美伊关系的恶化与断交，打断了美国自二战后以来在中东所营造的防御体系中的重要一环，美国遏制苏联南下的政策遭到沉重打击。随之发生的苏联入侵阿富汗事件更刺激了美国的神经，强化了美国对苏联南下政策的认识，因此苏联入侵阿富汗直接导致了卡特主义的出台。美苏持续了整个70 年代的冷战缓和局面结束，美国对苏联再次转向遏制战略。在此背景和卡特主义理念的指导下，美国政府重新调整了对阿富汗政策，从原来以对阿富汗提供经济援助为主，转变为从财政和军事等方面援助阿富汗各种反政府的叛乱势力。

2. 美国国内大都不赞成对苏联侵阿采取直接的军事行动

苏联侵阿后，卡特政府采取了一系列制裁措施，却没有对苏联采取军事行动，因为美国政府内部和公众舆论虽然反对苏联对阿富汗的侵略，但大都主张和平解决问题，不赞成对苏联采取直接的军事行动。卡特本人就曾表示"参战是不可行的"，除此之外，秘密行动计划是惩罚苏联人的最佳方案。[3]国会参议员爱德华·肯尼迪也

---

[1] Jimmy Carter, " Address to the Nation on the Soviet Invasion of Afghanistan ", Jan. 4, 1980. *The American Presidency Project.*

[2] ［美］吉米·卡特：《保持信心 —— 吉米·卡特总统回忆录》，裴克安等译，世界知识出版社 1983 年版，第 457 页。

[3] ［美］约翰·普拉多斯：前揭书，第 431 页。

提出了和平解决阿富汗问题的四点计划：美国和苏联应一致同意不干涉阿富汗内政；由目前的阿富汗政府建立一个政教联合的政府；苏联应在 1980 年年底以前从阿富汗撤出一切军事力量；美国和苏联应一致同意保证阿富汗的独立和不结盟地位，并且绝不同阿富汗新政府结成军事联盟。[1] 爱德华·肯尼迪的这四点计划可以说集中代表了美国国内要求和平解决阿富汗问题的观点。在对苏制裁、谴责和施压的同时，卡特政府又以武器和资金秘密支持阿富汗抵抗运动，希望使苏联陷入阿富汗战场不得不撤军。援助阿富汗抵抗运动标志着卡特政府对美国长期以来奉行的对阿经济援助政策的重大调整，由此阿富汗成为美苏对抗的一个真正战场。

3. 苏联侵阿后扶持的阿富汗政府完全成为苏联的傀儡

冷战前中期，阿富汗始终有一个中央政府，基本上坚持中立、不结盟的外交政策，因此美国对阿政策就是通过经济援助的方式与苏联争夺在阿影响力，确保阿富汗的中立和独立，这种政策一直持续到阿富汗"四月革命"后的一段时期。由于阿富汗穆塔基政权强烈的亲苏仇美情绪，美国对阿经援已不可能产生它应有的效果，特别是苏联侵阿后扶持的阿富汗政府完全成为苏联的傀儡，阿富汗已成为以苏联为首的社会主义大家庭中的一员，甚至被阿富汗人自己称为"苏联的第十六个加盟共和国"。一个独立和中立的阿富汗不复存在，这是卡特政府万万不愿意看到的结果，美国传统对阿经援政策遭到重大挫折，经济援阿的政策被迫终止，代之以援助反阿富汗政府、反苏联的抵抗运动力量，卡特政府的最终目的还是希望能重新恢复阿富汗的独立和中立，这不仅符合美国的利益，也是整个冷战时期美国对阿政策的目标所在。

4. 阿富汗人民对苏联侵略进行抵抗

阿富汗人民民主党是一个由思想狂热的小知识分子、小职员和低级军官组成的激进政党，在政治上非常幼稚。"四月革命"后上台的人民民主党完全背离本国国情，生搬硬套地把一些革命辞藻和苏联的模式实践运用在阿富汗传统的社会里，进行了一场"以苏为师"的社会主义革命实验。人民民主党推行的内外政策引起了阿富汗人民的强烈不满，激进的改革措施也极大地冲击了阿富汗传统的社会结构和宗教、部落及宗族势力，部落和宗教首领同声谴责，认为人民民主党政权出卖祖国，背叛伊斯兰教，企图使阿富汗"苏联化"。就在"四月革命"发生仅两个月即 1978 年 6 月，

---

[1] 张士智、赵慧杰：前揭书，第 302 页。

阿富汗东部的一些地区就出现了最早的反政府武装活动。到 1979 年底，阿富汗全国 26 个省中的 18 个省都出现了规模不等的反政府武装斗争。[1] 同时，阿富汗的反政府力量还在巴基斯坦和伊朗建立活动基地，并得到这两个国家的大力支持。由于苏联的入侵，阿富汗反政府力量的斗争从反对人民民主党政权扩大为抵抗苏联侵略。

苏联入侵阿富汗后，卡特政府在制定对阿富汗政策时深信阿富汗人民会对苏联的侵略进行抵抗，会继续反抗苏联扶持下的人民民主党政权的统治。美国著名保守派智库传统基金会（Heritage Foundation）在 1980 年 2 月发表报告指出，考虑到苏联在阿富汗的扩张态势可能会持久化，美国必须支持外部势力、训练阿富汗的反叛者并向其提供武器装备。巴基斯坦可以作为美国援助反叛者的中介。报告还建议，美国提供的军事援助应该是防御性的，要使抵抗力量能阻止苏联向山区和农村推进。[2] 美国中央情报局在 1980 年 3 月的一份报告中分析指出："对于阿富汗统治者而言，要在阿富汗众多的民族中创造一个国家统一的观念历来都是一个具有挑战性的难题。阿富汗是一个部落社会的国家，有 20 多个拥有不同背景和文化的民族群体，这些群体唯一的共同之处就是遵循伊斯兰法律、崇尚军事以及不信任政府……阿富汗虔诚的穆斯林和高度独立的部落民众都认为人民民主党政权是共产主义的、无神论的、亲苏的政府。新政府推行的改革措施更坚定了人们的这一信念，这些措施被认为是要取代建立在伊斯兰教和家族、部落和部族忠诚基础上的传统社会结构。"[3]

由此，中央情报局得出结论说，苏联的入侵加剧了人们的这种担心，"为起义的烈火添加了更多的燃料"。在同年 9 月的一份报告中，中央情报局分析了阿富汗社会的传统部落方式与反苏倾向之间的关联性，指出伊斯兰教义和更古老的部落传统是阿富汗部落民众的信仰和行动指南，他们将任何对传统生活方式的改变都视为是错误的，无论是共产主义还是西方的现代思想都被他们看作是一种威胁。[4] 可以说，

---

[1]　张敏：前揭书，第 428 页。

[2]　" Afghanistan: The U.S. Response ", *Heritage Foundation Reports*, Februbary, 1980.

[3]　Central Intelligence Agency, National Foreign Assessment Center, " Afghanistan: Ethnic Diversity and Dissidence ", Mar. 1, 1980. *The September 11th Sourcebooks*. Volume II: Afghanistan Lessons from the Last War. Part 2. U.S. Analysis of the Soviet War in Afghanistan: Declassified.

[4]　Central Intelligence Agency, Directorate of Intelligence, Office of Political Analysis, " The Soviets and the Tribes of Southwest Asia ", Sep. 23, 1980. *The September 11th Sourcebooks*. Volume II: Afghanistan Lessons from the Last War. Part 2. U.S. Analysis of the Soviet War in Afghanistan: Declassified.

中央情报局提供的上述情报给美国政府对阿政策的制定提供了有意义的参考，正是由于认识到阿富汗的部落社会特性和伊斯兰教传统，卡特政府相信苏联对阿富汗的入侵和占领必然会招致阿富汗社会上比较普遍的抵抗，而阿富汗的抵抗运动正好为美国提供了削弱、遏制苏联的机会，因此卡特政府在阿富汗"四月革命"后不久就开始积极谋划秘密援助阿富汗的反叛和抵抗力量。

（二）卡特政府对阿富汗政策的内容

1. 卡特政府对阿富汗政策的转变

冷战时期美国对阿富汗政策发生重大变化是在阿富汗1978年"四月革命"尤其是苏联1979年12月入侵阿富汗之后。从1978年"四月革命"到1979年2月美国驻阿大使遇害这段时期内，卡特政府的对阿政策基本上延续了以经济援助为主的方针。然而，此时期美阿关系由于阿富汗穆塔基政权亲苏仇美也不断走向恶化。美国驻阿大使遇害后，卡特政府基本上中止了对阿富汗提供经济援助的既定政策，并且开始初步对阿富汗反政府武装提供一定的援助。苏联入侵阿富汗后，援"叛"抗苏便成为卡特政府对阿政策的重要手段。

卡特政府对于"四月革命"事件最初采取了冷静观望的态度。在政变的第一天，美国国务院就对政变的性质做出初步评估，关于谁发动这次政变以及苏联在政变中的作用和态度如何，美国都不清楚。[1] 国务院基本上倾向于认为"没有证据表明苏联卷入了政变"[2]，也没能对阿富汗新生政权的共产主义性质做出结论，因此美国并没有中止或削减对阿富汗的各项援助。美国表示将同塔拉基政权保持友好关系，并提醒说美国长期以来是支持阿富汗的独立和不结盟的外交政策的。很快"美国承认了共产主义政府，一直到1979年2月美国都同这个政府维持着正常的外交关系，已有的经济援助纽带也得到保持但没有扩大"[3]。时任美国国务卿的万斯（Cyrus Roberts Vance）对此认为："我们若要在喀布尔保持一定的影响，最好是继续提供有限的经济援助；如果中立援助或者拒绝给予承认，几乎可以肯定，只会削弱我们在喀布尔

---

[1]　Briefing Memorandum, " The Coup in Afghanistan ", William G. Bowdler/Harold H. Saunders to the Secretaty, Apr. 27, 1978. *The Carter-Brezhnev Project.*

[2]　Briefing Memo on the Coup in Afghanistan and Possible Soviet Complicity in Coup. Memo. Department of State. Issue Date: Apr. 29, 1978. *DDRS*. Document Number: CK3100070439, p. 2.

[3]　Diego Cordovez and Selig S. Harrison, *op. cit.*, p. 32.

的地位。"[1] 国务院助理国务卿桑德斯（Harold H. Saunders）在给万斯的一份备忘录中也持相同的看法。他就"四月革命"后的阿富汗形势分析道，"我们需要综合考虑新领导层所带有的民族主义和共产主义的因素，努力避免推动新政权进一步拥抱苏联"，"一旦这个政权控制了阿富汗的政府和领土，我们就要借机向它表明我们愿意与之保持外交关系的"，"除了我们的大使馆，我们在阿富汗还有美国国际开发署开展的大量项目，有大约 45 个美国家庭以及 95 个和平队志愿者……然而，在当前阶段，我认为我们不应该主动减少美国官方在阿富汗的存在"。[2] 阿富汗"四月革命"发生两个月后亦即 1978 年 6 月，卡特总统在给美国盟友伊朗国王巴列维（Mohammad Reza Pahlavi）的信中仍然这样认为："苏联控制阿富汗是对自由世界严重威胁的一个发展……我们接下来要共同致力于确保阿富汗领导人保持不结盟政策……我相信，一定程度上我们能限制阿富汗对苏联的依赖并扩大它同世界其他国家的联系。"[3] 万斯和卡特的观点表明，在穆塔基政权初期，卡特政府对阿政策还在延续冷战前中期以来的基本方针，主要还是希望能通过对阿经济援助使它不至于完全倒向苏联。

然而，阿富汗"四月革命"后上台的穆塔基政权对外奉行对苏一边倒的外交政策，对美国和西方更表现出仇视的态度。穆塔基政权的对外政策背离了美国的意愿，尤其是当 1979 年 2 月美国驻阿大使阿道夫·杜布斯（Adolph Dubs）被反政府武装分子绑架遇害后，美阿关系彻底恶化。美国就大使遇害一事向苏联和阿富汗提出抗议，同时削减了大部分对阿富汗的经济援助，也拒绝批准新的援助并撤出了和平队，美国驻阿使馆人员也大量裁减，不再向阿富汗派驻大使。阿明上台后，美国同阿富汗进行了接触，但苏联的入侵很快就打断了美阿关系改善的可能。

苏联对阿富汗的侵略引起了国际社会的广泛谴责和抗议，其中美国的反应尤为强烈。由于苏联入侵阿富汗已经威胁到美国在中东地区的战略利益，就在阿明政权被推翻的第二天，卡特通过热线向勃列日涅夫发出了一封措辞强烈的信件，对苏联

---

[1]　[美] 塞勒斯·万斯：《困难的抉择——美国对外政策的危急年代》，郭靖安等译，中国对外翻译出版公司 1987 年版，第 240 页。

[2]　Situation in Afghanistan. Memorandum. Department of State. Apr. 30, 1978. *Digital National Security Archive (DNSA)*. Item Number: AF00274.

[3]　Letter to Mohammad Reza Pahlavi (Shah of Iran) from President Jimmy Carter regarding Concerns over the Effects of the Soviet-dominated Afghan Government on Middle East Security. Letter. White House. Issue Date: Jun. 2, 1978. *DDRS*, Document Number: CK3100505023, p. 1.

进行了谴责："我相信你已经充分权衡了苏联在阿富汗的行动所带来的结果，我们将此视为是对和平的明显威胁。你应该明白这些行动标志着我们的关系根本和长期的转变……我们认识到极大的严重性，这是自入侵匈牙利和捷克斯洛伐克以来，苏联第一次对另外一个国家采取的直接军事行动……我敦促你立刻采取积极行动撤出军队，停止对阿富汗国内事务的干预。如果情势不能马上得到解决，我们两国多年来所推动的更为稳固和富有成效的关系将会受到削弱。"[1] 在给卡特的回信中，勃列日涅夫为苏联的入侵行动做了辩解，表示不同意卡特对阿富汗国内事态的评估，并且说"只要阿富汗向苏联提出请求的理由不存在了，我们准备从阿富汗领土全部撤出苏联有限数量的军队"，这就间接拒绝了卡特要求苏联立即撤军的建议。[2] 卡特政府内部在苏联侵阿后很短的时间内就如何应对阿富汗局势基本上达成了广泛共识：对苏联的入侵做出强烈反应，采取广泛的措施或政策来对付苏联，"使苏联的卷入尽可能地付出沉重的代价"[3]。至此，卡特政府对阿富汗政策彻底改变了冷战开始以来美国历届政府对阿经济援助的传统做法，代之以秘密援助阿富汗抵抗运动，并从政治、经济等多个方面和层面对苏联施加压力和实施制裁。

2. 苏联入侵阿富汗后卡特政府对阿富汗政策的内容

苏联入侵阿富汗以后，卡特政府通过政治、外交、经济以及准军事等手段进行回应，这样就构成了其对阿富汗政策的总体框架：在政治和外交方面对苏联进行谴责和施压，谋求政治谈判解决阿富汗问题；在经济方面对苏联进行制裁；采取准军事行动，秘密援助阿富汗抵抗运动抗击苏联和阿富汗政府。如果说对苏制裁是卡特政府对阿政策的公开外交手段，那么援助抵抗运动就构成了对阿政策的隐蔽行动方略。卡特在 1980 年 1 月 26 日致勃列日涅夫的信中重申了美国对阿富汗的政策态度，他指出："对于喀布尔政府敌视苏联或者与美国结盟，我们都没有兴趣，一个中立、

---

[1]　President Carter Corresponds with President Brezhnev regarding Soviet Actions in Afghanistan Which the U.S. Regards as a Clear Threat to Peace. Letter. White House. Issue Date: Dec. 28, 1979. *DDRS*. Document Number: CK3100073545.

[2]　Letter to President Carter from Leonid Brezhnev Discusses the Reasons for the U.S.S.R.'s Presence in Afghanistan and Mr. Brezhnev's Disagreement with President Carter's Evaluation of the Situation in that Country. Memo. Department of Defense. Issue Date: Dec. 29, 1979. *DDRS*. Document Number: CK3100095999.

[3]　刘金质：《冷战史》（中），世界知识出版社 2003 年版，第 1006 页。

不结盟和独立的阿富汗符合我们彼此的利益，也有助于地区平衡。"[1]卡特政府对苏制裁以及援助阿富汗抵抗运动就是致力于迫苏撤军和恢复阿富汗独立、不结盟地位的手段，也符合美国对阿富汗政策的一贯目标。

（1）卡特政府对苏联施压和实施制裁：

面对苏联对阿富汗的入侵和占领，美国政府内部以国家安全委员会为主进行了多次讨论，最终确定了应对苏联入侵阿富汗的三种基本形式，包括"对苏联进行制裁；制定一项原则，把该地区的安全与美国的安全相联系，并且为形成一项地区性安全结构做出美国方面的努力；在原则和国防预算两个方面加强美国力量的更新"[2]。为迫使苏联从阿富汗撤军，卡特政府一方面与苏联进行政治谈判，寻求政治解决阿富汗问题，另一方面对苏联实施了广泛且严厉的制裁，并推动国际社会共同对苏联进行谴责和施压。

第一，卡特政府积极争取国际合作，发动对苏联的舆论攻势，给苏联施加道义压力。卡特政府不仅和欧洲盟国进行磋商，还与罗马尼亚、南斯拉夫和巴基斯坦以及一些伊斯兰国家领导人交换看法，卡特政府还有意夸大苏联侵阿所带来的威胁，以争取国际社会对美国立场的支持。同时美国还推动在联合国对苏联进行谴责。联合国安理会召开紧急会议，提案要求外国军队立即无条件撤离阿富汗。联合国还举行紧急特别会议讨论苏联对阿富汗的入侵，大会以 104 票赞成、18 票反对通过了谴责苏联行动的《阿富汗局势及其对国际和平与安全的影响》的决议，其中内容包括："呼吁所有国家尊重阿富汗的主权、领土完整、政治独立和不结盟性质，不对该国内政进行任何干涉"，"要求立即无条件地从阿富汗完全撤出外国军队，使阿富汗人民能够在没有任何外来干涉、颠覆、胁迫或限制的情况下决定他们自己的政体和选择他们的经济、政治和社会制度"。[3]很明显，这个决议非常符合美国的意愿。1980—1987 年，联合国每年都通过类似的决议。[4]苏联对阿富汗的侵略还招致伊斯兰世界

---

[1]　President Carter Corresponds with Soviet President Brezhnev regarding Soviet Occupation of Afghanistan, Yugoslavia, and Ratification of SALT II. Letter. White House. Issue Date: Jan. 26, 1980. *DDRS*. Document Number: CK3100073548.

[2]　[美] 兹比格涅夫·布热津斯基：前揭书，第 486 页。

[3]　联合国大会第六届紧急特别会议：《阿富汗局势及其对国际和平与安全的影响》，代号 A/RES/ES-6/2，1980 年 1 月 14 日。

[4]　参见联合国大会网站 http://www.un.org/chinese/ha/afghanistan/gares.htm，2013 年 4 月 10 日访问。

的普遍谴责。

第二，卡特政府宣布对苏联实行全面制裁。对于苏联的侵略行为，卡特政府内部基本都支持对苏联采取严厉和全面的制裁、惩罚措施，仅在个别制裁措施上存有争论。在反击苏联侵阿问题上，布热津斯基被公认为对苏强硬的鹰派，他在日记中这样写道："假如我们能早一点采取强硬态度，假如我们把我们的界线划得更清楚一点，假如我们进行我多次建议过的那种谈判，也许苏联不至于会采取这种估计错误的行动。形势发展到今天，在今后相当长的一段时间内美苏关系不能不受到挫折。已经发生的事无可挽回，但是如果在最初阶段我们能让苏联更好地看到我们的决心，从而阻止他们的行动，那么局面会更好些。"[1] 布热津斯基所说的向苏联展示美国的决心，主要体现在美国对苏采取的一系列制裁措施上。这些制裁措施主要包括：召回美国驻苏大使，延缓新领事馆的开放，暂时停止美苏之间的一切官方交往，包括已达成的文化、科技和经济交流；参议院推迟审核美苏第二阶段限制进攻性战略武器条约；对苏实行部分粮食禁运；削减苏联在美国海域内捕鱼的特权；严格限制向苏联出口可能用于军事范围的高技术项目；退出 1980 年 7—8 月将于莫斯科举行的奥运会，游说其他国家效仿美国抵制这一届奥运会。此外，卡特政府还采取措施加强美国的军事实力，并积极筹建对付波斯湾危及的快速反应部队，试图加强美国在波斯湾地区的军事存在。卡特政府为制裁苏联所采取的一系列措施以及在国际社会广泛开展的宣传工作，使美苏关系急剧恶化，也没有取得美国所希望看到的效果。直到卡特总统任期结束，苏联也没有从阿富汗撤军，反而继续增兵，同阿富汗政府军一起镇压抵抗运动游击队，阿富汗政府对苏联的依附也大大加深。

（2）卡特政府向阿富汗抵抗运动提供援助：

在对苏制裁、谴责和施压的同时，卡特政府又以武器和资金秘密支持阿富汗抵抗运动，希望借抵抗运动之手打击苏联，迫使苏联从阿富汗撤军。卡特政府多次重申要让苏联为它的侵略行径付出代价，对阿富汗抵抗运动提供援助就是美国旨在让苏联付出代价的重要行动。援助阿富汗抵抗运动是卡特政府对美国在冷战前中期所奉行的对阿经援政策的重大调整，阿富汗因此成为美苏冷战较量的一个热点。

在卡特政府时期，援"叛"抗苏政策的形成经过了一个比较短暂的时期，这一政策最早在阿富汗"四月革命"后不久就已经酝酿了。如前所述，卡特政府在阿富

---

[1]　[美]兹比格涅夫·布热津斯基：前揭书，第 488—489 页。

汗"四月革命"后仍然继续向阿富汗提供经济援助，试图确保新上台的人民民主党政权能坚持阿富汗的中立外交传统。但同时在布热津斯基的主张和推动下，美国也开始对阿富汗的反政府力量提供秘密援助。布热津斯基坚持认为，"四月革命"这一政变事件是苏联实现其在西南亚霸权计划的步骤，接下来苏联会将阿富汗纳入苏联的轨道并通过政治和军事行动使波斯湾产油国屈服，因此他极力主张采取隐蔽行动挫败苏联在阿富汗和西南亚的野心。[1]卡特政府推行的两手策略其实正是万斯和布热津斯基在对阿政策制定上产生分歧的结果。1978 年 9 月，美国参议院通过的一项修正案规定，禁止向阿富汗提供财政援助。同年年底，布热津斯基说服卡特赋予他领导的国家安全委员会特别协调委员会以独立于中央情报局的司法管理权，这使他得以采取许多秘密步骤在阿富汗同苏联相对抗。[2]1979 年 1 月美国驻阿大使杜布斯在发给国务院的一封电报中，就向国务院提出支持阿富汗反政府组织力量的请求。[3]

随后杜布斯的遇害直接推动了卡特政府对阿富汗反政府武装和阿富汗政府即人民民主党政权的态度的转变。"卡特总统在 1979 年 7 月 3 日签署了一项指令，批准援助阿富汗共产主义政权的反对者"[4]，这就是所谓的"旋风行动"计划，不过此时的援助仅限于医疗和宣传等方面，不涉及军事援助。布热津斯基在 1998 年接受采访时对这项隐蔽行动做过这样的评价，他说："我们并没有推动俄罗斯人去干预，但我们故意增加了他们如此行动的可能性……这项秘密行动是一个绝妙的主意。它产生了吸引苏联人进入阿富汗陷阱的效果……苏联军队一正式越过苏阿边界，我就给卡特总统写道，'我们现在有机会给苏联一个越南战争了'。"[5]杜布斯大使的遇害不仅使美阿关系严重恶化，而且在一定程度上导致了卡特政府对阿富汗政策的调整，卡特政府加强了在阿富汗的隐蔽行动，援助反政府武装对抗阿富汗政府的政策思路开始形成，12 月的苏联侵阿事件则使这一政策得到进一步强化，并从援助反政府武装对抗、颠覆阿富汗政府发展为抵抗苏联侵略，从在非军事方面提供援助扩大到提

---

[1] Diego Cordovez and Selig S. Harrison, op. cit., p. 32.

[2] [俄]A·利亚霍夫斯基：《阿富汗战争的悲剧》，刘宪平译，社会科学文献出版社 2004 年版，第 58 页。

[3] Cable regarding a Request that the U.S. Support Afghan Dissidents. Cable. Department of State. Issue Date: Jan. 23, 1979. *DDRS*. Document Number: CK3100153773.

[4] William Maley, *op. cit*., p. 65.

[5] George Crile, *Charlie Wilson's War: The Extraordinary Story of the Largest Covert Operation in History*, New York: Atlantic Monthly Press, 2003, pp.330-348.

供武器援助。正如评论所说，"鉴于美国对阿富汗穆斯林游击队的支持在（苏联）侵略以前就已经出现，那么对于侵略本身导致的（美国对游击队）军事援助项目的迅速增长的情况，这就不足惊讶了"[1]。

面对苏联对阿富汗的侵略，卡特总统很快就要求中央情报局局长特纳（Stansfield Turner）制定支援阿富汗穆斯林游击队抵抗苏联侵略的隐蔽行动计划，据此美国开始向阿富汗反政府武装提供武器装备和其他军事设备。苏联入侵阿富汗的第二天，布热津斯基在给卡特的备忘录中就表达了将阿富汗变为苏联的越南的想法："然而，我们对于阿富汗成为苏联的越南也不要太乐观，这是因为：阿富汗游击队员组织性差，缺乏领导；不像北越那样，他们没有避难所，没有有组织的军队，也没有中央政府；他们也几乎没有外国的援助，相反苏联和中国的武器大量流入到越南人手中……"[2]为了改善阿富汗抵抗运动的处境，布热津斯基在备忘录中进一步提出了几点初步措施："让阿富汗抵抗运动继续下去是必不可少的，这意味着向叛乱者提供更多的资金、武器装备以及技术建议；为了使上述措施成为可能，我们必须让巴基斯坦安心，鼓励它帮助叛乱者。我们需要重新审视对巴基斯坦的政策，给它提供更多的保证和武器援助，我们对巴基斯坦的安全政策不能受我们的防止核武器扩散政策的限制；我们还要鼓励中国去帮助叛乱者；在宣传战方面以及援助叛乱分子的隐蔽行动上，我们还应该与伊斯兰国家保持合作……"[3]以后的事实证明，布热津斯基提出的这几点措施成为美国援助阿富汗抵抗运动的指导性纲领，也是卡特政府阿富汗政策调整的重要文件，以沙特阿拉伯、埃及为代表的阿拉伯国家和巴基斯坦以及美国的西方盟国都成为美国援"叛"抗苏政策的重要依靠力量。在美国援助阿富汗抵抗运动的行动中，需要同时解决三个紧密联结的问题：武器运输通道问题、资金赞助问题和武器供应问题，而巴基斯坦、埃及和沙特阿拉伯三国对于美国解决上述问题发挥了至关重要的作用。

第一，沙特阿拉伯扮演了重要的资金赞助者角色。沙特阿拉伯与美国自二战期间建交以后，两国在政治、军事和经济领域的关系发展迅速，富含石油资源且与共

---

[1]　Ibid., p. 66.

[2]　Memo from Z. Brzezinski to President Carter Reflects on the Soviet Intervention in Afghanistan, and Pakistan's Possible Acquiescence to Soviet Domination. Memo. White House. Issue Date: Dec. 26, 1979. *DDRS*. Document Number: CK3100098563.

[3]　Ibid. .

产主义意识形态对立的沙特阿拉伯逐渐成为美国在中东举足轻重的战略伙伴，作为石油富国的沙特阿拉伯对美国在阿富汗隐蔽行动的支持主要体现在资金援助上。在布热津斯基的推动下，美国和沙特阿拉伯达成了一项协议，"沙特阿拉伯同意提供和美国对阿富汗穆斯林游击队援助等额的资金"[1]，这项协议可以说奠定了卡特和里根政府援"叛"抗苏政策的经济基础。

　　第二，埃及扮演了重要的武器供应者角色。卡特政府秘密要求埃及总统萨达特打开 60—70 年代苏联存留在埃及的武器仓库，以做好准备将各种苏式武器运给阿富汗抵抗组织。1970 年代以前，纳赛尔总统时期的埃及与苏联关系友好亲密，苏联向埃及提供了大量军事援助，但 20 世纪 70 年代以后两国关系严重恶化，1976 年，"苏、埃友好条约的废除，使两国关系完全破裂"[2]。埃及转而向美国靠拢，基本上享受到美国盟友一样的待遇，成为美国在中东的又一战略支柱。由于埃及长期以来接受苏联的军事援助，储了大量来自苏联的武器装备，因此埃及成为美国援助阿富汗抵抗运动不可或缺的武器来源国。面对苏联在阿富汗的侵略，埃及政府采取强硬的态度予以回应，不仅提议向阿富汗反叛者提供军事训练和援助，还降低了与苏联的外交关系。[3] 当时的埃及总统萨达特就认为，阿富汗人是抵抗苏联的伊斯兰兄弟民族。他公开宣称，只要有必要，埃及人必将援助阿富汗人到底。[4] 美国之所以重视埃及的作用，原因是卡特政府在向阿富汗抵抗运动提供武器装备问题上非常谨慎，尽可能不提供美国自己制造的武器，而是在国际军火市场上购买苏式武器或其他武器，显然埃及很符合这一条件。

　　第三，巴基斯坦扮演了提供武器运输通道和进行物资分配的关键角色。除了资金供应和武器提供的问题，美国还面临着如何将武器装备运送到阿富汗游击队手中以及怎样更好地为游击队提供军事和技术培训的问题，由此巴基斯坦的角色得到凸显。阿富汗与苏联、中国、伊朗和巴基斯坦四国毗邻。如前所述，1972 年 2 月以后的伊朗霍梅尼政权与美国关系非常紧张，美伊之间还爆发了人质危机事件，迟迟没能解决。虽然伊朗对苏联一样敌视并且伊朗也大力支持阿富汗抵抗运动，但美国要

---

[1]　Carl Brenneman, *op. cit.*, p. 32.

[2]　刘竞、张士智、朱莉：前揭书，第 239 页。

[3]　Egypt Takes Strong Measures in Response to Soviet Invasion of Afghanistan. Cable.United States Embassy, Egypt. Jan. 7, 1980. *DNSA*. Item Number: AF00767.

[4]　[美] 约翰·普拉多斯：前揭书，第 434 页。

从伊朗开辟武器运输通道是根本不可能的。中国与阿富汗的边界线太短，且紧邻苏联，交通不便，安全风险大，中阿边境也不适合作为向阿富汗抵抗运动提供武器的通道。从任何方面来看，巴基斯坦都最适合作为阿富汗抵抗运动的后方基地和运输通道，况且苏联入侵阿富汗以及一个敌对的阿富汗亲苏政权的存在本身就对巴基斯坦的安全构成极大的威胁。不过此时的美巴关系正陷入僵局。美巴关系从 60 年代中期逐渐走向恶化。及至卡特政府，美国对巴基斯坦的人权状况和齐亚·哈克（Muhammad Zia-ul-Haq）军政府的上台都极为不满和反感，美国也极力反对巴基斯坦的核研发并对之施加制裁，终止了对巴基斯坦的所有经济与军事援助，同时期美国和巴基斯坦的敌对国印度的关系却得到了迅速提升，这些因素也反过来刺激了巴基斯坦对美国的不满情绪。就在苏联入侵阿富汗的前一个月，美国驻巴大使馆和两个文化机构被巴基斯坦民众焚毁，美巴关系几乎降到低谷。苏联对阿富汗的入侵以及阿富汗人民民主党政权的亲苏政策对巴基斯坦构成了严重的安全威胁，因此巴基斯坦对阿富汗抵抗运动持支持态度，这使得巴基斯坦成为唯一能直接服务于美国利益的国家。可以说，苏联对阿富汗的侵略为美巴关系改善提供了契机，双方在抵制苏联势力扩张上再次找到了利益交汇点。美国为了获得巴基斯坦对美国主导的援"叛"抗苏政策的支持，主动采取了改善美巴关系的措施。就在苏联入侵阿富汗的第二天[1]，卡特就致电巴基斯坦总统齐亚·哈克表示要向巴提供援助。不过据报道，哈克对此反应惊讶和冷淡。[2] 两天后，布热津斯基在一个电视节目上公开表示，他被授权重新确认美巴 1959 年签署的双边协定的效力。根据该协定，如果巴基斯坦受到攻击，美国可采取适当行动"包括动用武力"去保卫巴基斯坦。卡特在 1980 年 1 月 4 日的电视讲话中又表示说，"我们将向巴基斯坦提供军事装备、食物和其他援助以应对来自北方急剧上升的威胁、保卫它的独立和国家安全"[3]。随后美国提出在 1980 年和 1981 年两年内向巴提供 4 亿美元的一揽子援助计划，不过这个数额显然很令巴方感到失望。齐亚·哈克将这个援助计划称为"几粒花生"，他还表示，"4 亿美元换不来巴基斯坦的安全，只会招致苏联对巴更多的敌意，毕竟苏联在这一地区的影响力要比美国

---

[1] 严格地讲，这一天指的应是阿明被击毙的次日，即 1979 年 12 月 28 日。

[2] James Phillips, " Pakistan: The Rising Soviet Threat and Declining U.S. Credibility ", *Heritage Foundation Reports,* Jun. 4, 1980, p. 12.

[3] Jimmy Carter, " Address to the Nation on the Soviet Invasion of Afghanistan ", Jan. 4, 1980. *The American Presidency Project.*

大得多"[1]。

为了尽快改善美巴关系、争取巴对美国援"叛"抗苏政策的有力支持，1980 年 1 月底，布热津斯基率代表团前往巴基斯坦会见齐亚·哈克。双方几经讨论，最后哈克终于答应了为美国提供运输通道的要求，美国也同意哈克提出的条件：在此后的 6 年中向巴基斯坦提供 32 亿美元的援助，并且这些武器装备、军需物资到达巴基斯坦后，要由巴基斯坦的"混合军事情报委员会"[2] 全权负责将其分发给阿富汗抵抗运动游击队。[3] 美巴两国在援助阿富汗抵抗运动问题上达成一致为卡特政府援"叛"抗苏政策顺利付诸实施创造了最重要的条件，在接下来对阿富汗抵抗力量的国际援助行动中，美国和巴基斯坦在其中发挥的作用无疑也是最主要的。

在卡特政府最后一年任期内，美国援"叛"抗苏政策已经形成并真正付诸实践。具体来讲，在这一政策指导下的秘密行动主要由美国中央情报局负责执行，美国和沙特阿拉伯主要提供资金、埃及等国主要提供武器、巴基斯坦则为阿富汗抵抗运动提供庇护所和运输通道，首先是中央情报局利用美国和沙特阿拉伯等国提供的资金在国际军火市场上购买武器装备，其中也包括埃及等国储存或生产的苏式武器，中央情报局再将这些武器装备转运至巴基斯坦，最后由巴基斯坦军事情报部门负责运送、分发给各抵抗组织。在美国精心编织的援助阿富汗抵抗运动的网络中，有许多国家都不同程度地参与或卷入其中，不过美国、巴基斯坦、沙特阿拉伯和埃及四国是这一网络能得以顺利运转的四个最重要的支柱。借助这一网络，美国等国向阿富汗抵抗运动提供了大量的武器装备、资金以及其他方面的援助，中央情报局还同巴基斯坦军事情报部门一起为游击队员提供军事指导和作战培训，美国还积极插手阿富汗抵抗运动的内部矛盾问题，推动各抵抗组织和党派间的联合、壮大抗苏力量。到 1980 年 7 月，美国对阿富汗反政府武装的援助金额已经从苏联入侵前的 50 多万美元增加到几千万美元，到 1981 年初卡特任期结束时，美国提供的武器装备等的援助已上升到近 1 亿美元。[4]

---

[1]　James Phillips, *op. cit.*, p. 13.

[2]　混合军事情报委员会，又称巴基斯坦三军情报局。

[3]　刘温国、郭辉：前揭书，第 214 页。

[4]　白建才：《论美国对苏联入侵阿富汗的政策与隐蔽行动》，载《陕西师范大学学报》（哲学社会科学版）2011 年第 6 期，第 32 页。

（三）关于卡特政府对阿富汗政策的评价

在卡特政府任期内，美国对阿富汗政策发生了重大变化。整个冷战期间，美国对阿政策就是以卡特政府时期为分水岭。卡特政府一改对阿经济援助的传统政策，转而推行援"叛"抗苏政策，这符合当时阿富汗形势的变化。这一政策也被继任的里根政府采纳和发展，特别是由于美国对苏推行的政治、经济等方面的诸多措施并没能实现使苏联撤出阿富汗的目的，援助阿富汗抵抗运动就成为80年代美国在阿富汗问题上的主要政策。卡特政府时期的美国对外政策具有过渡性特征，在70年代末至80年代初，美苏关系的基本格局已由缓和转变为对抗，阿富汗则成为美苏对抗的一个重要战场，卡特政府时期美国前后截然不同的阿富汗政策也是美苏关系演变的体现和结果。

卡特政府援助阿富汗抵抗运动是策略性而非战略性的政策选择，因为它对抵抗力量击败苏联的入侵这种结果并没抱多少希望，"从当时的情况来看，胜利不仅仅是一种遥远的幻想，而且是一个残酷的玩笑。美国政府还担心如果在阿富汗太过咄咄逼人，那就有可能激怒莫斯科"[1]，因此卡特政府向阿富汗抵抗运动提供援助，就是希望借抵抗运动之手对苏联的占领进行"袭扰"，使苏联面临更多的困难和麻烦。卡特政府给抵抗运动供应的武器大多是在国际军火市场上购买的苏式武器，并且是通过第三国输送和转交给抵抗运动的，这说明美国并不愿意给抵抗运动提供相对先进的美式武器，甚至也不希望同抵抗运动发生直接联系，这反映出美国不愿意为了一个非盟友的第三世界小国而同苏联发生直接的军事对峙。美国国务卿万斯关于阿富汗问题的谈话对此做了最好的说明：苏联入侵阿富汗对该地区构成潜在威胁，严重威胁到美国及其盟国来自这个地区的石油供应通道。这个地区的和平与稳定对于美国及其盟国极其重要。美国谋求的是要苏联撤出阿富汗并制止其做出新的冒险行为。但对苏联采取的行动完全不应影响美国为和平解决区域性紧张局势而进行的谈判。[2] 从万斯的谈话中不难看出，卡特政府在援助阿富汗抵抗运动的同时，又力图不过分刺激苏联、努力确保美苏关系基本格局的稳定，即要同苏联"寻求建立共同的

---

[1]　[美]彼得·施魏策尔：前揭书，第242页。

[2]　刘竞、张士智、朱莉：前揭书，第267页。

行为准则以降低发生冲突的风险"[1]。

就当时来看，卡特政府任期最后一年推行的对阿政策并没有取得成效，无论是对苏联施压、制裁还是援助抵抗运动，都未能迫使苏联从阿富汗撤军，阿富汗政府对苏联的依赖却日益加深，阿富汗完全沦为苏联的附庸国。卡特在 1980 年总统大选中的失利也与其在处理阿富汗问题上的效果不佳有一定关系。不过，卡特政府对阿政策的基本方针为里根政府所继承，奠定了 80 年代美国对阿政策的基调。

三、里根政府的对阿富汗政策

里根政府沿袭了卡特政府后期确立的援"叛"抗苏政策，这一政策贯穿其任期的始终。和卡特政府相比，里根政府对阿政策更加突出对阿富汗抵抗运动的援助，并将之作为美国应对阿富汗问题的主要手段。同时，里根政府还利用阿富汗问题对苏联施压，试图给苏联制造更大的麻烦。和卡特政府一样，里根政府援助抵抗运动时也避免和苏联发生直接冲突。在阿富汗战场上，美国始终扮演的都是抵抗运动幕后最主要支持者的角色。

（一）里根政府对阿富汗政策的成因

1. 美国国内保守主义思潮兴起与里根主义出台

美国在 20 世纪 70 年代奉行的对苏缓和政策给美国的国防建设和国际地位带来了消极影响，在同苏联争夺第三世界的斗争中，美国也处于被动地位。70 年代末，美国国内要求重振美国国威、主张对苏强硬的呼声高涨，保守主义思潮兴起。1981年 1 月入主白宫的里根总统就是一名共和党保守派的代表人物，也是一名坚定的反共主义者，他甚至将苏联称为"邪恶的帝国"。"里根政府以是否反苏作为唯一标准，来确定美国的敌人与朋友。"[2] 因此，里根政府重新恢复对苏遏制政策，执行"以实

---

[1] Secretary Vance Corresponds with Soviet Foreign Minister Gromyko regarding the Soviet Actions in Afghanistan and the SALT II Treaty. Letter. Department of State. Issue Date: Feb. 8, 1980. *DDRS*. Document Number: CK3100071658.

[2] 方连庆、王炳元、刘金质：《国际关系史》（战后卷下册），北京大学出版社 2006 年版，第 564 页。

力求和平"的方针，这就是里根所说的"以实力和现实主义为基础的政策"[1]。

里根政府对苏联的遏制政策和强硬态度决定了里根政府对阿富汗政策的基调。为了同苏联争夺第三世界，里根提出了"里根主义"的外交政策，即"美国要承担抵抗苏联及由它支持的在世界任何地方的'侵略'，支持反共产主义的起义并击退共产主义，在第三世界建立美国式的民主"[2]。里根主义的实施，就是在第三世界进行低烈度战争，抵制苏联的势力扩张，将苏联的势力推回去，第三世界中的阿富汗、安哥拉、柬埔寨以及尼加拉瓜和格林纳达等国成为美国推行里根主义的主要国家。里根在 1985 年的国情咨文中指出：美国要通过支持"自由战士"加强同苏联在地缘政治方面的竞争，"美国必须支持我们所有的民主盟国，我们不应背弃那些在从阿富汗到尼加拉瓜的每个大陆上冒着生命危险反抗苏联支持的侵略、保卫与生俱来的我们的权利的人们"[3]。里根政府时期，美苏关系重新回到对抗状态，美苏战略态势呈现出美攻苏守的特征。在里根主义指导下，美国针对苏联在第三世界的扩张，加强了隐蔽行动，最重要的一项隐蔽行动就是援助阿富汗抵抗运动。里根于 1985 年 3 月签署的国家安全决策指令（NSDD）166 号文件《美国在阿富汗的政策、计划和战略》，第一次明确提出美国阿富汗战略重要内容之一是"执行隐蔽行动以支持阿富汗抵抗运动"[4]。

2. 阿富汗抵抗运动得到国际力量的大力支持

苏联入侵阿富汗激起国际社会的广泛不满，一些国际力量积极支援阿富汗抵抗运动，这有助于里根政府在阿富汗援"叛"抗苏政策的推行。支援阿富汗抵抗运动的国际力量主要有以阿拉伯国家为代表的伊斯兰世界、美国的盟友（如英国、日本、以色列等）以及阿富汗周边邻国巴基斯坦、伊朗和中国。

据估计，1982—1992 年，总共约有 3.5 万名来自中东、中亚和北非的穆斯林激进分子奔赴阿富汗战场与阿抵抗力量并肩战斗。[5]这些人也被称为"阿拉伯阿富汗人"，其中就有来自沙特阿拉伯、后来一手缔造了基地组织的本·拉登及其追随者。大量的

---

[1] [美]罗纳德·里根：《里根回忆录》，萨本望等译，中国工人出版社 1991 年版，第 255—256 页。

[2] 方连庆、王炳元、刘金质：前揭书，第 576 页。

[3] 王玮、戴超武：前揭书，第 572 页。

[4] U.S. Policy, Programs, and Strategy in Afghanistan. National Security Decision Directive, NSDD 166. Mar. 27, 1985. *Intelligence Resource Program.*

[5] 胡仕胜：《巴基斯坦与阿富汗关系轨迹》，载《国际资料信息》2002 年第 3 期，第 15 页。

外国穆斯林志愿者加入到阿富汗的抗苏圣战中，这就直接壮大了抵抗运动的力量。里根政府时期，主要通过中央情报局的运作，在卡特政府的基础上，一个援助阿富汗抵抗运动的完整网络形成。援助阿富汗抵抗运动是美国历史上最昂贵和最复杂的隐蔽行动之一，中央情报局主要通过三种途径运送武器等物资。"武器装备是用沙特阿拉伯的金钱在国际市场上购买的，中央情报局把这些装备从（沙特阿拉伯的）达兰空运到伊斯兰堡。第三种途径就是海运。许多国家（埃及、以色列和英国）都进行了捐助，然后从海上把这些物资运到卡拉奇港口。巴基斯坦情报机构把这些货物装上重兵保卫的火车，运到伊斯兰堡或者边境小镇奎达。每年通过这个渠道要运送 1 万吨的武器装备和弹药。到 1985 年，这个数字将上升为 6.5 万吨。"[1] 可以说，里根政府主导的援"叛"抗苏行动得到了许多国家的支持，因此才能建立起这样一个复杂完善的援"叛"渠道，才能保证阿富汗抵抗运动持续地开展抗苏斗争。

在所有参与行动的国家中，巴基斯坦无疑是最关键的角色，如果巴基斯坦退出，那么这个隐蔽行动将会遭受难以估量的损害甚至会失败。因此，里根政府为保持并发展同巴基斯坦的友好关系做出了大量努力。1981 年 6 月，里根政府和巴基斯坦政府签订了经济和军事援助协定，根据该协定，在此后 6 年中，美国将向巴基斯坦提供 32 亿美元的援助。1987 年两国又签订新的协议，按照协定，在以后的 6 年中，美国每年向巴基斯坦提供 3.8 亿美元的经济援助和 2.9 亿美元的军事援助（6 年共计 40.2 亿美元）。[2] 另外，巴基斯坦还接收到来自国际组织、沙特阿拉伯及其国家的大量经援，并从国际社会对阿富汗难民的人道主义援助中获利不少。"简言之，十年中苏联的侵略给巴基斯坦创造了一个数十亿的国际援助产业。"[3] 有了美国等国强有力的支援，本身就对苏联侵阿极度不安的巴基斯坦更加坚定地参与到援助阿富汗抵抗运到的行动中，其中巴基斯坦军事情报机构 —— 三军情报局和美国中央情报局并肩协作，在援助行动中发挥了至关重要的作用。1984 年 10 月，里根签署《美国对印度和巴基斯坦政策》的国家安全决策指令，其中指出："美国要支持巴基斯坦抵制苏联不断增长的压力，当巴基斯坦援助阿富汗自由战士时"，美国要对巴基斯坦提供必要的支持以确保它积极地参与美国对阿富汗的政策，美国还应与巴基斯坦讨论"扩大对阿富汗人民援助的更有效方式，吸引国际社会对阿富汗问题的关注，协调

[1] ［美］彼得·施魏策尔：前揭书，第 136 页。

[2] 杨翠柏、刘成琼：《巴基斯坦》，社会科学文献出版社 2005 年版，第 244 页。

[3] Lcuy Joanne Mathiak, *op. cit*., p. 74.

与苏联入侵阿富汗五周年纪念日有关的公共外交努力，一起致力于保证对阿富汗难民援助的合适水平"[1]。在整个 80 年代，美国对阿富汗的援"叛"抗苏政策都离不开巴基斯坦的支持和参与，美国也不能不对巴基斯坦给予高度重视。

（二）里根政府对阿富汗政策的内容

1. 里根政府对阿富汗政策的调整

里根政府的援"叛"抗苏政策可以分为两个阶段，1985 年以前的政策目标基本上还是卡特政府最初确立的，即主要通过援助抵抗运动"袭扰"阿富汗的苏军，使苏联付出巨大的代价，而对于能否仅仅通过这种方式迫使苏联撤军，里根政府其实并没抱多大希望，政策目标的有限性决定了里根政府前期对阿富汗抵抗运动的援助还是有些谨慎的。1985 年以后，里根政府的政策目标调整为努力将苏联军队赶出阿富汗，由此带来对抵抗运动的武器援助在规模和质量上都有了较大的提升。

（1）里根政府对阿富汗政策的第一阶段（1981—1985 年）：

里根政府时期，在向阿富汗抵抗运动提供援助问题上，中央情报局和国会起了很大的推动作用，里根总统和中央情报局局长威廉·凯西在其中扮演了最重要的角色。凯西在 1981 年初接任中央情报局局长一职后就继续执行援助阿富汗抵抗力量的"旋风行动"。由于他是"唯一一个进入内阁的中央情报局局长"[2]，因此他在里根政府中有着独特的地位和影响力，不仅是里根的情报顾问，还兼任政治顾问，在相当大的程度上影响着里根政府对阿富汗的政策。同其他所有卷入援"叛"行动的国家相比，美国无疑是援助阿富汗抵抗力量的主导国。而就美国而言，这个援助行动则主要是由凯西及其领导的中央情报局筹划和实施的。在凯西看来，"这是一个重要的行动，也许是从卡特政府继承下来的最重要的行动。里根总统想继续下去，甚至还要扩大规模。这是同苏联人交战的一个主要地点"[3]。他把阿富汗作为美国在越南失败的报复之地，"苏联必须为支持北越而付出高昂的血的代价是他反复强调的观点"[4]。

1981 年 5 月，苏联的官方智库苏联科学院发布一份关于阿富汗形势的报告就认

---

[1]　U.S. Policy Toward India and Pakistan. National Security Decision Directive, NSDD 147. Oct. 11, 1984. *Intelligence Resource Program*.

[2]　徐维源：《美国中央情报局：从罗斯福到小布什》，学林出版社 2002 年版，第 368 页。

[3]　[美] 鲍勃·伍德沃德：前揭书，第 104 页。

[4]　Mohammad Yousaf and Mark Adkin, *The Bare Trap*, Lahore, Pakistan: Jang Publishers, 1992, p. 79.

为,为达到破坏和颠覆阿富汗卡尔迈勒政府的目标,里根政府上台后"加强了积极性":
"为了实现这些目标,美国向反革命组织提供财政援助,给他们运送武器和军事装备,
招募难民组织匪帮,利用往返于阿富汗民主共和国和巴基斯坦之间的游牧者向阿富
汗境内偷运武器、弹药、反革命传单,向阿富汗民主共和国派遣间谍……美国常常
与欧共体各国(特别是英国和联邦德国)、埃及、沙特阿拉伯一起进行反对阿富汗
民主共和国的行动。美国积极地促进在普什图部落区及其境外活动的各种分散的阿
富汗反革命组织进行有组织的联合,并且广泛地利用取得了美国国籍的阿富汗人。
在美国成立了大量社团和组织,为难民和反革命武装募集物质援助。譬如在纽约有
一个'阿富汗救援委员会'在活动,定期用'巴基斯坦国际航空公司'的飞机经过
卡拉奇向白沙瓦空运数十吨重各种物资。这些物资由美国驻巴基斯坦大使支配。"[1]
这份报告表明,苏联对于美国向阿富汗抵抗运动提供援助是有一定的了解和研究的。
从中也可以看出,里根政府上台后,对阿富汗抵抗运动的重视程度和援助力度明显
都超过了卡特政府时期。

　　1983 年 1 月,里根政府通过了国家安全决策指令 75 号文件《美国与苏联的关系》,
文件明确指出美国在阿富汗的目标是"对莫斯科保持最大的压力,促使其从阿富汗
撤军,并且要确保在苏联继续占领期间使其付出巨大的政治、军事和其他方面的代
价","对苏联在阿富汗巩固地位的努力保持有效的抵制。这需要美国在达成谈判
协议的基础上继续努力推动苏联撤军。同时美国必须对苏联撤军保持压力,确保苏
联在战场上付出巨大代价"。[2] 对美国来说,援助阿富汗抵抗运动算得上是让苏联付
出巨大代价的最有效手段。

　　不过美国国会认为里根政府上台以来的两年内对阿富汗抵抗运动的援助远远不
够,不足以使他们战胜苏联。众议院 1983 年 10 月通过的一份决议指出,如果相信
自由的人们能向阿富汗人民提供支持,那么阿富汗人民的解放运动就能获胜。决议
还制定了美国在此问题上的三条方针:"第一,鼓励和支持阿富汗人民为从外国占
领下争取自由的斗争;第二,向阿富汗人民提供帮助,只要他们请求物质援助,美
国就会考虑帮助他们争取自由的斗争;第三,继续通过谈判解决阿富汗的战争问题,
前提是苏联全部撤军,承认阿富汗人民不可剥夺、不受外来干涉或压制的自由权利,

---

[1]　沈志华:前揭书,第 571 页。

[2]　U.S. Relations with the USSR. National Security Decision Directive, *NSDD* 75. Jan. 17, 1983.
DNSA. Item Number: PR01485.

确保四百万阿富汗难民安全、有尊严地返回祖国。"[1] 美国国会对援助阿富汗抵抗运动的支持突出表现在，国会基本上不对援助的资金或武器等设置障碍或予以阻挠，这就为里根政府在阿富汗的隐蔽行动提供了强有力的保障。里根政府的援"叛"抗苏政策不仅得到了国会民主、共和两党的一致支持，国会还"始终如一地、成功地推动了向阿富汗叛乱力量提供更多的秘密援助资金，数额甚至超过了里根政府所要求的"[2]。比如，国会在 1984 年通过决议，明确要求里根政府提高对阿富汗抵抗力量秘密援助的规模和质量。整个 80 年代，国会向阿富汗抵抗力量提供了将近 30 亿美元的秘密援助。[3]

（2）里根政府对阿政策的第二阶段（1985—1989 年）：

1985 年戈尔巴乔夫担任苏联最高领导人后，苏联一度加强了对阿富汗抵抗运动的进攻，战争急剧升级。针对苏联下决心要赢得战争和阿富汗抵抗运动有可能失败的情况，里根政府对阿富汗政策进行紧急调整，于同年 3 月制定出美国关于战争目标的新文件，这就是里根签署的国家安全决策指令（NSDD）166 号文件《美国在阿富汗的政策、计划和战略》，文件第一次明确提出了美国在阿富汗的政策目标以及实现这一目标的措施。文件首先概括了美国阿富汗战略的两个基本内容：其一，执行隐蔽行动以支持阿富汗抵抗运动；其二，运用外交、政治战略对苏联施压以促使苏联从阿富汗撤军，并且增强对阿富汗抵抗力量的国际支持。[4]NSDD166 号文件主要阐述了美国对阿政策的目标和措施两部分内容。第一部分分析了"美国的政策目标和主要利益"，明确指出美国政策的最终目标是"使苏联从阿富汗撤军，恢复阿富汗的独立地位"。文件认为，在 1985—1990 年的中期阶段，美国应致力于实现一些暂时的目标，这有助于实现最终的目标。不管阿富汗战争的最终结果如何，实现暂时目标都符合美国的国家利益。文件具体描述了美国在中期阶段的暂时目标：第一，向苏联证明，它征服阿富汗的长期战略是不起作用的。如果阿富汗战争形势不断恶化，从苏联的视角看，苏联领导人将会对最终实现苏联的目标缺乏信心。实现这一目标是对苏联保持压力以迫使它调整政策的最好方式，这将有利于美国和阿富汗人

---

[1] *Congressional Record*, Vol. 129, no. 133, Oct. 6, 1983, p. S. 13791.

[2] Afghanistan: The Making of U.S. Policy, 1973-1990. *DNSA*. Cited from http://nsarchive. chadwyck.com.

[3] 王凤：前揭书，第 343 页。

[4] U.S. Policy, Programs, and Strategy in Afghanistan. National Security Decision Directive, NSDD 166. Mar. 27, 1985. *Intelligence Resource Program*.

民。第二，不能让阿富汗成为苏联的基地。我们的隐蔽计划就是要阻止阿富汗成为苏联向这个地区扩张权力和影响力的基地。一旦苏联巩固了在阿富汗的地位，它就能更好地利用伊朗后霍梅尼时代可能发生的动乱，同时给巴基斯坦政府制造困难。第三，防止（其他国家内部）抵制苏联侵略的运动的失败。不能让苏联的反暴乱努力战胜这些土生土长的抵抗运动，这是至关重要的。第四，向苏联显示我们志在阻止苏联在第三世界侵略的坚定目标。我们支持阿富汗抵抗运动就证明了我们的这一承诺。[1]NSDD166号文件所罗列的上述暂时目标既符合美国援助阿富汗抵抗运动的政策，也反映出里根政府同苏联争夺第三世界的决心。

NSDD166号文件的第二部分论述了实现美国上述政策目标的手段和措施，并要求美国政府各部门都要为此行动起来，这些措施主要有：第一，加强对我们隐蔽行动计划的情报支持。有关战争进程的详细、及时的信息能使我们确定我们是否正在击败苏联的长期战略，而且便于调整我们的计划以提高它的有效性。第二，提升阿富汗抵抗运动的军事效力，目的是保持对苏联不利的战争趋势。这就包括为军事效力设立成绩目标和标准。第三，约束腐败问题或腐败现象的发生，这就需要继续加强对输入阿富汗的物资供应的管理，追踪在途中的物资，进一步确定阿富汗的抵抗组织接收到不断增加的物资并且使用在战斗中。第四，与巴基斯坦保持良好的合作关系。由于缺少向阿富汗运输物资的其他路线，这种关系对隐蔽行动来说就显得至关重要。因为巴基斯坦支持抵抗运动，我们需要对它的安全需求给予回应。第五，鼓励抵抗运动基于人道主义在阿富汗进一步开展社会服务，这有助于缓解巴基斯坦的难民问题，确保阿富汗人民在后勤方面支持抵抗运动。第六，通过公共外交、双边努力增强国际社会对苏联的政治压力，支持联合国主导的旨在使苏联完全撤军的谈判。第七，在任何可能的情况下，都要鼓励阿富汗各抵抗组织之间进行更多的政治合作……各圣战者党派之间达成协议，建立在国际上能代表抵抗运动的组织，这将增加对苏联的压力并且增强抵抗运动在政治和外交上的效力。[2]

NSDD166号文件强调扩大对阿富汗抵抗运动的援助，包括提供更先进的武器、更多的资金和更准确的情报。文件清楚地阐述了里根政府的目标，那就是不再简单地沿袭卡特政府确立的对驻阿苏军进行"袭扰"的目标，而是要采取一切可行的手

---

[1]　Ibid..

[2]　Ibid..

段在阿富汗彻底击败苏联军队，从而获得最后的胜利。这就是里根说的，"想尽一切办法，不仅要使穆斯林游击队生存下来，而且还要他们获得胜利"[1]。NSDD166号文件是里根政府对阿富汗政策的一个重要分水岭，标志着美国要主动将战争升级，努力将苏联军队赶出阿富汗。而比较 1985 年前后的阿富汗战场形势可以发现，1985年以前阿富汗抵抗运动和苏军及阿富汗政府军实际上是处于一种僵持状态，但自此之后战场形势开始发生明显变化，抵抗运动逐渐占据主动权。所以 NSDD166 号文件不仅仅是美国阿富汗政策的转折点，也是苏联侵阿战争的转折点。有学者对此评论道：在战争中，1985 年是个分界线，因为苏联第一次看起来有可能被迫从阿富汗撤军。在华盛顿，目标则从使苏联付出代价改变为将苏联赶出阿富汗。[2] 里根政府根据阿富汗战场形势变化及时调整美国的阿富汗政策目标，进一步加强对抵抗运动的支持，客观上加速了苏联侵阿战争的结束。从 1985 年开始，里根政府对阿富汗抵抗运动的援助特别是军事援助在数量和质量上都远远超过了以往，而向抵抗运动提供美制的先进肩扛式地对空"毒刺"导弹这一举动是里根政府援"叛"抗苏政策调整的最好说明。不过在最初围绕是否提供"毒刺"导弹的问题上，里根政府内部以及国会中也有不同的声音。军方认为，"毒刺"导弹作为美军最先进的武器之一，如果落入苏联人手里，将会危及美国的技术秘密，并给北约造成威胁。国务院也怀疑这种导弹能否在阿富汗发挥作用，并警告有可能会引发苏联对巴基斯坦的报复。国会担心的是，如果导弹落入伊斯兰极端主义分子手中，反过来会威胁到美国的安全。[3]

经过激烈的争论，1986 年初，里根政府终于做出了向抵抗运动提供"毒刺"导弹的决定，此举打破了美国过去多年来为了防止冲突升级而不向热点地区提供先进的美制武器的惯例。"毒刺"导弹被美国国防部更多地看作是"一种能显著改变苏联人期望的心理武器"[4]，它增强了阿富汗抵抗力量的防空能力，沉重打击了苏军的空中力量，也给苏军造成极大的精神创伤。中央情报局经过评估就认为，"美国提供的'毒刺'导弹改变了阿富汗战争的形势"[5]，在一定程度上加速了苏联撤军的步伐。

---

[1] [美] 彼得·施魏策尔：前揭书，第 241 页。

[2] Charles G. Cogan, " Partners in Time: The CIA and Afghanistan since 1979 ", World Policy Journal, Vol. 10, No. 2, 1993, p. 76.

[3] Diego Cordovez and Selig S.Harrison, op. cit., pp. 194-197.

[4] Ibid., p. 201.

[5] U.S. Supplied Stinger Missiles Changes Complexion of Afghanistan War. Cable. Central Intelligence Agency. Issue Date: Sep. 27, 1987. DDRS. Document Number: CK3100273773.

由于里根政府在政治解决阿富汗问题上态度消极，1987 年底，苏联开始采取单方面的步骤筹划从阿富汗撤军的问题。1988 年 3 月，美苏就对阿富汗军事援助问题达成妥协，即如果苏联继续向阿富汗现政府提供军事援助，那么美国也同样可以向抵抗组织提供军事援助，这就是所谓的"对等原则"[1]。随着美国答应做阿富汗与巴基斯坦谈判协议的保证国，同年 4 月，在联合国秘书长德奎利亚尔的主持下，美、苏、阿、巴四外长在政治解决阿富汗问题的"日内瓦协议"上签字。根据协议，苏联要在 1988 年 5 月—1989 年 2 月的九个月内完全从阿富汗撤军。虽然苏联侵阿战争的结束最终是通过政治谈判的方式实现的，但美苏此前达成的"对等原则"却给"日内瓦协议"蒙上了阴影，在苏联撤军期间及撤军完成后，双方根据这一原则继续向各自支持的力量提供援助。"日内瓦协议"的签署标志着美国希望苏联长期陷于阿富汗泥潭的计划的破灭，"美国拒绝苏联提出喀布尔当局在未来的阿富汗新政府中占主要地位的要求，坚持由阿富汗人自己决定自己的政治体制，同时进一步增加对阿富汗抵抗力量的武器供应。这使苏联军队和阿富汗政府军的形势进一步恶化"[2]。

2. 里根政府对阿富汗政策的内容

里根上台后在阿富汗问题上基本上奉行两条方针：一是加强对苏联的谴责和施压；二是对政治谈判不热心，一再扩大对阿富汗抵抗运动的援助，甚至考虑将战争引入苏联境内。

（1）继续对苏联谴责和施压：

在 20 世纪 80 年代，美国始终紧紧抓住阿富汗问题，将之作为对苏联施压和口头攻击的重要筹码。里根政府在国际社会中加强对苏联入侵和占领阿富汗的谴责，揭露苏联侵略给阿富汗人民带来的灾难，在政治和道义上置苏联于被动地位。美国的目的在于在国际上孤立苏联，尤其要破坏苏联在第三世界中的名声。仅仅在 1981 年一年中，里根在各种正式场合发表强烈谴责苏联侵阿的讲话就达八次之多，而且里根在八年总统任期内，每年都发表关于苏联侵阿的周年声明。里根于 1985 年 3 月签署的国家安全决策指令 166 号文件明确提出，"在阿富汗问题上，推动苏联在第三世界和伊斯兰世界的孤立。苏联已经为继续占领阿富汗在第三世界付出了代价。我们一定不能让苏联的行为从第三世界和伊斯兰世界的议程中消失。我们要继续努

---

[1] 刘温国、郭辉：前揭书，第 378 页。

[2] 张士智、赵慧杰：前揭书，第 438 页。

力在阿富汗问题上增强对苏联的谴责"[1]。文件明显反映出里根政府的用意，那就是借阿富汗问题在国际社会中打击和孤立苏联。

（2）对政治解决阿富汗问题态度消极：

在对阿富汗政策上，里根政府基本上倾向于放弃通过政治谈判解决阿富汗问题的方式，"而采取了更为强硬的进攻性政策"[2]。纵观里根政府时期，虽然美国一直强调要政治解决阿富汗问题，但实际上对政治谈判并不热心，反而对支持阿富汗抵抗运动抗击苏联表现得非常积极。自苏联入侵阿富汗后，联合国一直呼吁苏联无条件从阿富汗撤军，并努力推动相关各方举行政治谈判。从 1982 年起，在联合国的主持下，阿富汗和巴基斯坦两国政府在瑞士日内瓦举行了多轮间接谈判，但真正对谈判结果起决定影响的还是两国背后各自的支持者——苏联和美国。

和苏联不同的是，美国几乎从一开始就对政治谈判兴趣不大且一直采取不妥协的立场，而苏联自戈尔巴乔夫上台后为谋求撤军逐渐改变过去强硬的谈判态度，但却没有得到美国较积极的回应。戈尔巴乔夫上台后，在加强对阿富汗抵抗运动军事攻势仍然无效的情况下，苏联更加倚重政治谈判方式，谋求从阿富汗撤军。1986 年 5 月，在苏联的支持下，阿富汗国家情报机构领导人纳吉布拉（Mohammed Najibullah）取代卡尔迈勒，掌握了人民民主党的领导权。纳吉布拉政权积极配合苏联发起的政治攻势，将国名从"阿富汗民主共和国"改为"阿富汗共和国"，并且推出民族和解政策，表示要与抵抗力量实现停火，建立一个广泛吸收各派政治力量的民族联合政府。面对苏联和阿富汗政府的和平攻势，美国和阿富汗抵抗力量进行了回击。美国多次表示不会做日内瓦谈判协议的保证国，里根政府尤其是国会一直怀疑苏联只是在拖延时间以策划新的军事进攻。美国还坚持由阿富汗人民自己决定阿富汗的政治体制，其实就是支持抵抗组织以阿富汗人民代表的名义取代纳吉布拉政权。此外，苏联和阿富汗政府在谈判问题上坚持必须在先承认阿富汗政府的合法性并且停止援助抵抗力量后，苏联才能撤军。对此，美国和巴基斯坦也坚决反对。

美国虽然在口头上一再表示，希望苏联从阿富汗撤军以和平方式解决阿富汗问题，但实际上，美国还是希望阿富汗战争继续下去，使苏联长期陷于阿富汗战场的泥潭，消耗苏联的兵力和财力，削弱苏联在第三世界国家的声望，并把它作为美苏

---

[1] U.S. Policy, Programs, and Strategy in Afghanistan. National Security Decision Directive, *NSDD* 166. Mar. 27, 1985. Intelligence Resource Program.

[2] 王凤：前揭书，第 343 页。

全球战略谈判中的一个重要砝码。[1] 显然，里根政府更希望在苏联撤出阿富汗以前为它的侵略付出尽可能多的代价，借阿富汗抵抗运动打击苏联、将苏联困在阿富汗战场上更符合美国的战略利益。苏联也认识到了这一点。戈尔巴乔夫在 1985 年 12 月给里根的一封信中就表达了对美国无意于政治解决阿富汗问题的不满，他认为："关于阿富汗问题，人们得出的印象是，美国方面有意识地忽略了通向政治解决的大门已经打开。目前甚至已经有了一份关于政治解决的工作文件。推动谈判向前发展而不是阻碍其进程，是十分重要的。如果那样，最终一定会找到一个公正的解决方法。"[2] 苏联最高苏维埃主席团主席葛罗米柯在 1986 年 11 月 13 日苏共中央政治局讨论阿富汗局势的会议上也指出，美国"对调解阿富汗形势不感兴趣。相反，延长战争对他们有利"[3]，这说明苏联对美国试图将其拖在阿富汗战场上的想法是很清楚的。在阿富汗问题上，里根政府对政治谈判的消极态度和对援助阿富汗抵抗运动的积极举动形成了鲜明的对比，反映出里根政府阿富汗政策的主要着眼点是援"叛"抗苏而非政治谈判。

（3）坚持并扩大对阿富汗抵抗运动的援助：

在苏联入侵阿富汗以前，美国对阿富汗给予的关注都远远不够。苏联入侵以后，美国在阿富汗具有怎样的利益以及应采取怎样的行动，美国前驻阿富汗大使艾略特（Theodore L. Eliot Jr.）对这个问题做了很好的回答。他在 1985 年的一篇文章中将美国在阿富汗的利益界定为四点：第一，美国在阿富汗的独立和完整上具有利益，应继续施压苏联使其撤军；第二，美国对阿富汗的人权具有利益，要尽一切可能阻止苏联及其傀儡政权对阿富汗人民的暴行；第三，在巴基斯坦和伊朗的三四百万阿富汗难民以及阿国内人民面临的苦境，要求美国将之作为人道主义事务来关注，应继续致力于通过政府或私人渠道援助他们；第四，巴基斯坦值得美国特别关注，支持巴基斯坦援助阿富汗抵抗力量的努力以及帮助巴基斯坦承担对阿富汗难民的援助都符合美国的利益。在界定了美国在阿富汗的利益后，艾略特提出美国的政策方向应遵循六个方面，也就是美国应采取的具体行动：第一，"援助阿富汗自由战士，这需要与其他国家的协调并要考虑到巴基斯坦的关切"；第二，"通过联合国或私人志愿者组织向阿富汗难民及阿国内民众提供人道主义援助"；第三，"在媒体和联

---

[1]　张士智、赵慧杰：前揭书，第 340 页。

[2]　[美] 罗纳德·里根：前揭书，第 642 页。

[3]　沈志华：前揭书，第 813 页。

合国舞台上加强努力，与非政府人权组织一起唤起世界公众舆论对苏联在阿富汗的残暴野蛮政策的关注"；第四，"继续支持联合国的调解努力，不管成功的机会有多渺茫，这些努力应着力于苏联的撤军和阿富汗独立的恢复"；第五，"向巴基斯坦提供军事和经济援助，与巴基斯坦公开讨论双边关系中的共同问题和异见"；第六，"与革命的伊朗打交道要保持耐心和坚定性，毕竟它仍旧是该地区人口最多、最具有战略重要性的国家"。[1] 艾略特对美国在阿富汗的利益界定及其提出的政策方向建议，对于认识和理解美国在 80 年代贯彻始终的援"叛"抗苏政策极具启发性。

里根政府对阿富汗抵抗运动的援助政策是一以贯之的，"伴随苏联占领而来的是，美国对阿富汗（抵抗运动）的支持，这种支持是有力的、不变的和令人鼓舞的"[2]。里根政府对阿富汗抵抗运动的援助主要体现在五个方面。

第一，里根政府在物质方面特别是在资金和武器装备上给阿富汗抵抗运动提供援助，这种援助可以说是全方位的。基于强硬的对苏政策，里根政府对阿富汗抵抗运动的援助在内容、规模和级别上都比卡特政府有所扩大和提高，不仅增加了援助资金和武器装备数量，还提供了更加先进的武器。

里根政府时期，美国对抵抗运动游击队的援助逐年上升。根据报界公布的数字，1980—1984 年，美国共为阿富汗隐蔽行动拨款 6.25 亿美元，其中包括五角大楼预算中转拨的 4 千万美元和 1985 年财政年度所拨的 2.5 亿美元。1982 年美国为巴基斯坦境内的阿富汗难民提供了 2.17 亿美元的援助，每天以 100 多万美元的数目支付开销。[3]而在 1981 财政年度美国向阿富汗难民提供的经济援助就达 9 300 万美元。如前所述，1985 年是美国对阿富汗政策的转折点。1985 年美国对抵抗运动的援助达到 4.7 亿美元，为 1980 年的 5 倍多。1986 年和 1987 年又以每年增长 1 亿美元的速度递增。苏联侵阿的十年中，中央情报局花了 30 亿美元向阿富汗抵抗运动提供枪支、弹药、地雷和火箭发射器，甚至还从国内购买了几千头田纳西州的骡子，以便在巴基斯坦崎岖的山路上运送武器。[4]另外，仅 1985 年抵抗运动游击队就获得 1 万枚火箭推进榴弹和20 万枚火箭，比过去 5 年的总数还要多。从 1985 年开始每年总共获得的武器弹药有

[1] Theodore L. Eliot, Jr., " Special Report U.S. Interests & Afghanistan ", *Washington Report*, Jan. 14, 1985, p. 4.

[2] Mohammad Khalid Ma'Aroof, *op. cit.*, p. 130.

[3] [美] 约翰·普拉多斯：前揭书，第 437 页。

[4] 于力人：《中央情报局 50 年》（下），时事出版社 1998 年版，第 702 页。

5 万吨,而两年前只有 1 万吨。[1] 从 1986 年开始,美国共向抵抗运动提供将近 700 枚"毒刺"导弹。到 1989 年,苏联的直升机队列差不多从阿富汗领空上全部扫荡干净。一份美军的特别报告最后确认,提供"毒刺"导弹"已改变了战斗的性质",并成为"战争中决定性的武器"。[2] 美国除了给阿富汗抵抗运动提供各种枪炮等武器弹药,还提供资金、医疗、粮食、交通工具以及军事训练、作战指导和卫星图片等情报,中央情报局还同巴基斯坦以及沙特阿拉伯的军事情报机构一起招募外国的、主要是来自阿拉伯国家的穆斯林志愿者,并为之提供战斗培训和武器装备。

　　第二,里根政府向阿富汗难民主要是巴基斯坦境内的大量阿富汗难民提供人道主义援助。这些难民和抵抗运动有着千丝万缕的联系,许多难民往往同时具有难民和抗苏圣战者的双重身份,是抵抗力量的重要组成部分。里根政府向阿富汗难民提供援助既是基于人道主义,也是为了缓解大量难民给巴基斯坦造成的政治和经济压力,并且也有助于确保难民对抵抗运动的支持,而美国国际开发署在人道主义援助中发挥了重要作用。

　　阿富汗难民的产生由来已久,1970 年代前期达乌德发动宫廷政变引起社会动荡,由此导致阿富汗开始出现难民。不过阿富汗出现规模庞大的难民潮还是在"四月革命"后,随之而来的苏联入侵更推动了难民数量的急剧增长,常年的内乱、战争以及激进的社会改革迫使阿富汗人大量外逃迁徙,大多数难民避难到巴基斯坦和伊朗等周边国家,也有一部分流散到西方国家。巴基斯坦政府对于接收和容留阿富汗难民持积极态度,巴总统齐亚·哈克在 1979 年 8 月的一次演讲中明确表示,"向(阿富汗)难民提供庇护是基于人道主义和伊斯兰义务,文明世界的人们都不能无视这一点。我们正在向他们提供某些满足衣食住行的基本条件,这体现了人道主义的同情和伊斯兰的精神"[3]。除了巴基斯坦政府的宽松政策外,巴阿两国长期以来还存在着紧密的民族、宗教、文化纽带和地缘、亲缘联系,因此阿富汗难民多涌入到巴基斯坦境内,在巴阿交界地区巴方一侧的西北边境省、俾路支省和联邦直辖部落区共分布着300 多座阿富汗难民营。到 1979 年 6 月,共有 10.9 万阿富汗人逃亡到巴基斯坦,同

---

[1]　[美]彼得·施魏策尔:前揭书,第 280 页。

[2]　[美]马克·佩里:《黯然失色——美国中央情报局最新秘闻》,汪有芬等译,东方出版社 1993 年版,第 104—105 页。

[3]　Mehrunnisa Ali, *Pak-Afghan Discord: A Historical Perspective (Documents 1855-1979)*, Karachi: Pakistan Study Centre, University of Karachi, 1990, pp. 417–419.

年9月难民数增长到19.3万，在接下来的三个月，这个数字又增长到2倍多。苏联入侵阿富汗后出现难民逃亡的高潮，在1980年，每个月估计有8万—9万人越境逃往巴基斯坦。按照联合国难民署的数据，1989年，巴基斯坦的阿富汗难民数量高达327万，超过巴总人口的3%。[1]1982年11月，巴基斯坦外交部长雅各布·汗（Sahabzada Yaqub Khan）在联合国发言指出，"苏联入侵阿富汗对其邻国巴基斯坦最严重的直接影响是大批难民被迫离开阿富汗、前往巴基斯坦寻求安全所引致的突出问题……按照联合国难民署的说法，阿富汗难民已经成为世界上数量最大的单一难民群体……阿富汗的危机给巴基斯坦造成了严重的安全、经济和社会问题"[2]。如雅各布·汗所言，阿富汗难民的大量涌入也给巴基斯坦的经济社会发展和国内安全造成了极大冲击，维持难民最基本的生活条件已成为巴基斯坦沉重的经济负担，为此巴政府努力向国际社会寻求援助，而最主要的援助方还是来自美国。到1982年底，超过50%的国际援助都是由美国提供的。[3]

第三，里根政府从精神和舆论层面给阿富汗抵抗运动提供支持。其实，在卡特政府时期，美国就特别注重对阿富汗问题的宣传。对此，苏共中央宣传部一份关于反阿富汗敌对宣传的资料报告中评论道，这种宣传言论有一定的计划性，"和阿富汗国内具体的反政府和反苏活动互相配合"，美国对阿富汗问题宣传的中心是"围绕阿富汗问题掀起反苏联、反社会主义的喧嚣"，"通过评论阿富汗事件批评苏联整个对外政策"。[4]在里根政府的第一年，中央情报局就秘密出资建立"自由喀布尔"电台在阿富汗播音。1983年，美国国家安全委员会成立跨部门阿富汗工作小组，以便围绕阿富汗问题协调政府各部门的工作，并讨论如何加强媒体对战争的报道，提高国际社会对阿富汗抵抗运动的同情和支持，增强抵抗力量的知名度。美国驻巴基斯坦伊斯兰堡的大使馆和设在白沙瓦的领事馆提供的信息，也成为当时大多数记者报道战争情况的可靠来源。1985年，美国国会通过法令，要求美国新闻署培训阿富

---

[1] Grare and William Maley, " The Afghan Refugees in Pakistan ", *MEI-FRS*, Middle East Institute, Jun. 30, 2011, p. 2.

[2] Ghulam Umar, " The Refugee Problem: An Overview ", *Pakistan Horizon*, Vol. 38, No. 1, 1985, p. 24.

[3] Rashid Ahmad Khan, " International Assistance for Afghan Refugees ", *Pakistan Horizon*, Vol. 38, No. 1, 1985, p. 104.

[4] 沈志华：《苏联历史档案选编》（第33卷），社会科学文献出版社2002年版，第381—385页。

汗抵抗力量如何拍摄和报道他们的圣战。美国新闻署驻伊斯兰堡的官员每周都会宣读一次来自美国驻阿富汗喀布尔大使馆提供的一份战况报告。[1] 当时积极致力于宣传阿富汗问题的一位参议员说道，"如果我们教导自由战士学会使用照相机去拍摄，这也许会增加国际社会对（苏联侵略的）义愤，这就是最好的宣传"[2]。里根政府的这种公共外交活动对于提高阿富汗抵抗运动的国际形象、为抵抗运动赢得更多的国际援助都起到了非常好的效果，也是同苏联争夺阿富汗问题舆论话语权的有力措施。

除了对外积极宣传阿富汗抵抗运动，里根政府时期，美国还多次公开表示会坚持援助抵抗运动。里根政府的这种公开表态无疑会给抵抗运动带来必要的信心。里根早在 1980 年的总统大选中就公开宣称要援助阿富汗抵抗运动，他主张向抵抗运动提供更高级的武器。[3]1981 年 3 月，里根和国防部长温伯格（Caspar Weinberger）表示，美国将考虑为阿富汗游击队提供军事援助，以支持中央情报局局长凯西提出的升级和扩大秘密援助渠道的请求。[4] 在 1981 年 12 月 27 日苏联入侵阿富汗两周年的时候，里根就阿富汗局势发表声明："在我们向阿富汗人民表示钦佩和同情时，我们也呼吁苏联尊重国际社会提出的要求它从阿富汗撤军的良好建议，这样一个独立和不结盟的国家和一个符合人民期待的政府才能重建，数百万流落到国外的阿富汗难民才能自豪地返回祖国。只要苏联藐视国际社会，继续占领阿富汗，阿富汗人民的英勇抵抗就会继续，美国就会继续支持一个自由阿富汗的事业。"[5] 作为对苏联侵略阿富汗的抗议行动，欧洲理事会于 1982 年初决定将 3 月 21 日为国际"阿富汗日"，此举也得到了美国的赞同。里根于 3 月 10 日便提早签署了"阿富汗日"的公告并发表谈话说："美国始终如一地遵循不干涉阿富汗内部事务的政策，我们同样支持以前的阿富汗政府扮演的不结盟角色。阿富汗抵抗运动的烈火已经被点燃并持久不衰，这不是外部力量的帮助，而是因为阿富汗人民捍卫自己国家独立的决心。"[6]1983

[1]　Afghanistan: The Making of U.S. Policy, 1973–1990. *DNSA*. Cited from http://nsarchive. chadwyck.com.

[2]　Lcuy Joanne Mathiak, *op. cit*., pp. 65–66.

[3]　[美] 约翰·普拉多斯：前揭书，第 437 页。

[4]　Lcuy Joanne Mathiak, *op. cit*., p. 50.

[5]　Ronald Reagan, " Statement on the Situation in Afghanistan ", Dec. 27, 1981. *The American Presidency Project*.

[6]　Ronald Reagan, " Remarks on Signing the Afghanistan Day Proclamation ", Mar. 10, 1982. *The American Presidency Project*.

年 12 月，美国副国务卿伊格尔伯格（Lawrence Sidney Eagleburger）直言不讳地表示，直到"苏联将阿富汗归还给阿富汗人民以前，我们都会继续支持阿富汗圣战者，并被他们为自由而战的精神所鼓舞"[1]。1986 年 6 月，阿富汗抵抗组织之一的伊斯兰促进会领导人拉巴尼（Burhanuddin Rabbani）前往美国，要求里根政府为游击队提供更多的、特别是用于空中和地面防御的有效武器，对此里根向拉巴尼承诺："在你们争取祖国重新获得独立的斗争中，美国人民将同你们站在一起。这个政策得到了两党的广泛、高度的支持，这是一个不可动摇的承诺。你们的目标就是我们的目标——实现阿富汗的自由，我们决不让你们失望。"[2] 同年 12 月，里根在苏联侵阿七周年的声明中表示，"只要苏联和它的阿富汗代理人继续进行针对阿富汗人民的战争，阿富汗人民就会继续得到国际社会包括我们美国对他们抵抗运动的支持"[3]。即便在"日内瓦协议"签署后，美国国务卿舒尔茨还表示，美国将遵守协议，但也将行使它"向抵抗运动提供军援的权利"，美国过去一直在坚定地支持阿富汗的事业，"今后仍将继续这样做"。[4]1988 年 11 月，阿富汗抵抗运动"七党联盟"主席拉巴尼率团访美，里根坚决地表示，美国将继续支持阿富汗的抵抗力量，新当选的总统老布什也表示，新政府不会改变里根政府对阿富汗抵抗组织援助的政策。[5]同年 12 月，里根在苏联侵阿九周年的声明中说，美国为支持阿富汗人民、自由战士和圣战者争取自由的斗争感到自豪，只要有需要，美国就会继续支持这一神圣事业。[6]1989 年 1 月老布什政府上台后，美国继续奉行援助阿富汗抵抗运动的政策，旨在推翻苏联支持的纳吉布拉政权，就其政策实质而言，仍然是援"叛"抗苏。

第四，里根政府积极推动各抵抗组织派别在政治上实现联合，并将其视为与喀布尔的阿富汗政府相抗衡的独立政治实体。阿富汗的抵抗力量和反政府组织大致可以分为四类：第一类是以巴基斯坦西北边境白沙瓦为总部的七个较大的逊尼派穆斯

---

[1] USICA, " US Unalterably Opposes Soviet Invasion of Afghanistan ", *Official Text,* Dec. 15, 1983.

[2] Ronald Reagan, " Statement Following a Meeting With Leaders of the Afghan Resistance Alliance ", Jun. 16, 1986. *The American Presidency Project.*

[3] Ronald Reagan, " Statement on the Seventh Anniversary of the Soviet Invasion of Afghanistan ", Dec. 27, 1986. *The American Presidency Project.*

[4] 刘温国、郭辉：前揭书，第 393 页。

[5] 刘温国、郭辉：前揭书，第 407 页。

[6] Ronald Reagan, " Statement on the Ninth Anniversary of the Soviet Invasion of Afghanistan ", Dec. 27, 1988. *The American Presidency Project.*

林组织,得到美国和巴基斯坦等众多国际力量的援助,是阿富汗抵抗运动的主要力量,这七个组织中属于伊斯兰原教旨主义的有希克马蒂亚尔(Gulbuddin Hekmatiyar)领导的阿富汗伊斯兰党、塔吉克人拉巴尼领导的阿富汗伊斯兰促进会、阿富汗伊斯兰党哈里斯派[1]以及萨亚夫(Abdul Rasul Sayaf)领导的阿富汗伊斯兰联盟,属于伊斯兰温和派组织的有阿富汗伊斯兰民族阵线、阿富汗伊斯兰民族解放阵线和阿富汗伊斯兰革命运动。第二类是以伊朗为活动基地并长期得到伊朗支持的八个较大的什叶派穆斯林组织,军事力量不如第一类组织强大,这八个组织包括阿富汗伊斯兰党、伊斯兰运动、伊斯兰圣战卫士、伊斯兰革命联合阵线、伊斯兰力量、伊斯兰呼声、胜利组织和真主党。第三类是阿富汗国内众多的抵抗力量,包括一些部落武装、部族组织、地区性组织以及少数的左翼力量和民族主义组织,主要有努里斯坦圣战者阵线、库纳尔部族委员会、坎大哈部族阵线、阿富汗中部山区哈扎拉族的抵抗力量、左翼的阿富汗解放组织和阿富汗人民解放组织、民族主义组织阿富汗社会民主党以及位于阿富汗北部潘杰希尔谷地、以塔吉克人马苏德(Ahmad Shah Massoud)为领导并隶属于阿富汗伊斯兰促进会的游击队武装。这些国内的抵抗力量往往各自为战,有时为了争取军援和外援也会与其他组织特别是与以巴基斯坦或伊朗为活动基地的抵抗组织建立联系。第四类是以阿富汗前国王查希尔为代表的上层流亡人士组成的反政府组织,主要在西方国家活动,在国内几乎没有武装力量。美国国务院在 1982 年 3 月一份关于"阿富汗抵抗运动"的报告中分析道:"分裂仍然是抵抗运动的一个严重威胁,自由战士能否保持目前的状况、能否发展成为对苏联的更加重大的威胁,这在很大程度上取决于他们能否成功地实现联合,成为一个团结的运动。"[2]

由于阿富汗各抵抗组织和党派间内部矛盾重重、分合不断,不但在战争后方争权夺利,甚至在战争前线也发生冲突,直接降低了抵抗运动的战斗力,因此里根政府多次从中撮合,终于使活跃在巴基斯坦的七个阿富汗逊尼派政党于 1985 年再次结成所谓的"七党联盟",这个松散的联盟中既有温和派,又有原教旨主义派。为了反击阿富汗纳吉布拉政权发起的和解攻势并为未来夺取政权奠定基础,美国支持七

---

[1] 阿富汗伊斯兰党分为希克马蒂亚尔派和哈里斯派两大派别,以后成为塔利班领导人的奥马尔早期曾在哈里斯派组织中接受训练,参加抗苏战斗,而该派别后来也与塔利班和基地组织建立了联盟。

[2] The Afghan Resistance Movement. Department of State, Bureau of Intelligence and Research. Mar. 16, 1982. *DNSA*. Item Number: AF01328.

党联盟于 1988 年 2 月成立了阿富汗第一个临时政府[1]，此举使美国可以利用临时政府问题继续牵制阿巴日内瓦谈判的进程。"正如巴基斯坦在阿富汗逊尼派民族当中资助各种抵抗组织一样，伊朗为什叶派穆斯林游击队（主要来自哈扎拉族）提供资金、武器和训练"[2]，伊朗对阿富汗抵抗运动的援助显然也符合美国的利益。美国国防部下属的国防情报局在 1985 年的一份报告中专门对伊朗援助阿富汗抵抗运动的情况做出分析和评估，指出伊朗在伊斯兰革命后不久就卷入了阿富汗什叶派穆斯林的反政府活动，甚至在 1980—1982 年这个时期，伊朗还为白沙瓦的逊尼派原教旨主义组织主要是希克马蒂亚尔的伊斯兰党提供过武器。从 1983 年年中开始，伊朗几乎只专注于与阿富汗什叶派抵抗组织保持联系，割断了和白沙瓦的几个主要的抵抗组织的关系，因为后者严重依赖美国等西方国家和海湾保守的君主制国家的援助。报告进一步断定说，伊朗的主要外交政策目标与苏联在阿富汗的目标严重冲突，伊朗的目的就是援助阿富汗抵抗组织以抵制苏联在阿富汗建立一个听命于苏联的共产主义政权。[3] 七党联盟成立后不久，在伊朗的八个阿富汗什叶派政党也组成了所谓的"八党联盟"，不过受制于美伊敌对关系的影响，这些什叶派抵抗组织难以获得美国的援助。

1986 年 6 月，里根表示："联合国决议年复一年地呼吁苏联完全、迅速地从阿富汗撤军，实现阿富汗人民的自主权利……只有得到阿富汗人民支持的协议才能起作用，这是不争的事实，这也是抵抗运动联盟的角色为什么是至关重要的原因。联盟的多样性以及它对阿富汗传统和信仰的坚持表明，它是阿富汗人民的真正代表。"[4] 里根的这段话反映出美国要将抵抗力量视作阿富汗人民的真正代表，此举显然是为以后抵抗力量推翻纳吉布拉政权并建立一个新政权赢取政治合法性。

第五，为给苏联对阿富汗的占领以及在中亚的统治制造更大的麻烦，并在客观上鼓舞和支持阿富汗抵抗运动，里根政府制定了将阿富汗的战争引入苏联中亚地区的秘密计划，这项计划也得到了巴基斯坦和沙特阿拉伯的支持。苏联中亚地区民族关系复杂紧张、伊斯兰极端主义传统浓厚，一直以来都是苏联最不稳定的地区。事

---

[1] 彭树智：前揭书，第 363 页。

[2] 沙伊斯塔·瓦哈卜、巴里·扬格曼：前揭书，第 199 页。

[3] Defense Intelligence Agency, " Iranian Support to the Afghan Resistance ", Jul. 11, 1985. *The September 11th Sourcebooks*. Volume II: Afghanistan Lessons from the Last War. Part 2. U.S. Analysis of the Soviet War in Afghanistan: Declassified.

[4] Ronald Reagan, " Statement Following a Meeting With Leaders of the Afghan Resistance Alliance ", Jun. 16, 1986. *The American Presidency Project*.

实上，苏联出兵阿富汗就有出于维护其中亚安全的考虑。里根政府试图将战争祸水从阿富汗向北引入苏联境内的计划可以说是直刺苏联的要害，这是一个非常大胆和冒险的计划，执行起来不能不异常谨慎。美国中央情报局局长凯西是这一计划的主要策划者和推动者，中央情报局和巴基斯坦三军情报局具体负责实施这一秘密计划。凯西最早在 1981 年初就同沙特阿拉伯情报机构首脑讨论了向苏联中亚地区进行渗透的计划，但最初的计划还只是局限于非军事行动方面。

1983 年初，凯西向里根提出把战争引向苏联内部的建议，这个建议得到里根的赞成。里根政府一位高官对此回忆道，"总统和凯西决心要让苏联为其在阿富汗所发动的充满兽性的战争付出巨大的代价，包括将战争引向苏联自己内部的可能性"[1]。在凯西看来，阿富汗北部人民与苏联中亚地区人民的共同之处，比他们与南部人民的共同之处还要多，"苏联的民族关系不堪一击。它是最后一个多民族帝国，终究会面临民族关系紧张的挑战。阿富汗北部地区是通向苏联中亚地区的一个跳板"。他在 1984 年初同巴基斯坦情报机构首脑的会谈中明确指出，中亚"这个地区是苏联柔软的下腹部。我们应该向这个地区偷运印刷品，以鼓动这里的人民对苏联的不满情绪。然后，我们应该运送武器，以鼓励当地人民发动起义"[2]。为此，中央情报局出资印刷了上万册包括《古兰经》在内的书籍以供在中亚地区散发，还为阿富汗游击队购买了数百艘橡皮艇，供他们渡过苏联和阿富汗的界河阿姆河，向苏联境内运送游击队员和印刷品。有了来自中央情报局和巴基斯坦情报机构的大力支持，阿富汗游击队从 1986 年下半年开始加强了把战争引向苏联中亚地区的破坏活动。一方面，他们利用中央情报局提供的火箭弹等武器在阿富汗北部直接向苏联境内进行射击，另一方面，他们直接越过边境在苏联境内发动攻击和破坏行动，如攻击苏联的边境哨所和机场等军用设施、埋设地雷、拆除输电线、攻击水电站等民用设施。1986 年12 月初，大约 30 名阿富汗游击队员乘坐橡皮艇渡过阿姆河，对苏联塔吉克斯坦共和国的两座水电站进行了攻击，他们在途中还捣毁了苏联的两个哨所。而且在这次攻击行动中，有 18 名苏联军队的穆斯林士兵倒戈加入了抵抗组织。阿富汗游击队的攻击使水电站设施遭到严重的破坏，使得该共和国的居民断电好几周。[3] 阿富汗游击队对苏联中亚地区的直接攻击威胁着苏联的领土完整和社会稳定，使苏联政府意识到

[1] [美] 彼得·施魏策尔：前揭书，第 173 页。

[2] [美] 彼得·施魏策尔：前揭书，第 201—202 页。

[3] [美] 彼得·施魏策尔：前揭书，第 302 页。

战争正在向苏联境内蔓延的严峻形势，这也是导致苏联最终从阿富汗撤军的一个重要因素。然而，美国试图将战争引向苏联的秘密计划并没有得到大规模实施，这正是美国在援助阿富汗抵抗运动时一直坚持的原则，即避免过度刺激苏联，绝不同苏联发生直接冲突。如果美国支持阿富汗游击队在苏联中亚地区开展大规模攻击，煽动当地穆斯林发动反政府暴乱，那么苏联势必会进行报复，美苏直接冲突在所难免。正是出于这样的担心，美国不愿意向阿富汗游击队提供苏联境内打击目标的卫星照片，最终还是从将战争引入苏联的秘密行动中退缩了。总之，美国对阿富汗游击队攻击苏联的行动既给予支持和援助，又尽量控制攻击行动的规模和后果，这是由美国援"叛"抗苏政策的基本框架决定的。

（三）里根政府对阿富汗政策的影响

里根政府任期内始终坚持在阿富汗推行援"叛"抗苏政策，使美国不仅实现了削弱和击溃苏联在阿富汗的势力，而且还以苏联深陷阿富汗战争为契机加速推动苏联的崩溃和解体，从而取得了对苏冷战的胜利。里根政府对阿政策的目标基本达到：使苏联在阿富汗付出巨大的代价，迫使苏联撤军，阿富汗恢复主权独立。

第一，在一定程度上导致苏联最终从阿富汗撤军，使苏联失去了阿富汗这个战略基地。美国自始至终都是支持和援助阿富汗抵抗运动的主要力量，以至于阿富汗的抗苏圣战也被认为是里根的圣战。里根政府上台后不仅继续援助阿富汗抵抗运动，而且援助的规模和力度都大大超过了卡特政府，援助阿富汗抵抗运动成为里根主义指导下美国在第三世界开展的一项大规模隐蔽行动，更被认为是中央情报局"历史上最大规模的秘密行动"[1]，美国深深卷入苏联侵阿战争中并持续到苏联撤军后。毫无疑问，如果没有来自美国主导的军事援助，阿富汗抵抗力量其实是难以长期和苏联抗衡的，而美国等国对抵抗力量的援助也一直遭到苏联和阿富汗政府的指责。在1983 年 3 月 10 日的苏共中央政治局会议上，苏共总书记安德罗波夫说道："解决阿富汗问题，我们应该从现在的实际出发……美帝国主义在这里向我们挑战，他们清楚地懂得，他们在国际政治上在这个地区输掉了自己的阵地。因此我们不能放弃不管。"[2] 事实上，苏联出兵阿富汗的借口之一就是帮助阿富汗政府抗击外来干涉，美

---

[1]　[巴基斯坦] 伊夫提哈尔·H·马里克：《巴基斯坦史》，张文涛译，中国大百科全书出版社 2010 年版，第 178 页。

[2]　沈志华：《苏联历史档案选编》（第 32 卷），社会科学文献出版社 2002 年版，第 765 页。

国对阿富汗抵抗运动的援助反过来成为苏联继续占领阿富汗、拒不撤军的理由。即便如此，里根政府非但没有减少或终止对阿富汗抵抗运动的援助，反而一再扩大援助和支持力度。

在具有强烈反苏、反共意识形态的里根看来，阿富汗抵抗力量就是自由战士，他们反抗苏联的侵略正是为了捍卫自己国家的自由和独立权利，因此向"为自己的国家而战，不希望成为一个卫星国"的阿富汗人提供武器[1]，成为里根总统在任期间不变的政策。援助阿富汗抵抗运动不仅仅是里根政府内部的基本共识，也得到了美国民众和公共舆论的普遍支持。在美国政府内部，围绕援助抵抗运动产生的争论和分歧，主要不是要不要援助的问题，而是怎样援助的问题。虽然在美国国务院和国会中也有个别声音认为阿富汗抵抗运动不可能打败苏联，美国的援助难有成效，甚至可能会招致苏联的报复，但由于政府核心决策层的坚持，美国对阿富汗抵抗运动的援助从未中断且援助规模不断增加。美国往往把苏联从阿富汗撤军看作是里根主义的胜利。美国有评论就认为，"苏联在阿富汗的失败，是里根主义的功劳。事实证明，里根主义是西方对付苏联 70 年代扩张的一种费用极低廉的方式。它使得苏联的新前哨基地成为耗资很大的不利因素"[2]。不过，必须要指出的是，苏联从阿富汗撤军根本上是由于阿富汗人民长期英勇抵抗的结果，阿富汗人民战胜超级大国苏联再次证明了阿富汗是"帝国坟墓"的说法。阿富汗抵抗运动的胜利也是国际力量援助的结果，虽然美国是援助阿富汗抵抗运动的主力军，但巴基斯坦、伊朗、沙特阿拉伯以及中国等很多国家也都在其中发挥了重要的作用。

第二，阿富汗恢复了主权独立，人民民主党的统治受到严重削弱。[3] 冷战后期美国对阿政策的目标是使阿富汗恢复独立和不结盟的地位。苏联从阿富汗撤军，结束了对阿富汗近 10 年的占领，这就使阿富汗的主权独立得以恢复。不过作为阿富汗合法政府的纳吉布拉政权仍然严重依赖苏联的援助，因此阿富汗的中立、不结盟外交政策并没有因为苏联撤军而得以恢复。同时，以抵抗运动为主体的阿富汗反政府武装力量在抗苏战争期间不断发展壮大，为推翻纳吉布拉政权奠定了物质基础，阿富汗的共产主义时代行将结束。总的来看，里根政府对阿政策的推行使阿富汗恢复了主权独立，但由于苏联撤军后阿富汗继续陷入内战和军阀混战状态，因此缺少一个

---

[1] 刘温国、郭辉：前揭书，第 217 页。

[2] 张士智、赵慧杰：前揭书，第 439 页。

[3] 1990 年 7 月，阿富汗人民民主党更名为阿富汗祖国党。

强有力的中央政府的阿富汗自然就谈不上推行中立外交了。

第三，使苏联陷入侵阿战争的泥潭，客观上加速了苏联的衰落，推动了苏联的解体和冷战的结束。由于以美国为主的国际力量对阿富汗抵抗运动坚持提供援助，阿富汗成为了苏联的"越战"——以至于"贫穷的阿富汗人在战斗中除了生命之外再也没有可以失去的东西，而苏联却输掉了一切"。[1] 里根政府成功地利用阿富汗问题对苏联进行施压，给苏联制造更大的麻烦，使苏联为侵略和占领阿富汗付出了巨大的代价：多年来，美国主导国际舆论谴责苏联对阿富汗的侵略，置苏联于不利的国际道义境地，苏联的国际名声和形象大大受损；苏联长期陷入侵阿战争的泥潭，造成了严重的人员伤亡和经济损失，进一步加剧了苏联内部的社会经济矛盾。据苏军政治部公布的数字，苏军在战争中共伤亡 4.8 万多人。西方估计，苏联在战争中的支出为每年 25 亿美元，直接经济损失 240 亿—300 亿美元。[2] 仅就战争的结果来看，苏联是最终的失败者，美国显然是阿富汗这个美苏冷战战场上的胜利者。"美国的阿富汗战略对结束冷战和摧毁苏联发挥了作用。"[3] 在里根这位美国历史上反共产主义最为坚决的总统当政 8 年之后，苏联就随之解体不复存在了。苏联的解体固然是多方面因素共同作用的结果，其根源在于苏联的政治经济体制，但外部因素特别是美国和西方对苏推行的政策也在其中发挥了作用。苏联的一些高级官员就认为，"美国在 80 年代的政策成为苏联解体的催化剂"。里根政府的政策"是苏联体制消亡的主要因素"[4]。1983 年 1 月，里根签署国家安全决策指令 75 号文件《美国与苏联的关系》，这是里根当政期间有关美国对苏联的战略与目标的唯一一份总统指令，它表明美国的目标不再是和苏联共存了，而是要改变苏联的体制。美国要通过外部施加压力并利用苏联的内部弱点来逐渐破坏和改变苏联的体制。[5] 在里根政府对苏推行的大战略中，美国对阿富汗政策是其中的重要组成部分。里根政府对阿政策的推行不仅使苏联在阿富汗战场付出了巨大代价，而且客观上加速了苏联解体的步伐。苏联对阿富汗的侵略给苏联的国家统一造成恶劣的影响，这恰好印证了历史学家

[1] 刘伯瘟：前揭书，第 134 页。

[2] 刘温国、郭辉：前揭书，第 431 页。

[3] Carl Brenneman, *op. cit.*, p. 54.

[4] [美] 彼得·施魏策尔：前揭书，绪论，第 1 页。

[5] U.S. Relations with the USSR. National Security Decision Directive, NSDD 75. Jan. 17, 1983. *DNSA*. Item Number: PR01485.

保罗·肯尼迪提出的"帝国的过分扩张"的概念。[1]

　　第四，为以后阿富汗和中东地区陷入极端主义和恐怖主义漩涡埋下了伏笔，也给美国自己创造了难以对付的敌人。这是里根政府对阿政策最大的负面影响，其影响非常深远。进入 90 年代后，美国开始遭到那些曾经获得自己支持的抗苏圣战分子发动的恐怖主义袭击，这不能不说是美国在 80 年代对阿政策推行下的苦果。早在 1984 年，美国传统基金会的一份报告就提醒道，美国应在迫不得已的情况下才能非常谨慎地援助阿富汗抵抗力量中的原教旨主义派别，但美国不应采取那种会促使原教旨主义派别成为主要抗苏势力的援助方案。报告还建议说，美国应尽可能地帮助非原教旨主义派别，它们在阿富汗战场上和难民中都比较活跃，应得到美国的军事、政治和经济支持。[2] 然而事实上，"不论是巴基斯坦，还是西方的消息来源都一致认为阿富汗反对派中原教旨主义势力分得了武器援助中的最大份额"[3]，而原教旨主义者希克马蒂亚尔领导的阿富汗伊斯兰党获得的外来援助远远超过其他各党派，是美国和巴基斯坦扶持的主要对象，据说"获得了中央情报局提供给反抗组织所有援助的 1/3"[4]。不过，正是以希克马蒂亚尔为代表的阿富汗伊斯兰原教旨主义极端分子在苏联撤军后转而反对美国和西方国家，还与恐怖主义同流合污，并且卷入毒品交易和武器走私活动中，这样不但加剧了阿富汗安全形势的恶化，还损害了美国和国际社会的安全和利益。此外，那些抗苏战争期间的"阿拉伯阿富汗人"大都是反美、反西方的伊斯兰极端分子，本·拉登就是其中的一员，这些极端分子因为积极参加抗苏圣战也都得到美国等国的援助和支持。在苏联撤军后，这些"阿拉伯阿富汗人"一部分离开阿富汗，一部分留在阿富汗继续参加抵抗组织的圣战，而他们的斗争茅头也逐渐转向本国政府以及美国等西方国家，中东地区的恐怖主义渐成燎原之势。脱胎于阿富汗抗苏圣战中的恐怖主义不仅是中东地区和国际社会的公害，也直接威胁到美国和西方国家的安全和利益。

　　总之，通过援"叛"抗苏，美国沉重打击了苏联在阿富汗的势力，同时又避免了美国同苏联在阿富汗战场上的直接冲突。仅就冷战后期美国对阿政策的推行来看，

　　[1]　[美] 保罗·肯尼迪：《大国的兴衰》，陈景彪等译，国际文化出版公司 2005 年版，前言，第 36 页。

　　[2]　Daniel Pipes, " Fundamentalist Muslims and U.S. Policy ", *Heritage Foundation Reports,* Aug. 10, 1984.

　　[3]　[俄]A. 利亚霍夫斯基：前揭书，第 257 页。

　　[4]　沙伊斯塔·瓦哈卜、巴里·扬格曼：前揭书，第 195 页。

这一政策基本上是成功的，它实现了美国对阿政策和对苏遏制战略的双重目标。但从长期来看，里根政府对阿政策的影响是非常复杂的，而且其负面影响越来越突出，阿富汗长期陷入原抵抗组织派别间的内战与80年代苏联和美国肆意插手阿富汗事务有根本的联系，而从阿富汗抗苏圣战中发展出来的恐怖主义更与美国在80年代的支持有一定的关系。

本章小结

本章论述了二战结束后的冷战时期美国对阿富汗政策的演变。从根本上来说，这一时期美国对阿富汗政策乃是基于冷战背景下美国为遏制苏联而制定的，其政策目标在于确保或恢复阿富汗的独立和中立地位。冷战时期美国对阿政策的演变历程可以分为两个阶段：在冷战前中期，美国以对阿富汗提供经济援助为主，与苏联在阿富汗争夺影响力，以确保阿富汗的外交中立和主权独立。这一时期，美国与苏联在援助阿富汗问题上既有竞争又有合作，但美国对阿富汗的援助远远少于苏联的援助，导致苏联在阿富汗的势力逐渐坐大，埋下了以后苏联入侵和控制阿富汗的种子；在冷战后期，美国积极向阿富汗的叛乱武装亦即伊斯兰圣战组织提供包括武器弹药在内的全方位援助，借抵抗力量之手对抗入侵阿富汗的苏军和在苏联扶持下的阿富汗政府，以恢复阿富汗的独立和中立地位并使苏联为其侵略阿富汗付出代价。就当时来看，美国的援"叛"抗苏政策是非常成功的，但也存在很大的隐患，80年代以来阿富汗和伊斯兰世界极端主义和恐怖主义力量的发展壮大在很大程度上就是这一时期美国对阿政策的短视造成的。

第三章　90 年代的美国对阿富汗政策

从 1989 年 2 月苏联从阿富汗完全撤军至 2000 年，亦即整个 90 年代，美国对阿富汗问题的关注度都较低。阿富汗在美国外交政策的议程中一直处于边缘化的地位，可用"退出"和"观望"两词来概括此时期美国对阿富汗政策的基本特征。这与前面 80 年代美国对阿富汗事务高度重视和深度卷入呈现出鲜明的反差。整个 80 年代，美国都积极参与阿富汗事务，无论是援"叛"抗苏还是寻求政治解决途径，美国都是阿富汗事务最重要外部参与者之一。但 90 年代美国对阿富汗政策的内容空洞贫乏，推行起来也相当无力，甚至可以说"20 世纪最后 10 年，美国对阿富汗几乎没有连贯的政策，只是就事论事，甚至相互矛盾"[1]。连阿富汗人都"感觉到在冷战结束时他们就已经被美国抛弃了"[2]。具体而言，1992 年前美国虽然继续援助阿富汗抵抗力量但已呈现出退出姿态，并在 1992 年纳吉布拉政权垮台后从阿富汗抽身而退，1995 年后美国在总体持观望态度的同时又在一定程度上重新关注阿富汗，其对阿富汗政策经历了从间接支持塔利班到反对塔利班的变化。阿富汗逐步沦为极端主义和恐怖主义的大本营，"9·11"事件与这一时期美国对阿富汗的长期忽视不无关系。

第一节　90 年代前半期的美国对阿富汗政策

90 年代前半期，也就是从 1989 年 2 月苏联从阿富汗完全撤军至 1995 年这段时期，美国对阿富汗的关注度日趋降低直至几乎从阿富汗事务中完全退出。苏联从阿

---

[1] 王凤：前揭书，第 345 页。

[2] U.S. Department of State, Cable, " Pak Foreign Minister Asks U.S. Cooperation on Afghanistan ", Feb. 21, 1996. *The September 11th Sourcebooks.*

富汗完全撤军时恰逢美国政府换届。新上任的老布什总统在继续援助阿富汗抵抗力量的同时，也寻求政治解决苏联撤军后遗留下的阿富汗政府组建问题，这与里根时期美国在该问题上的强硬态度有明显的不同。此外，随着苏联从阿富汗的完全撤出特别是在 1992 年纳吉布拉政权垮台后，美国对参与阿富汗事务日益表现出退出的倾向，并且逐渐抛弃了其长期支持的原抵抗组织。1993 年上台的克林顿政府也基本延续了不卷入阿富汗事务的退出政策。1995 年后，克林顿政府才逐渐调整退出政策，有限度地关注起阿富汗事务。20 世纪 90 年代前半期，美国在阿富汗事务上基本奉行退出政策的原因在于，苏联在阿富汗影响力的下降和消失使阿富汗对于美国而言不再具有 80 年代的那种战略重要性，阿富汗原抵抗力量各派别之间纷乱复杂的冲突以及伊斯兰原教旨主义和极端主义因素的上升使得美国急于摆脱阿富汗这个"烂摊子"，新成立的以非普什图人为基础的拉巴尼政权也难以成为美国支持和扶助的对象。

一、美国对阿富汗政策从援"叛"到退出

1988 年 4 月的日内瓦协议为苏联从阿富汗撤军铺平了道路，但"仓促签就的日内瓦协议恰恰在军援问题上留下了致命的空白"，"美苏双方并没有就停止向各自支持的一方提供军援的问题达成一致意见"。[1] 由于日内瓦协议相关各方未能就阿富汗的政治前途尤其是阿富汗新政府的组建问题达成一致和做出强有力的安排，阿富汗抵抗力量也不承认这一协议的有效性，美苏双方又承担了继续援助阿富汗交战双方的义务，这是阿富汗在苏联撤军后很快陷入内战的重要根源。随着苏联从阿富汗撤军的完成，新上任的老布什政府也开始对其前任里根政府的阿富汗政策进行了一定的调整，在维持援"叛"政策的基本框架下也积极寻求政治解决阿富汗问题。在纳吉布拉政权垮台以前，老布什政府对阿政策的基本目标就是致力于在阿富汗建立一个中立、温和且有广泛代表性的新政府。然而，在苏联撤军完成后尤其是纳吉布拉政权垮台后，美国对阿富汗事务的关注热情和参与力度远不如前，对原抵抗组织的态度也逐渐转为冷淡，美国对阿政策走向退出阶段，这一阶段持续到 90 年代中期，此后克林顿政府虽然转向重新关注阿富汗事务，但 90 年代后期的美国对阿政策仍然呈现出不卷入和观望的基本特征。

---

[1] 董漫远：《阿富汗和平前景的隐患》，载《世界知识》1988 年第 14 期，第 22 页。

（一）老布什政府的对阿富汗政策

1. 老布什政府最初延续以援"叛"为主的对阿富汗政策

1989年2月15日，最后一批苏联军队从阿富汗撤出，这标志着自1979年12月以来苏联对阿富汗长达近10年的军事入侵终于结束，但阿富汗的战争并没有结束，纳吉布拉政权和抵抗力量之间很快就爆发了内战。"苏联在撤军前后，给喀布尔政权留下了价值约10亿美元的武器装备和军事设施，并以第二次世界大战后世界最大规模的空运行动继续提供各种新式武器（如飞毛腿导弹）和经济援助"，"此外，约有300名苏联军事顾问留下了帮助喀布尔军队操纵先进装备"。[1]据估计，1989年2月以后苏联每年提供的军援和经援为30亿—50亿美元，达到苏军在阿时的军费规模，而美国对阿富汗游击队的军援为每年6亿美元。[2]与苏联对纳吉布拉政权的援助相比，美国对抵抗力量的援助可谓是相形见绌。苏联在撤军后仍然大力支持纳吉布拉政权，目的在于巩固这一亲苏政权，保持苏联在阿富汗的影响力，至少使纳吉布拉政权在未来新的阿富汗联合政府组建的权力分配中能占有重要席位。

老布什政府继续援助抵抗力量的目的是希望借抵抗力量之手加速纳吉布拉政权的垮台，以清除苏联在阿富汗的影响，建立一个中立、温和的阿富汗联合政府。不过考虑到阿富汗实际的军事僵局以及抵抗力量内部的矛盾重重和其社会基础的相对狭窄，老布什政府在援"叛"的同时也开始调整对阿政策，逐渐倾向于政治解决的方式，对援助抵抗力量的态度也日趋冷淡。

1989年1月20日，老布什就任美国总统。之后在新闻发布会上表示，在苏联从阿富汗撤出后，美国对帮助创造阿富汗的稳定将起到催化作用，他同时也承认这并非易事。[3]1989年2月13日，老布什签署了总统国家安全指令（NSD）3号文件《美国对阿富汗政策》，成为老布什政府前期美国对阿富汗政策的纲领。依此，老布什政府前期美国对阿富汗政策内容有以下这些：

其一是目标：①"鼓励建立一个稳定的、代表阿富汗人民的、对阿富汗人民负

---

[1] 彭树智：前揭书，第364—365页。

[2] 美国驻游击队临时政府特使答记者问，参见香港《亚洲华尔街日报》1990年4月19日。

[3] George Bush, " The President's News Conference ", Jan. 27, 1989. *The American Presidency Project.*

责的阿富汗政府"；②"支持和平的政治更替，以推动阿富汗的重建和恢复以及邻国境内阿富汗难民的回归"。[1]

其二是措施：①"与巴基斯坦合作，美国应该利用它的影响力和资源去推动抵抗力量的团结；推动和平的政治更替，而不是支持任何个人或派别；避免爆发内战；阻止出现一个亲苏的、亲伊朗的或伊斯兰原教旨主义的新阿富汗政府。"②"美国应该向苏联申明，2 月 15 日以后苏联对阿富汗境内目标的轰炸将被视为对日内瓦协议的严重违背，这将影响到更广泛的美苏关系。"③"如果苏联主动将目标集中在要求美国切断对抵抗力量的援助或就政治更替进行合作，美国应该做好与之磋商的准备，但在苏联支持的阿富汗政府倒台前，美国不应采取任何会限制自己选择权的行动。同时，要使苏联放心，美国寻求的是在阿富汗建立一个中立的、不结盟的且对苏联没有敌意的政府。"④"与巴基斯坦和抵抗力量合作的、由美国国际开发署或美国政府其他部门监管的人道主义项目应该继续。美国应该支持联合国向阿富汗运送食物的人道主义行动，只要这种努力是全国性的，并且是与抵抗力量合作或在其默许下实施的。"⑤通过巴基斯坦每年继续向阿富汗抵抗力量提供 7 亿元的美国援助。

NSD3 号文件阐明了苏联撤军后老布什政府对阿政策的基本思路，即通过援助抵抗力量的军事行动或可能的政治磋商两种方式，旨在建立一个中立、温和并有广泛代表性的阿富汗联合政府。对于美国而言，新的阿富汗政府即便不是亲美的，但至少应是中立的、不结盟的，绝不能是亲苏的、亲伊朗的或者反美的伊斯兰极端主义性质的政权。NSD3 号文件还显示出，美国虽然会继续援助和支持抵抗力量，但正如文件所说的"不支持任何个人或派别"，说明它对抵抗力量的援助已开始有些许保留，这既是美国为寻求政治解决阿富汗问题铺路，也反映出它对抵抗力量缺乏信任。因此，美国并没有承认白沙瓦七党联盟在苏联撤军后主导成立的阿富汗临时政府，因为该政府不仅内部各派别四分五裂，而且缺少广泛的代表性，还有着强烈的伊斯兰原教旨主义色彩。

在苏联从阿富汗全部撤军的第二天，老布什接受记者提问时表示：美国呼吁苏联停止在阿富汗事务上制造干扰，希望苏联慷慨地支持国际社会重建阿富汗的努力；

---

[1] U.S. Policy Toward Afghanistan. National Security Directive, NSD 3. Feb. 13, 1989. *Intelligence Resource Program*.

美国希望阿富汗各派系能就创造一个和平的、不再有大屠杀的阿富汗提出建议并达成一致。他还针对苏联提出的在阿富汗实现停火和武器禁运的要求表态道，美国关注苏联在阿富汗留下的大量武器装备，苏联要求切断对抵抗力量的援助，这是不公平的，将会导致阿富汗政府和抵抗力量之间出现不可接受的力量失衡。[1] 很显然，由于苏联在阿富汗留下大量武器装备和继续援助纳吉布拉政权，美国是不会轻易放弃对抵抗力量的支持的，美国援助抵抗力量不仅是要在阿富汗对立双方间维持力量平衡，更是为了实现推翻纳吉布拉政权的目标。1989年3月18日，老布什签署国家安全指令5号文件，主题是"授权向美国国际开发署调拨资金以支持对阿富汗的人道主义援助"，文件指出：苏联撤军后，可以预期未来一段时间内阿富汗傀儡政权将会倒台，对于阿富汗的重建和恢复以及一个合法的阿富汗政府的成立而言，人道主义援助都是至关重要的。国会应批准对阿富汗的人道主义援助并授权向国际开发署调拨资金和其他资源，政府其他部门应该支持国际开发署的工作。[2]

1989年6月，巴基斯坦总理贝·布托访美，美巴双方确认继续支持抵抗力量争取阿富汗人民自决权的斗争，鼓励政治解决阿富汗问题。老布什在和贝·布托会谈后发表谈话说：当最后一批苏联军队撤出阿富汗时，美国和巴基斯坦采取的共同政策被证明是有成效的，"然而，我们一致认为，任务并没有结束。穆斯林游击队为实现民族自决的斗争仍然在进行，美国和巴基斯坦都会继续支持这一斗争目标"。美国和巴基斯坦致力于推动在阿富汗"建立一个不结盟的、有代表性的、与邻国和平相处的政府，以取代喀布尔的非法政权"，贝·布托也表示"巴基斯坦仍然致力于阿富汗问题的政治解决"。[3] 此次美巴领导人会晤使双方在苏联完成撤军后首次就政治解决阿富汗问题达成一致，这也反映出美国对阿政策正逐渐趋向于政治解决的方式，虽然美国仍然继续向阿富汗抵抗力量提供援助。以至于有评论认为美国和巴基斯坦准备推行新的阿富汗政策，选择政治解决意味着对阿富汗抵抗力量的抛弃。参议员戈登·汉弗莱（Gordon J. Humphrey）在美国众议院外交事务委员会作证时批

---

[1] George Bush, " Remarks on Afghanistan and a Question-and-Answer Session With Reporters ", Feb. 16, 1989. *The American Presidency Project.*

[2] Legislation to Authorize the Transfer of Funds to the Agency for International Development (Aid) For Humanitarian Assistance to Afghanistan. National Security Directive, NSD 5. Mar. 18, 1989. *Intelligence Resource Program.*

[3] George Bush, " Remarks Following Discussions With Prime Minister Benazir Bhutto of Pakistan ", Jun. 6, 1989. *The American Presidency Project.*

驳了这种看法，他认为美国和巴基斯坦提出的政治解决方式并不是新的，因为美国长期坚持的政策就是要寻求政治解决，使用军事手段恰恰就是为政治途径提供保证。[1]同年 7 月，老布什发布 5996 号公告，他宣称"在阿富汗，苏联占领的噩梦般的日子已经结束，阿富汗人民的自决要求正接近现实。不幸的是，要彻底结束阿富汗人民长期遭受的折磨仍然遥遥无期。喀布尔的傀儡政权仍然继续代理战争，破坏他们饱受战争蹂躏的家园"[2]。老布什的态度表明，美国依然将纳吉布拉政权视为苏联的傀儡和代理人。即便美国寻求政治解决的方式，也不会容许这个政权继续存在或参加新组建的阿富汗政府。

总之，老布什政府初期延续了里根政府的援"叛"政策，致力于推翻仍然受到苏联援助和支持的纳吉布拉政权，一方面继续援助抵抗力量，另一方面通过巴基斯坦向抵抗力量施加影响，为寻求政治途径创造条件。

2. 老布什政府对阿政策的调整

从 1989 年下半年开始，老布什政府的阿富汗政策发生了明显的变化，无论是在援"叛"问题还是在寻求政治途径方面。一方面，美国不再向原教旨主义的抵抗组织派别提供援助，而只援助阿富汗的地方游击队武装，特别明显的转变是，美国逐渐冷淡和抛弃了长期以来扶持的希克马蒂亚尔派别；另一方面，美国对政治解决阿富汗问题的兴趣渐浓，而对采用军事手段推翻纳吉布拉政权的热情逐渐降低，美国和苏联就阿富汗问题多次进行富有一定成效的磋商，对联合国调解阿富汗问题的努力也给予了积极支持。正如美国一位官员所说，"阿富汗战争是五六场'里根主义战争'中的一场，新上台的老布什政府急切地想结束它"[3]。老布什政府已不像里根政府那样热情地专注于阿富汗事务。

1989 年 9 月，老布什政府的援"叛"政策从过去援助白沙瓦的七党联盟改为直接援助阿富汗战场上政治发言权不断增长的战场游击队，同时老布什政府派代表会晤了在意大利罗马流亡的前国王查希尔，希望由查希尔出面组建阿富汗新政府。长

[1] Statement of Senator Gordon J. Humphrey before the House Foreign Affairs Committee. Testimony, Jun. 14, 1989. *DNSA*. Item Number: AF02292.

[2] George Bush, " Proclamation 5996 – Captive Nations Week, 1989 ", Jun. 6, 1989. *The American Presidency Project*.

[3] Bill Keller, *State Building, Security, and Social Change in Afghanistan, Reflections on a Survey of The Afghan People,* Washington, D.C.: Asia Foundation, 2008, pp. 28–32.

期以来，美国对阿富汗抵抗力量的援助物资主要是通过巴基斯坦来分配的，由于美国尤其是巴基斯坦的偏爱，大部分援助物资都落到了七党联盟中的原教旨主义派别手中，其中希克马蒂亚尔和萨亚夫领导的两个派别获利最多。然而，老布什政府在苏联撤出阿富汗半年后就调整了援助对象。中央情报局通过向巴基斯坦政府施压迫使巴同意美国向单独的阿富汗战场游击队直接发放援助，美国也切断了对希克马蒂亚尔和萨亚夫派别的补给。同年12月，在沙特阿拉伯和巴基斯坦的支持下，希克马蒂亚尔秘密联络纳吉布拉政权的国防部长，试图发动政变，里应外合夺取政权，"组建一个'人民派—伊斯兰党联合政府'，激进的共产主义者和激进的伊斯兰主义者合作，连接他们的唯一纽带是，他们都属于吉尔扎伊普什图人"，然而由于"美国怂恿其他穆斯林游击队停止对他们的支持"等原因，这次政变以失败告终。[1] 老布什政府对以希克马蒂亚尔为代表的原教旨主义派别态度的转变表明，苏联从阿富汗撤出后，原教旨主义抵抗组织力量的壮大及其未来有可能主导阿富汗新政府的组建已不符合美国的利益，由此政治解决方式愈加受到老布什政府的重视。

从支持抵抗力量推翻纳吉布拉政权到逐渐转向重视政治方式解决阿富汗问题，这是老布什政府前期对阿政策的重大调整。老布什政府转向重视政治途径的主要基于它对纳吉布拉政权前景黯淡的判断。美国驻阿富汗抵抗组织的特使彼得·汤姆森（Peter Tomsen）于1989年7月在众议院专责委员会作证时表示，"时间在抵抗力量一边，它将会获胜。阿富汗人民拒绝接受由强大的北方邻国扶持的纳吉布拉政权，这个政权最终会遭到同样的命运，就像过去几百年来由外部势力操控上台的阿富汗政权那样"。他还进一步展望美国政策的前景说道："我们对美国致力于政治解决同时继续支持抵抗力量的政策充满信心，只要我们对这一事业保持耐心和执着，这一政策将会取得成功。"[2] 同年11月，美国中央情报局的一份情报评估文件也指出，"喀布尔政权是脆弱、不受欢迎的，而且已四分五裂"，"战争已处于僵局状态"，该文件断言："打破僵局的方式是改变外国援助的模式：美国单边切断对抵抗力量的援助将会改变军事平衡，有利于喀布尔政权，使它在政治安排中处于优势；苏联单边切断对喀布尔政权的支持将对该政权造成毁灭性的影响；美苏共同切断援助会

---

[1] 沙伊斯塔·瓦哈卜、巴里·扬格曼：前揭书，第214页。

[2] Testimony of Ambassador Peter Tomsen before the House of Representatives Select Committee on Hunger. Jul. 27, 1989. *DNSA*. Item Number: AF02303.

不受抵抗力量的欢迎，但这将给喀布尔政权造成更大的危害。"[1]1990 年 2 月，美国甚至同意在阿富汗过渡阶段初期纳吉布拉仍可担任名义上的总统，而竞选期间由中间派人物控制政府。之后，美国接受了苏联的修改方案，同意纳吉布拉在选举期间继续保留总统职务，但坚持他必须把对军队和情报机关的控制权交给一个基础广泛的选举委员会。[2] 美国除了与苏联就阿富汗问题的政治解决进行协调外，还支持联合国调解阿富汗问题的努力。1989 年 11 月，联合国第 44 届大会通过一项关于阿富汗问题的决议，决议"要求所有有关各方努力紧急设法达成全面政治解决办法、停止敌对行动，并创造必要的和平与正常环境，使阿富汗难民能安全和体面地自愿回返家园；强调阿富汗必须早日开始内部对话，以期建立一个基础广泛的政府，确保得到所有各部分阿富汗人民的最广泛的支持和直接参与"[3]。此后，联合国第 45 和 46 届大会也都通过了类似的决议。1991 年 5 月，联合国秘书长德奎利亚尔提出一个阿富汗和平计划，呼吁各方停火、停止运输武器及由过渡政府引导大选。[4] 对于联合国政治解决阿富汗问题的一系列努力，美国都给予了支持和认可，苏联、巴基斯坦和伊朗等重要相关方也都表达了相同的立场。

苏联"八一九"事件后，面对国内更加动荡混乱的政治社会形势以及叶利钦日趋强劲的权力争夺，戈尔巴乔夫只能关心自己的命运和苏联的前途，对外政策方面再也无心、无力支持摇摇欲坠的纳吉布拉政权。苏联对阿政策的转变为政治解决阿富汗问题创造了极其有利的条件，也符合美国的意愿，老布什政府借此彻底改变了对阿富汗抵抗力量的援助政策。1991 年 9 月，美国和苏联签订协议，宣布从 1992 年 1 月 1 日起，停止向阿富汗交战双方提供军事援助。[5] 此举不仅填补了"日内瓦协议"留下的空白，而且标志着美苏在阿富汗长达近半个世纪的竞争宣告结束，也说明两个超级大国同时抛弃了各自长期支持的力量。

美国和苏联达成同时停止援助的协议，既是美国为寻求政治解决创造条件，也

---

[1] Central Intelligence Agency, Special National Intelligence Estimate 37-89, " Afghanistan: The War in Perspective ", Nov. 1989, *The September 11th Sourcebooks*. Volume II: Afghanistan Lessons from the Last War. Part 2. U.S. Analysis of the Soviet War in Afghanistan: Declassified.

[2] 彭树智：前揭书，第 367 页。

[3] 联合国大会第四十四届会议：《阿富汗局势及其对国际和平与安全的影响》，代号 A/RES/44/15，1989 年 11 月 1 日。

[4] 沙伊斯塔·瓦哈卜、巴里·扬格曼：前揭书，第 215 页。

[5] 刘云：前揭书，第 149 页。

是美国基于纳吉布拉政权前景黯淡这一判断采取的行动。老布什政府认为，没有苏联援助的纳吉布拉政权势必会迅速垮台，而由联合国主导的政治进程正逐步推进，因此未来阿富汗将会出现一个如美国所愿的政府。以后的事实证明，无论是停止援助阿富汗抵抗力量，还是寻求阿富汗问题的政治解决，都是美国逐渐退出阿富汗的初步表现，更为美国对阿政策步入退出阶段创造了必要条件。不过，正是由于老布什政府在其任期前三年内继续坚持援"叛"政策，加上来自苏联援助的消失，纳吉布拉政权的垮台命运就被注定了。

总结老布什政府对阿富汗政策的影响，可以概括为两点：其一是坚持援助阿富汗的反纳吉布拉政权力量有助于加速这一政权的垮台，终结了阿富汗十多年的共产主义统治；其二是开启了美国对阿政策的退出阶段，导致整个 20 世纪 90 年代美国对阿富汗都缺乏重视，是此后阿富汗长期陷入内战并成为极端主义和恐怖主义渊薮的重要外因。

（二）美国对阿富汗政策步入退出阶段

1989 年 1 月，老布什政府刚刚上台就关闭了驻阿富汗大使馆，直到 2002 年 1 月美国才重开大使馆。老布什政府选择在苏联军队完全从阿富汗撤出前就关闭大使馆，这主要是因为阿富汗未来的局势具有不确定性，美国担心使馆人员的安全问题，不过这也成为美国初步打算从阿富汗抽身而退的象征。1992 年初，伴随苏联解体而独立的俄罗斯停止对纳吉布拉政权的军事援助和食品、燃料供应，并撤回在阿的军事顾问。美国和巴基斯坦则切断了对抵抗力量的所有援助，美国还加快了收回在阿富汗的"毒刺"导弹的步伐，这一行动在苏联从阿富汗撤出后就已经开始。不仅如此，美国对阿富汗的民间援助也逐步取消。1992 年 4 月，纳吉布拉政权垮台。在联合国和巴基斯坦的斡旋下，阿富汗抵抗力量各派别在白沙瓦达成协议，成立临时委员会并接管阿富汗政权，"阿富汗伊斯兰国"宣告成立。对于阿富汗形势的变化，老布什表态道："我们欢迎阿富汗取得进展的迹象。联合国秘书长加利已经宣布了一个产生临时政府的公正的过渡进程。我们长期以来支持阿富汗问题的政治解决。"[1]同年 6 月，拉巴尼接任临时总统并于年底被推选为正式总统。不过伴随旧政权垮台

---

[1]　George Bush, " The President's News Conference ", Apr. 10, 1992. *The American Presidency Project.*

而来的是抵抗组织各派别之间爆发的激烈内战，这场内战一直延续到 2001 年塔利班政权垮台才告结束。在临时委员会基础上成立的拉巴尼政权内部依然是矛盾重重，阿富汗国内政治武装派别彼此之间对立严重，不断发生着分化组合。不同地区、民族和教派的地方实力派军阀拥兵自重，为争夺地盘和中央权力相互之间冲突频仍，阿富汗进入所谓的"军阀混战"时期，而拉巴尼政权却没能成为一个强有力的、能对全国实现有效管理和控制的中央政府。不过，新成立的拉巴尼政权获得了联合国、美国和世界上大多数国家的承认，具有政治合法性。

然而自纳吉布拉政权垮台后，美国就彻底从阿富汗事务中抽身。美国不仅拒绝在阿富汗抵抗力量之间进行斡旋，以促使各派别就阿富汗政治前途达成解决方案，而且任由盟友巴基斯坦、沙特阿拉伯以及伊朗等国插手阿富汗事务。阿富汗伊斯兰国成立后，美国却取消了自 1989 年起就一直担任美国驻阿富汗抵抗组织大使级特使彼得·汤姆森的职务，而本来他应该顺理成章地成为美国驻阿富汗伊斯兰国的大使，此后美国都没有同阿富汗伊斯兰国建立外交关系。美国虽然承认了拉巴尼政权，但却不愿意支持和援助这个具有政治合法性的阿富汗新政权，更谈不上参与阿富汗国家重建了。最重要的是，美国老布什政府对阿政策已步入实质性的退出阶段，1993年 1 月上台的克林顿政府延续退出政策，对阿富汗事务依然保持不干预、不卷入的旁观态度。从 1990 年代中期开始，克林顿政府又对阿富汗事务给予有限的关注，美国对阿政策开始有所调整。表 3-1 反映的是 1990 年代美国总统关于阿富汗问题的历年公开文件的数量统计情况。本研究以"Afghanistan"为关键词并将时间段限定为 1989—2000 年，对"美国总统项目"中的总统公开文件数据库（Public Papers of the Presidents）进行检索，由此统计出这一时间段内历年总统公开文件的数量。本研究认为，文件数量的多寡可以作为衡量美国总统对阿富汗重视程度的一个有意义的参考标准，由此也可以管窥美国政府对阿政策的演变态势。表 3-1 显示出，从 1992—1997 年，美国总统公开文件涉及阿富汗的数量非常之少，而 1992 年前和 1997 年后的数量则较多。这也大致反映了美国在 90 年代中期对阿富汗的关注度较低，参与阿富汗事务的力度比较有限，说明美国对阿政策处于典型的退出阶段。

表 3-1　1989—2000 年美国总统涉及阿富汗公开文件的数量统计（单位：份）

年份	1989	1990	1991	1992	1993	1994	1995	1996	1997	1998	1999	2000
数量	23	4	8	8	2	4	4	4	2	18	17	10

（说明：本表系根据对美国总统项目中的总统公开文件数据库进行检索和数量统计而得出的结果。）

相较于对抵抗力量提供军事和经济援助，老布什政府转向重视政治解决阿富汗问题本身就表明它对阿富汗事务的干预力度在下降，美国对阿政策开始步入退出阶段。其实，美国退出阿富汗并非始自纳吉布拉政权垮台后，在苏联从阿富汗撤出后美国就已经显露出退出的迹象。2001 年"9·11"事件后，美国以军事力量为凭借又大举重返阿富汗，阿富汗问题再次成为美国外交政策的重点。如果将整个 90 年代美国对阿富汗的重视程度与此前和此后两个时期相比，那么用"退出"和"观望"两个词来概括这一时期美国对阿政策的基本特征可能是最恰当不过了。

二、美国退出阿富汗的原因和影响

从老布什政府开始，90 年代的美国对阿富汗政策表现出明显的退出特征。就老布什而言，"尽管他曾任职里根总统的副总统两届任期，但他并没有带来如何在阿富汗推进的固定不变的眼光"[1]，美国对阿富汗的兴趣在 1992—1995 年降至自 80 年代以来的最低点。其实所谓"退出阿富汗"，指的是美国对阿富汗的兴趣以及卷入阿富汗事务的程度急剧降低，呈现出抽身而退的特征。

如前所述，美国退出阿富汗的表现可以总结为：老布什政府在苏联撤军后对阿富汗的关注度就有所下降，在援"叛"的同时又逐渐转向重视阿富汗问题的政治解决，并且对援"叛"行动本身也做了较大的改变，更逐渐放弃了对希克马蒂亚尔等原教旨主义派别的支持；纳吉布拉政权垮台后，美国几乎从阿富汗完全退出，对阿富汗相关问题基本上持不闻不问的旁观态度，任由阿富汗国内局势的恶性演变；美国对阿富汗的新政府拉巴尼政权也持冷漠态度，承认了该政权却又不愿意与之建立外交关系和提供援助；克林顿政府任期的前三年对阿富汗事务也基本上持不卷入的旁观态度；从老布什到克林顿时期，美国对阿富汗的国家重建几乎没有任何兴趣。

---

[1]　William Maley, *op. cit.*, p. 148.

彼得·汤姆森后来回忆说，在纳吉布拉政权垮台后，他负责重建美国在喀布尔的大使馆，"但当时国务院决定收手，全面撤出阿富汗"，"我们停止了包括人道主义援助在内的所有支持"。他承认，"我们不该就这么走的，放弃阿富汗人是个错误"[1]。美国在90年代初改变对阿富汗事务的积极政策，转而从阿富汗退出，原因主要有以下几点。

（一）苏联撤军后的阿富汗对美国而言已不再具有重要的战略价值

这一点是美国退出和忽视阿富汗的根本原因。从冷战开始以来，美国对阿富汗的政策都是在遏制苏联的战略规划下推行的，其政策目标是非常有限的，美国对阿富汗并没有像对巴基斯坦和伊朗那样要同其结盟或实现对其控制的强烈战略意图。阿富汗作为美国盟国同苏联之间的缓冲国角色要比阿富汗被美苏任何一方主导都更有利于美国的利益，更何况阿富汗与苏联在地理上的毗邻使得苏联要比美国更容易在阿富汗拓展影响力，美国对这一点显然有清醒的认识，以至于在1978年以前美国也默认了苏联在阿富汗的特殊地位，但这并不意味着美国能接受阿富汗出现一个亲苏的傀儡政权，因为美国对阿政策的最基本目标就是确保阿富汗保持中立、独立和不结盟的地位。苏联入侵阿富汗以后，美国推行的援"叛"抗苏政策其实一方面是为了要恢复阿富汗的主权独立和中立地位，另一方面是借机打击苏联，使苏联为占领阿富汗付出代价并最终不得不撤出阿富汗，这就是阿富汗对美国所具有的战略价值。在美国看来，苏联的撤军是美国对阿富汗政策的胜利。随着苏联从阿富汗撤军，苏联在阿富汗的主导地位已不复存在。苏联的解体则使美国在阿富汗从此不再有苏联这个竞争对手，新生的俄罗斯对阿富汗更是了无兴趣，此时的阿富汗对美国来说已不再具有任何价值或意义可言。美苏在阿富汗持续了近半个世纪的博弈，在80年代双方博弈的激烈程度达到顶峰。随着苏联势力的退出以及苏联的解体，美国也逐渐退出了阿富汗，对阿富汗失去了往日的兴趣。美国对阿富汗态度的变化说明了一个道理：阿富汗对美国总体而言不具有重要的战略价值，它是美国战略棋盘上一颗无足轻重的棋子，一旦失去了利用价值，美国便将它弃之不顾。或许这也是阿富汗作为一个特殊的缓冲国注定难以摆脱的"小国的悲剧"。

---

[1]　[英]卢茨·克莱维曼：前揭书，第216页。

（二）阿富汗抵抗组织内部冲突不断，极端色彩凸显

阿富汗抵抗组织难遂美国心意，各组织派别间冲突不断以及一些派别强烈的原教旨主义色彩都促使美国在实现援"叛"抗苏目标后就逐渐背弃了这些抵抗组织，而这些组织对于美国来说也不再有利用价值。在苏联侵阿战争期间，美国虽然一直给阿富汗抵抗力量提供大量援助，但这些抵抗组织其实具有很强的独立性，如希克马蒂亚尔和萨亚夫在1991年海湾战争期间就支持伊拉克，反对美国主导的反伊联盟。而抵抗组织之间长期以来的冲突与不和也令美国和巴基斯坦分外头痛。当抵抗力量的敌人苏联和纳吉布拉政权不复存在的时候，这些抵抗组织派别为组建阿富汗新政府发生激烈的权力斗争和武装冲突，美国却难以对它们施加有力的影响，更难以看到符合美国期望的结果。在拉巴尼政权获得国际社会普遍承认后，由于阿富汗没能形成一个超越民族、教派和部族的强大力量，因此阿富汗的内战和混战状态也一直在进行着。1992—1994年，阿富汗内战主要在原抵抗组织之间进行，在混战中逐渐形成了一些主要政治和军事派别，其中包括拉巴尼政权力量、希克马蒂亚尔的伊斯兰党、杜斯塔姆（Abdul Rashid Dostum）领导的乌孜别克族武装以及什叶派哈扎拉族武装。显然，阿富汗内战既有争夺中央政府权力和地盘的因素，又具有强烈的民族和教派冲突色彩，美国对这样一个已经陷入无政府混战状态的国家自然是避之不及，更不可能进行干预了。

此外，阿富汗抵抗力量多数都是原教旨主义派别，激进派比温和派的力量要大得多。无论是七党联盟还是八党联盟，都是具有强烈伊斯兰色彩的组织，以它们为基础组建的任何形式的伊斯兰政权，在意识形态上都必然与美国相冲突，这显然有损美国在中东和南亚地区的利益。其实在卡特和里根政府时期，美国对援助阿富汗抵抗力量就有这方面的顾虑。美国既需要抵抗组织积极进行抗苏斗争，又对其中具有原教旨主义倾向的组织颇为警惕。不过在美国援"叛"抗苏的行动中，巴基斯坦具有最重要且不可或缺的作用，一旦离开巴基斯坦的鼎力支持，美国援"叛"抗苏政策不可避免地会遭到失败。由此就导致美国对巴基斯坦超乎寻常的倚重，甚至巴基斯坦的态度和立场也深刻地影响了美国的阿富汗政策。随着援"叛"抗苏目标的实现，希克马蒂亚尔等原教旨主义抵抗派别逐渐走向极端主义甚至恐怖主义并且卷入毒品生产和交易，这些派别在阿富汗和巴基斯坦边境开设的大量训练营和宗教学

校，培训出众多的伊斯兰极端分子。1993 年初制造纽约世贸中心爆炸案的恐怖分子就与希克马蒂亚尔的伊斯兰党有密切关联。在与其他派别的冲突中，希克马蒂亚尔屡遭失败但又多次制造事端，并且阻挠联合国主导的和平进程，而他为了争夺对喀布尔和阿富汗新政权的控制权数次对喀布尔发起火箭弹袭击，导致大量无辜平民伤亡，这些做法都令他在阿富汗失去威信，成为臭名昭著的极端主义者，因而也失去了美国的支持。

在苏联撤军后，那些抗苏战争期间的"阿拉伯阿富汗人"开始将斗争矛头转向本国政府以及美国等西方国家，对苏联的圣战被对西方的圣战取代了。正因此，中央情报局对这些"阿拉伯阿富汗人"越来越担心，"他们曾经装备、训练和灌输思想的阿拉伯恐怖分子此时要么与希克马蒂亚尔和萨亚夫的组织并肩作战，要么成为沙特阿拉伯的奥萨马·本·拉登基地组织的组成部分"[1]。马苏德也对"阿拉伯阿富汗人"持批评态度，他直言道，"在圣战时期，我的圣战组织与'阿拉伯阿富汗人'的关系并不好，相反，他们与萨亚夫和希克马蒂亚尔的派别有很好的关系。当 1992 年我的组织进入喀布尔时，这些'阿拉伯阿富汗人'加入希克马蒂亚尔部队的行列反对我们。我们要求他们离开我们的国家，本·拉登这个人害多利少"[2]。希克马蒂亚尔手下一名指挥官在炮击喀布尔前对部队鼓吹道："我们知道平民今天会被杀死。如果他们是好穆斯林，真主会将他们视作殉道者并送上天堂……如果他们是坏穆斯林，真主正在借他最忠实的信仰者之手惩罚他们。"[3] 这段战前宣讲辞恰如其分地反映出希克马蒂亚尔派别的极端主义特征，以至于连抵抗组织派别的另一位领导人拉巴尼都将希克马蒂亚尔称为恐怖分子。对抵抗组织内斗的失望以及对其原教旨主义倾向的警惕也很好地解释了为什么老布什政府上台后不久就将援助不再提供给抵抗组织而是直接交付给战场游击队，美国最终还是抛弃了其长期以来支持的抵抗组织。

（三）由阿富汗少数民族主导的拉巴尼政权不符合美国的期望

由于纳吉布拉政权垮台后，由塔吉克人拉巴尼和马苏德主导的阿富汗新政府不

---

[1] 沙伊斯塔·瓦哈卜、巴里·扬格曼：前揭书，第 212 页。

[2] Ahmed Rashid, *op. cit.*, pp. 132–133.

[3] Neamatollah Nojumi, " The Rise and Fall of the Taliban ", in Robert D. Crews and Amin Tarzi(ed.), *The Taliban and the Crisis of Afghanistan*, Cambridge, Massachusetts: Harvard University Press, 2009, p. 99.

符合美国的期望，所以美国对拉巴尼政权既没有给予支持，也不关心这个由阿富汗少数民族主导的新政权的命运。在抗苏期间，拉巴尼领导的伊斯兰促进会就没能从美国和巴基斯坦那里获得多少援助，相反它同伊朗保持了相对友好的关系，这在一定程度上弥补了因缺少美国和巴基斯坦支持所造成的损失。在白沙瓦七党联盟中，拉巴尼派别是唯一的非普什图人组织。拉巴尼和马苏德作为塔吉克人，其领导的派别主要代表的是阿富汗北方少数民族塔吉克族的利益，以后的拉巴尼政权也是如此，它与伊朗以及阿富汗的北方邻国保持着密切的关系，这一点为美国所不能容忍。美国基于自身利益，更希望阿富汗新政权由阿富汗主体民族普什图族主导，以便于通过巴基斯坦对之施加影响。总之，拉巴尼政权的民族特性决定了它难以得到美国的青睐。

不仅仅是拉巴尼政权的民族特性使得美国难以接受它，这一政权的产生也不符合美国的意愿，拉巴尼政权其实就是在白沙瓦七党联盟基础上形成的。出于对抵抗组织强烈的伊斯兰意识形态的担心，老布什政府并不支持以这些组织为基础建立阿富汗新政权。曾于1983—1987年担任巴基斯坦三军情报局阿富汗处主管的优素福（Bridagier Mohammad Yousaf）对老布什政府的阿富汗政策表达了如此的看法，他认为，"美国采取的是一种深思熟虑的决定，那就是不允许穆斯林圣战者获得彻底的军事胜利，不容许他们挺进喀布尔，一旦看到苏联愿意撤出，美国就决心阻止伊斯兰原教旨主义者接管喀布尔"[1]。对于美国来说，组建阿富汗新政府的途径有两种，要么恢复流亡在意大利的前国王的地位，建立一个中立、温和的政权；要么由联合国主导、协调建立一个具有广泛代表性的联合政府。美国驻阿富汗抵抗组织的特使彼得·汤姆森于1989年7月在众议院专责委员会作证时表达了美国对阿富汗新政权的期望。他说："我们鼓励阿富汗临时政府领导人尽一切可能扩大它的政权基础，容纳阿富汗社会所有主要的力量，像什叶派、战地指挥官、阿富汗国内的'舒拉'以及流亡海外的杰出的阿富汗人。"[2]

然而纳吉布拉政权垮台后，以白沙瓦七党联盟为主体新组建的阿富汗临时政府和美国的设想完全背离，加之这个政府随后被塔吉克人拉巴尼和马苏德掌控，因此

---

[1]　Bridagier Mohammad Yousaf, *Silent Soldier: The Man behind the Afghan Jehad*, Lahore, Pakistan: Jang Publishers, 1992, p. 18.

[2]　Testimony of Ambassador Peter Tomsen before the House of Representatives Select Committee on Hunger. Jul.27, 1989. *DNSA*. Item Number: AF02303.

新政府没有获得美国的支持和援助。可以说，美国对阿富汗新政府以及各抵抗组织派别再无信任可言，唯有不满和失望，美国对阿富汗不再有兴趣和热情也是自然而然发展的结果。对于美国忽视阿富汗伊斯兰国和拉巴尼政权的原因，拉巴尼本人分析说："西方和其他国家在抵抗苏联时并没有制定一个长期的战略，每个国家都有自己的特殊议程……美国要报越南战争的一箭之仇，在抗苏战争开始时，美国就想着能给苏联制造一定的麻烦。但是他们万万没有料到苏联会被打败……当阿富汗的抵抗活动到了最激烈的程度的时候，苏联被迫从阿富汗撤军，这也意味着美国在阿富汗的政策基本结束了。因此当圣战者们夺取阿富汗政权后，他们感到孤独，没有一个国家愿意为他们提供援助；甚至还有一些阿拉伯国家过去在阿富汗建学校、医院和清真寺等，但是在新政权成立后，他们还没有做完这些就选择了撤离。在阿富汗伊斯兰国建立的时候，临时政府曾对美国表示，我们愿意和你们保持良好的关系并且衷心希望能得到你们的帮助。但是我们进入喀布尔夺得政权后，他们并没有给予我们积极的回应。自此以后，美国的政策目标就是要除掉这个新政权。可以说，如果不去按照大国的要求和指挥行事，那些想成立自己的政权的小国家从来都不能建立它们的政权。"[1] 拉巴尼的话直指美国对阿富汗政策的本质，即一切从美国利益出发，阿富汗只是美国实现和维护其利益的工具罢了，失去了利用价值的阿富汗是不可能再引起美国关注的。拉巴尼意识到美国离开阿富汗的根本原因，不过他没有注意到另外一点，美国离开阿富汗其实也有抵抗组织自身的因素在里面。

（四）地区和国际形势变化进一步推动美国对外政策重心转移

1989—1991 年，国际和地区形势发生的重大变化也使得美国对外政策的重心发生转移。1990 年 8 月伊拉克对科威特的入侵引起美国对西南亚地区海湾产油国安全的严重关切，相比之下，阿富汗在西南亚地区的重要性因苏联势力的退出及其解体而不复存在。"柏林墙的倒塌、共产主义的崩溃和冷战的结束 —— 这些重大变化都使得阿富汗以及阿富汗的政治变更在苏联阵营中变得不再重要。老布什政府和它主要的政策制定者需要专注于认真应对苏联的过渡和 1990 年 8 月伊拉克入侵科威特事件及其造成的地区和国际后果。和这些重大事件相比，苏联撤军后的阿富汗事务显

---

[1] 穆罕默德·阿克拉姆《美国在阿富汗》，迈万德出版社 2007 年版，第 154 页。转引自阿米力：《浅析美国对阿富汗政策的演变：1979—2003》，北京语言大学 2009 年硕士学位论文，第 13 页。

得微不足道"[1]，这也是阿富汗不再受到美国重视的原因之一。老布什政府上台后对巴拿马和伊拉克的干涉行动都在一定程度上转移和分散了美国对阿富汗事务的注意力，不过这本身也说明阿富汗对美国的吸引力在下降。

美国对阿富汗的态度从 80 年代的高度重视转变为 90 年代的严重忽视，老布什政府在实现美国对阿态度和政策的转变上扮演了重要的角色。从根本上讲，美国对阿政策转变的原因在于美国认为阿富汗已不再有利用价值，苏联解体使得阿富汗在冷战期间具有的作为缓冲国的地缘战略价值不复存在。老布什政府开启了美国退出阿富汗的政策阶段，克林顿政府在其任期内对阿富汗基本上也持忽视和观望的态度。甚至可以说，在整个 90 年代美国对阿富汗的重视程度都非常低，其政策难免存在很大的问题。由于美国退出阿富汗，不再对阿富汗事务给予重视，在阿富汗内战中来自美国的外部大国力量缺失，而周边国家如伊朗、巴基斯坦和沙特阿拉伯等国则肆意插手阿富汗内战，各自支持不同的派别争权夺利，这就加剧了阿富汗的军阀混战状态，催生出一支更加极端的原教旨主义武装派别塔利班，阿富汗也向更加落后、愚昧和极端暴力的状态倒退。

第二节　90 年代后半期的美国对阿富汗政策

从 90 年代中期开始，克林顿政府对阿富汗的态度有了一定的转变，美国逐渐又关注起这个长期陷入内战的国家。由于这一时期塔利班势力迅速崛起，加之美国对拉巴尼政权一直持冷漠态度，因此美国对塔利班的政策就构成了美国对阿富汗政策的主要内容。大体来看，90 年代中后期美国对阿政策经历了从间接支持塔利班到日趋反对塔利班两个阶段，这与阿富汗和中南亚地区形势演变以及美国自身利益变化有关。不过正如 90 年代前半期美国对阿富汗事务呈现出退出和漠视的态度那样，90 年代中后期美国对阿富汗事务的卷入仍然保持在相当有限的范围内，其政策呈现出观望的基本特征，阿富汗依然没能成为美国对外政策关注的重点。无论是最初支持塔利班还是之后反对塔利班，美国的态度和行动都表现得相当谨慎和缺乏决断。

---

[1]　William Maley, *op. cit.*, p. 140.

一、克林顿政府前期间接支持塔利班

1994 年下半年，塔利班在阿富汗南部与巴基斯坦交界地区迅速崛起，发展成为阿富汗内战中最具实力和影响力的一支政治军事力量。塔利班的崛起改变了阿富汗内战的原有格局。1995 年前后，阿富汗内战呈现出拉巴尼政权派别、反拉巴尼政权派别和塔利班三方互有攻守的格局。面对塔利班的凌厉攻势和节节胜利，特别是1996 年 9 月塔利班攻占喀布尔后，拉巴尼政权和几乎所有的反拉巴尼政权派别达成和解，组成反塔利班的广泛联盟即"北方联盟"。在塔利班兴起的前期，美国采取了间接支持塔利班的政策，主要是通过中间人巴基斯坦以及沙特阿拉伯扶持塔利班，美国对塔利班的这种友好、默许和纵容的态度到 1997 年底才发生转变。同时，美国在间接支持塔利班的时候，还为了展现美国对阿富汗各派别立场的公允，也有限度地在阿富汗各派别之间进行调解。总的来看，从塔利班 1994 年下半年开始兴起到1997 年底这段时间，美国对阿富汗政策集中表现为借重和默许巴基斯坦和沙特阿拉伯，对塔利班提供间接支持。不过由于美国对阿富汗事务仍然没有太大的兴趣，所以美国对塔利班的间接支持仍然是很有限的，真正给塔利班以实质性支持的还是巴基斯坦和沙特阿拉伯。美国对塔利班的间接支持和相对模糊的立场也容易给外界造成这样的错觉，即美国似乎是不支持阿富汗任何一支派别的。然而实际上，美国对阿政策的基本立场还是亲塔利班的。

（一）克林顿政府间接支持塔利班的原因

从老布什政府上台后，美国对卷入阿富汗事务就逐渐失去了兴趣。到 90 年代中期，美国才对阿富汗事务给予一定程度的关注，塔利班在阿富汗内战中的迅速崛起是吸引美国关注阿富汗事务的重要因素。克林顿政府对兴起初期的塔利班采取了间接支持的亲近立场，这与美国追求中亚能源输出通道走向以及谋求遏制俄罗斯和伊朗在阿富汗的影响力有着密切关联，体现出美国在中南亚的地缘战略思考。美国支持塔利班也与塔利班自身的某些属性有关。

第一，对中亚石油和天然气输出管道的争夺促使美国重新关注阿富汗事务并且采取支持塔利班的立场。90 年代中期，美国在中亚的利益需求决定了美国对阿富汗的政策倾向，美国对中亚油气资源的争夺使阿富汗的价值得到一定的凸显，由此美国对阿富汗不仅重新给予关注，而且还对塔利班的崛起给予了间接的支持，塔利班成为美国争夺中亚油气输出管道可以利用的重要力量。苏联解体后，中亚五国独立，俄罗斯在中亚的影响力式微，美国历史上第一次有机会真正插手中亚事务。中亚和里海毗邻，包括里海在内的中亚地区拥有非常丰富的能源资源。据统计，中亚地区蕴藏着 285 亿吨石油和 8 万亿立方米天然气。根据 1993 年的资料，中亚的油田主要集中在哈萨克斯坦和乌兹别克斯坦，而气田主要集中在土库曼斯坦和乌兹别克斯坦。[1]鉴于中亚在全球能源与地缘战略中的双重重要性，中亚里海地区被誉为"第二个中东"。"在'9·11'之前，能源政策决定着美国在中亚的战略"，到 90 年代中期，美国对中亚石油和天然气的政策开始成为美国与中亚国家关系的中心，美国旨在让西方的长期能源储备来源多样化。1993 年 12 月，美国副总统戈尔对哈萨克斯坦的访问说明美国已经认识到里海石油和天然气储备的重要性。[2]1995 年 4 月，美国政府成立一个包括国家安全委员会、国务院和中央情报局等部门的工作组，研究美国在里海地区的石油和天然气利益。[3]当时美国对中亚能源政策的重点就是要实现中亚能源输出通道的多样化，避免让"石油生命线"控制在俄罗斯或伊朗手中。美国认为，"要实现能源来源的多样化，减少对中东地区的严重依赖"，就必须控制中亚油田和输出通道。[4]

　　由于中亚深居欧亚大陆腹地，远离海洋，选择合适的能源输出管道走向就成为开发中亚能源首先要解决的问题，也成为美国、俄罗斯、伊朗和巴基斯坦等各方角逐的关键。从中亚的地理位置来看，中亚油气管道的输出方向大致可以划分为东、南、西、北四个方向。东线代表中国的利益，北线代表俄罗斯的利益。西、南两个方向主要代表的是美国和西方的利益，其中南线又包括经由伊朗和阿富汗两个不同的方案，美国主张阿富汗方案，极力反对伊朗方案。美国主张的阿富汗方案具体内容是，以中亚主要是土库曼斯坦为起点，修建经阿富汗到巴基斯坦沿海港口的输出管道。土库曼斯坦和巴基斯坦是这一方案的积极拥护者，因此如果阿富汗能恢复稳定与和平，那么这一方案是完全可行的。克林顿政府和美国优尼科石油公司（Unocal）在

---

　　[1]　徐小杰：《新世纪的油气地缘政治》，社会科学文献出版社 1998 年版，第 147—149 页。

　　[2]　[美]玛莎·布瑞尔·奥卡特：《中亚的第二次机会》，李维建译，时事出版社 2007 年版，第 14、73、74 页。

　　[3]　Ahmed Rashid, *op. cit.*, p. 238.

　　[4]　赵学功：《当代美国外交》，社会科学文献出版社 2001 年版，第 88 页。

90 年代中期积极推崇阿富汗方案，希望能将这一方案付诸实施。早在 1994 年，美国就曾与阿富汗拉巴尼政权商谈铺设油气管道一事，但因阿富汗内战而无法得以实现。[1] 在阿富汗仍然处于内战和混乱的时候，美国这种只关注自身经济利益的想法也令拉巴尼政权感到不能理解，拉巴尼总统的发言人不解地说，"我很奇怪，美国的助理国务卿为帮助和解决阿富汗问题来到喀布尔，但是她在和拉巴尼总统的两次会见中仅仅关注的是优尼科公司，以及确保这个管道由该公司来铺设"[2]。可以说，美国对阿富汗方案的推崇是美国重新关注阿富汗以及选择支持塔利班的最重要原因，巴基斯坦对塔利班的积极援助以及塔利班的迅速崛起都使美国相信塔利班最有可能给阿富汗带来稳定与和平，这样美国就有机会实施符合其利益的南线阿富汗方案。概言之，克林顿政府上台后从对阿富汗事务不热心转为给予一定的关注并选择支持塔利班，这其中最重要的因素不是阿富汗事务本身对美国的价值有多大，而是来自于中亚能源因素的价值凸显。

第二，通过支持塔利班打击俄罗斯和伊朗支持的反塔利班派别，牵制和遏制俄罗斯与伊朗在阿富汗的影响力。塔利班的崛起不仅打破了阿富汗内战的原有格局，而且直接威胁到俄罗斯、伊朗以及中亚国家的安全和利益。塔利班势力向阿富汗西部和北部地区的拓展刺激了中亚伊斯兰极端主义的滋长，进一步威胁到这些国家的安全与稳定。同时，塔利班自身的逊尼派信仰也与什叶派主导的伊朗格格不入，这一点也为美国所看重。就民族属性来看，塔利班代表的是阿富汗最大民族普什图人的利益，得到俄罗斯、伊朗及中亚国家支持的拉巴尼政权、杜斯塔姆派别以及什叶派哈扎拉人派别代表的是阿富汗各少数民族的利益，这些少数民族天然地与俄罗斯和伊朗有密切联系，而与美国和巴基斯坦要相对疏远得多。通过对反塔利班派别的支持，俄罗斯和伊朗对阿富汗事务的影响力不断增强，这都令美国感到不安。

1995 年，阿富汗当时可能已经出现了一个由阿富汗亲俄罗斯派和亲伊朗派组织组成的强大联盟，该联盟的目的就是反对塔利班运动，自然也就反对巴基斯坦和美国在中亚地区的计划。[3] 正是由于阿富汗周边和外部势力的插手和干预，在阿富汗

---

[1]　朱成虎：《十字路口：中亚走向何方》，时事出版社 2007 年版，第 174 页。

[2]　穆罕默德·阿克拉姆：《美国在阿富汗》，迈万德出版社，2007 年版，第 161—162 页。转引自阿米力：《浅析美国对阿富汗政策的演变：1979—2003》，北京语言大学 2009 年硕士学位论文，第 14 页。

[3]　[哈萨克斯坦] 苏·马·阿基姆别科夫：前揭书，第 136 页。

内战进程中，逐渐形成了由巴基斯坦、沙特阿拉伯、美国以及阿拉伯联合酋长国支持的塔利班一派和以俄罗斯、伊朗、印度以及中亚国家为主扶持的反塔利班联盟一派。美国之所以支持塔利班，也是看中了塔利班的宗教和民族属性，借塔利班之手打击和牵制俄罗斯与伊朗，建立一个由普什图人主导的阿富汗政权，这正是美国的战略意图。一方面，美国支持塔利班可以威胁"俄罗斯后院"的安全，从而能起到削弱俄罗斯在中亚主导地位、防止俄罗斯再次南下的作用；另一方面，美国更不能容忍伊朗对阿富汗事务的过多干预，美国支持塔利班具有特别明显的反伊朗意图。1997 年，美国国务院副国务卿埃尔伯特在与哈萨克斯坦总统纳扎尔巴耶夫会面时强调，"美国支持除伊朗外所有在东—西、北—南方向上已经修建的和新建的碳氢化合物出口路线"[1]。很显然，遏制伊朗在阿富汗内战中的影响也是美国对阿富汗政策的重要目标。

第三，塔利班得到巴基斯坦和沙特阿拉伯的大力支持，美国对这两国的信任在一定程度上激发了美国对塔利班的好感。在经济利益方面，中亚国家脱离苏联而独立为巴基斯坦提供了广阔的商品销售市场和能源供应来源地，巴基斯坦希望能顺利打开经由阿富汗至中亚的贸易通道，包括修筑通向中亚的铁路和公路，在中亚、阿富汗和巴基斯坦之间铺设石油和天然气管道。巴基斯坦对在中亚经济利益的追求是它最初大力扶持塔利班的最主要原因。此外，巴基斯坦也希望借塔利班之手尽快结束阿富汗内战，以便早日遣返在巴基斯坦的数百万阿富汗难民，并且一个受巴基斯坦操控的塔利班政权也有助于"普什图尼斯坦"争端的解决。

塔利班的另一个重要支持者是沙特阿拉伯，后者的战略意图主要是遏制伊朗什叶派影响力在阿富汗的扩张，这一点和美国完全一致。在美国看来，沙特阿拉伯政府虽然实际上也是一个原教旨主义政权，但它却是亲西方的、温和的原教旨主义，而且还是美国在阿拉伯世界最重要的盟友。沙特阿拉伯的先例使美国有理由相信，有沙特阿拉伯背景的塔利班也会建立起一个亲西方的、温和的原教旨主义政权。简言之，美国两个重要盟友巴基斯坦和沙特阿拉伯对塔利班的态度影响了美国对塔利班的立场，美国对阿富汗和塔利班政策的推行也离不开这两个盟友的直接参与。

第四，美国支持塔利班也有为了查禁阿富汗日益严重的毒品问题的考虑。虽然

---

[1]　[哈萨克斯坦]卡·托卡耶夫：《中亚之鹰的外交战略》，[哈萨克斯坦]赛力克·纳雷索夫译，新华出版社 2002 年版，第 141 页。

美国也意识到塔利班是一个原教旨主义组织，但塔利班兴起的初期并没有表现出明显的反美国和西方的倾向，这让美国对塔利班并没有多少担心，反而是塔利班鲜明的清教徒式的主张给了美国查禁阿富汗毒品生产和贸易的希望。阿富汗具有悠久的罂粟种植历史，自70年代末以来的长期战乱为阿富汗的毒品生产创造了有利条件。苏联入侵时期，很多圣战组织派别在美国中央情报局和巴基斯坦三军情报局的庇护和默许下，通过向罂粟种植者提供安全保护、控制海洛因加工设施以及向毒品交易和贩运者征税等方式谋取利益，从而为抗苏活动筹集资金。苏联撤军后，由于来自美国等国援助的减少，阿富汗各派别及地方军阀为巩固和发展自己的力量都竞相卷入毒品生产和交易中。阿富汗的毒品问题到90年代前期已经日益严重，在1991年阿富汗就超越缅甸成为世界上最大的鸦片生产国。[1]

克林顿政府上台后，阿富汗的毒品问题引起美国的注意，阿富汗年年都被美国指控为世界上主要的毒品生产和过境国之一，毒品问题几乎是克林顿政府上台后最初三年对阿富汗事务的唯一一主要关注点。"在20世纪90年代中期，塔利班少有的可取之处之一是高喊反对违背伊斯兰教原则的鸦片贸易，并向美国和其他国家承诺查禁这种非法贸易。"[2]塔利班在建立政权之前也的确采取了一些禁毒措施，这就使美国对塔利班解决阿富汗严重的毒品问题寄予了希望，支持塔利班也就符合美国在阿富汗的禁毒目标。

总之，最初塔利班的崛起在很多方面都符合美国的利益，因此美国不仅仅没有反对或警惕塔利班，相反却对塔利班的崛起给予支持、默许和纵容。从某种意义上讲，美国通过巴基斯坦间接支持塔利班也是美国抛弃长期支持的希克马蒂亚尔的换马战术，因为阿富汗内战中希克马蒂亚尔的所作所为不仅仅不符合美国的利益和期望，甚至他已蜕变为敌视美国的极端主义分子。事实上，塔利班在兴起之初因为纪律严明深得民心，特别是得到了阿富汗南部普什图人的广泛支持。塔利班作为阿富汗内战中的后起之秀给阿富汗人民带来了终结长期战乱的希望，也使美国逐渐认识到塔利班是有能力结束内战的。有学者评论道，"虽然美国政府不接受塔利班的宗教观点，但也不愿意他们离开——（塔利班）毛拉控制了阿富汗国土的三分之二……虽

---

[1] David Macdonald, *Drugs in Afghanistan: Opium, Outlaws and Scorpion Tales,* Pluto Press, 2007, p.61.

[2] 沙伊斯塔·瓦哈卜、巴里·扬格曼：前揭书，第247页。

然他们不了解现代国家的管理艺术，但他们能够在其权力所及的地方恢复和平"[1]。
美国认为，如果塔利班建立起政权，确立稳定的国内秩序，那么美国铺设经由阿富
汗至巴基斯坦的中亚能源南线输出管道最有可能成为现实，这就避开了能源管道经
过俄罗斯或伊朗的可能。此外，塔利班是由信奉伊斯兰教逊尼派教义的阿富汗最大
民族普什图人组成的派别，它崛起为阿富汗最大的政治军事派别和建立起新的阿富
汗政权意味着其他各少数民族派别的失败，而这些派别与俄罗斯和什叶派国家伊朗
保持着密切联系并得到这两国的支持，它们代表的是阿富汗非普什图族和伊朗、俄
罗斯的利益。很显然，塔利班是美国牵制俄罗斯和伊朗在阿富汗影响力的最佳棋子。
在美国看来，稳固掌握在美国盟友巴基斯坦手里的塔利班政权将是美国对抗伊朗的
堡垒。塔利班在兴起过程中一直宣称要查禁毒品、解除各对立派别的武装、消除阿
富汗的恐怖主义，这使塔利班不仅获得了很多阿富汗人的欢迎，也让美国对它抱有
良好的期待并选择了支持它。

（二）以"支塔"为主美国对阿富汗政策的内容

90 年代中期，克林顿政府对阿富汗政策可以概括为：姑息和支持塔利班，有限
度地对阿富汗事务进行调解，在保持表面上对阿富汗各派别持公允态度的同时采取
亲塔利班的立场，美国还试图将美国优尼科石油公司提出的跨阿富汗管道方案作为
"胡萝卜"，以诱使阿富汗交战的各派停战和谈。遏制伊朗和俄罗斯以及追求美国
在中亚的能源利益是这一时期克林顿政府对阿富汗政策的主要出发点，阿富汗的毒
品问题、人权问题和恐怖主义问题是克林顿政府的重要关注点。不过，遏制伊朗和
俄罗斯以及追求能源利益对美国产生的吸引力要超过毒品、人权和恐怖主义等问题，
正因为如此，克林顿政府倾向于支持塔利班，与塔利班形成一种默契的合作。与巴
基斯坦和沙特阿拉伯不同，美国对塔利班的支持更多地停留在口头或道义上，缺乏
实际的物质援助，但美国默认和容许巴基斯坦与沙特阿拉伯扶持援助塔利班，这本
身就意味着美国对塔利班的支持。对于塔利班的原教旨主义意识形态和它在控制区
内施行的严苛的伊斯兰教法统治，美国也没有给予公开的强烈批评。与美国形成鲜
明对比的是，除巴基斯坦以外的阿富汗周边国家，包括俄罗斯、伊朗、印度及中亚

---

[1]　Kamal Matinuddin, *The Taliban Phenomenon: Afghanistan 1994–1997*, Oxford University Press, 1999, p. 168.

国家，都对塔利班不断膨胀的普什图民族主义和逊尼派原教旨主义感到不安和惶恐。直到 1997 年底，克林顿政府对塔利班的态度才发生比较明显的变化，从支持和纵容塔利班调整为批评和反对塔利班。总的来看，美国对塔利班的早期支持持续时间不长且相对隐蔽，而且由于美国在有限卷入阿富汗事务的过程中又刻意营造中立姿态，所以外界往往更多关注巴基斯坦的作用而忽视了美国在塔利班兴起过程中扮演的角色。不过，通过呈现和分析美国与塔利班的早期关系及美国在阿富汗事务中的作为，还是能够得出塔利班兴起初期曾得到美国支持这个结论的。

1. 姑息和支持塔利班

20 世纪 90 年代中期，克林顿政府对塔利班的支持和姑息表现在："美国准许国务院和中央情报局官员，包括国务院南亚事务助理国务卿罗宾·拉斐尔（Robin Raphel），定期同塔利班领导人在阿富汗境内外举行会晤"[1]；塔利班崛起之初，美国驻巴基斯坦大使亲自陪同巴内政部长接见塔利班代表；美国对其他国家指责塔利班破坏人权的行为表现冷漠；美国还积极建议通过一项针对阿富汗的武器禁运草案，以此打击通过机场来获得军援的反塔利班派别，而使依靠巴基斯坦公路运输的塔利班实际上受益[2]；美国鼓励国际社会接受和承认塔利班政权，甚至它自己也曾数度准备承认塔利班政权；美国纵容和姑息巴基斯坦与沙特阿拉伯对塔利班的支持和援助；美国在对阿富汗各派别的接触和调停中没有采取不偏不倚的立场，相反却倾向于维护塔利班的利益；美国政府和优尼科石油公司为塔利班提供了一定的物质援助；在反对伊朗问题上，美国对塔利班的姑息态度尤为明显，1998 年塔利班绑架并杀害伊朗外交官和记者的事件发生后，美国虽然谴责了塔利班的行为，但也警告伊朗不要轻举妄动。巴基斯坦总理贝·布托在 1996 年 10 月接受 BBC 采访时公开阐明，美国卷入了塔利班运动，她承认在美国的资金援助下，巴基斯坦政府为塔利班在巴境内提供了培训。[3] 她还披露，沙特阿拉伯也向塔利班提供了大量资金，塔利班利用这些钱得以购买美国和英国提供的武器。被称为"塔利班运动之父"并且在贝·布托政府时期担任内政部长的纳斯鲁拉·巴巴尔（Nasrallah Babar）认为美国也应对塔利班负有责任，他在 2000 年的一次访谈中就美国与塔利班的关系批评说：

---

[1] John Jennings, " The Taliban and Foggy Bottom ", *The Washington Times*, Oct. 25, 1996.

[2] 《美国间接介入了阿富汗内战》，载法国《费加罗报》，1996 年 9 月 30 日。转引自何明：《塔利班的兴亡及其对世界的影响》，华东师范大学 2003 年博士学位论文，第 19 页。

[3] Neamatollah Nojumi, *op. cit.*, p. 102.

"美国中央情报局本身就是地区恐怖主义,它流鳄鱼眼泪只不过是为了推卸责任而已。"[1]

随着 1996 年 9 月塔利班占领喀布尔并成立临时政府接管政权,克林顿政府对塔利班在道义上的支持一度走向公开化。反观俄罗斯、伊朗和中亚国家,它们对塔利班占领喀布尔表现得非常不安。俄罗斯与中亚国家为此举行会议,通过了一项具有反塔利班性质的共同声明。1996 年 8 月,美国参议员汉克·布朗以私人名义访问了阿富汗。他同塔利班领导人在坎大哈举行了会谈,一个半月之后塔利班便占领了喀布尔。优尼科公司总裁科里·斯塔加尔德是公开欢迎塔利班占领喀布尔的首批人士。克林顿总统宣布将尽快在喀布尔设立美国外交领事处。美国国务院发言人格林·戴维斯率先发表声明,希望"喀布尔新政权成为一支最强大的力量,最终统一国家并给它带来稳定"[2]。格林·戴维斯还为塔利班辩护说,"关于塔利班在其控制地区施加的伊斯兰教法统治,我们没有看到任何对此有异议的说法"。罗宾·拉斐尔在联合国发言时承认国际社会对塔利班有担忧,但她坚持塔利班作为一支已经掌握阿富汗政权的本土运动应该获得承认。[3] 罗宾·拉斐尔还敦促各国与塔利班接触,不要孤立塔利班。她说:"塔利班控制着超过三分之二的国土,他们是阿富汗人,他们是本土的,他们已经掌握政权。他们成功的真正源泉来自于许多阿富汗人特别是普什图人的意愿。即便有严格的社会限制,阿富汗人也愿意结束不断的战争和混乱,以求得和平与安定……孤立塔利班不符合阿富汗的利益,也不符合我们这里所有国家的利益。"[4] 美国国务院前高级官员、阿富汗问题专家扎尔梅·卡里扎德(Zalmay Khalizad)也公开宣称,"美国应该援助塔利班,因为即便它是原教旨主义的,它所实践的也不是那种伊朗式的反美风格的原教旨主义"[5]。

在塔利班占领喀布尔的第二天,美国国务院在电报中就指示美国驻巴基斯坦大使馆尽可能地收集塔利班的有关信息。电报指出:"在初期阶段,我们愿意与新的塔利班'临时政府'接触,目的是:表明美国有将他们作为新的喀布尔当局并与之

---

[1] Nafeez Mosaddeq Ahmed, *The War on Freedom,* California: Tree of Life Publication, 2002, p. 46.

[2] [哈萨克斯坦] 苏·马·阿基姆别科夫:前揭书,第 138 页。

[3] Richard Mackenzie, " The United States and the Taliban ", in William Maley(ed.), *Fundamentalism Reborn?: Afghanistan and the Taliba,* London: Hurst & Company, 2001, p. 91.

[4] Ahmed Rashid, *op. cit.*, p. 178.

[5] Zalmay Khalizad, " Turbulence in Afghanistan ", *Hindustan Times*, Oct. 10, 1996.

打交道的意愿；寻求有关他们的计划和政策方面的信息；表达美国在包括稳定、人权、毒品和恐怖主义等关键的关注领域的看法。只要可行和安全，授权驻伊斯兰堡大使馆派代表前往喀布尔，与塔利班临时政府主动联系。"[1] 美国国务院的这份电报或许算是美国支持在喀布尔新成立的塔利班政权的最好证据，它比较全面地呈现出美国对塔利班这个新政权的态度和倾向，表明美国愿意与塔利班政权合作及发展关系，美国对于承认塔利班政权表现出强烈的意愿并且主动为此做了准备。电报中提到，美国希望塔利班政权能向美国派驻外交官，美国不再为拉巴尼政权的外交官延长签证，美国打算重开驻喀布尔大使馆，这些都反映出美国愿意与塔利班政权建立外交关系，有意承认塔利班政权为阿富汗的合法政权。电报中罗列了美国对阿富汗的主要关注点，包括新政府的广泛代表性、人道主义、毒品和恐怖主义等问题，这些问题也在很大程度上阻碍了美国对塔利班政权的外交承认，但尚未对美国同塔利班的友好接触姿态产生根本影响。1996 年 11 月，美国驻巴基斯坦大使与塔利班政权的代理外交部长举行会谈。在会谈中，塔利班代理外长对美国的帮助表示感谢，并且向美国请求道，"我们想要美国政府承认塔利班临时政府；我们想派一个代表团去美国与美国政府讨论双边利益的问题；我们期待和欢迎美国政府向阿富汗派出代表团"[2]。不过这次会谈，双方在阿富汗内战持续、外来干预和新政府组成等问题上并没能达成共识，而且美国也意识到与塔利班在交流上存在困难。1997 年 1 月，美国驻巴基斯坦大使在给国务院的电报中对塔利班表达了赞赏的态度，因为塔利班恢复了坎大哈的社会秩序，他还将塔利班称为"阿富汗最重要的政治和军事力量"[3]。

1997 年 5 月，在杜斯塔姆手下一名变节指挥官阿卜杜勒·马利克（Abdul Malik）的协助下，塔利班首次占领阿富汗北部中心城市马扎里沙里夫，更令美国增加了对塔利班的亲近感。马扎里沙里夫是杜斯塔姆派别的大本营，"自 1992 年纳吉布拉政权垮台之时起便执行着阿富汗世俗首都的功能，基本上替代了因内战而内讧的喀布尔。所有重要的外交使节、国际组织办事处都驻扎在这里，阿富汗前民主共

---

[1] U.S. Department of State, Cable, " Dealing with the Taliban in Kabul ", Sep. 28, 1996. *The September 11th Sourcebooks.*

[2] U.S. Embassy (Islamabad), Cable, " Ambassador Meets Taliban: We are the People ", Nov. 12, 1996. *The September 11th Sourcebooks.*

[3] U.S. Embassy (Islamabad), Cable, " Scenesetter for Your Visit to Islamabad: Afghan Angle ", Jan. 16, 1997. *The September 11th Sourcebooks.*

和国的军事和知识分子上层也都集中在这里"[1]。占领马扎里沙里夫标志着塔利班几乎控制了阿富汗全境，这就意味着阿富汗多年的内战将以塔利班的胜利走向结束，阿富汗问题极有可能得到彻底解决，并且也为纵贯阿富汗南北方向的油气管道建设扫除了最后的障碍。所以，在塔利班占领马扎里沙里夫后，巴基斯坦、沙特阿拉伯和阿拉伯联合酋长国就宣布承认塔利班政权，美国也准备承认塔利班政权。然而，阿卜杜勒·马利克对塔利班的背叛使塔利班在马扎里沙里夫遭到惨败，这使美国又不得不重新考虑承认塔利班的问题。

需要指出的是，美国在公开的场合对于支持塔利班还是比较谨慎的，以尽量淡化亲塔利班的立场。1996年2月，国务院代理国务卿斯特普·塔尔博特（Strobe Talbott）在会见巴基斯坦外交部长时说道："有一个被广泛认定但又错误的假定，认为美国与巴基斯坦联合起来支持塔利班。事实上，我们收到了中亚国家的警示信号，它们询问为什么巴基斯坦和美国支持这样一个狂热的伊斯兰运动。"[2]2000年夏，美国国会国际事务委员会举行了一次关于南亚和全球恐怖主义问题的专家听证会，国务院负责南亚地区和恐怖主义事务的代表也参加了听证会。在听证会上有人提交了克林顿政府高层人士同塔利班合作的确凿证据。共和党议员达·罗赫拉巴赫指控克林顿政府在其任职期间暗中支持塔利班，他援引国务院非公开的文件证明，尽管克林顿政府不承认支持塔利班的指控，但是在反塔利班联盟及其他反塔支持者同塔利班为控制阿富汗的斗争中，克林顿政府事实上完全有可能削弱塔利班的力量。还有人指控克林顿政府高层官员比尔·理查德森和卡尔·因德弗斯在这一行动中发挥了特殊作用。国务院的代表对国会议员的指控做了答复，但是他们未能给议员们提供能够证明克林顿政府没有支持塔利班运动的确凿证据。最重要的是，他们引用了议员们感兴趣的有关美国外交官和特工在阿富汗活动的秘密资料。[3]正是由于美国对塔利班的早期支持具有相当的隐秘性，即便是公开的口头支持也总带有合乎情理的道义色彩，所以要发现美国支持塔利班的铁证并不容易，只能从美国在处理与塔利班有关事务的表现中寻找其中的蛛丝马迹。

---

[1]　[哈萨克斯坦]苏·马·阿基姆别科夫：前揭书，第146—147页。

[2]　U.S. Department of State, Cable, " Pak Foreign Minister Asks U.S. Cooperation on Afghanistan ", Feb. 21, 1996. *The September 11th Sourcebooks.*

[3]　[哈萨克斯坦]苏·马·阿基姆别科夫：前揭书，第127页。

2. 表面上不支持阿富汗特定的派别与运动

1996 年 1 月，美国国务院的一份报告清晰地阐明了美国对阿富汗的政策方针，包括四点："美国寻求通过和平方式建立一个代表所有阿富汗人民的、有广泛社会基础的政府，这个政府要愿意解决毒品生产、军事极端主义和人权关切等问题；美国支持联合国阿富汗特别代表团的和平努力，鼓励阿富汗各派别与联合国特别代表团合作以实现最后的和平；美国不支持阿富汗特定的派别、运动、组织或个人；无论哪个政府，只要它最终确立在喀布尔并且愿意遵守国际行为规范，美国都会与之合作。"[1] 这份报告阐述的四点方针大致反映出 90 年代中期美国对阿政策的现实，它表明美国希望由联合国主导以实现阿富汗内战的和平解决，也体现出美国对阿富汗毒品问题、极端主义和人权问题的关注。报告还明确提出，只有"最终确立在喀布尔并且愿意遵守国际行为规范"的政权才会成为美国的合作对象。能在喀布尔建立巩固的政权意味着拥有政治合法性，就这点来看，拉巴尼政权自成立之日起就没能实现对喀布尔的持续有效的控制，这也是美国不愿意与拉巴尼政权合作的原因之一，因此也不难理解在塔利班 1996 年第一次占领喀布尔时美国为什么会对这个新政权表现出强烈的好感。不过，塔利班政权在"遵守国际行为规范"上的糟糕表现也使美国对承认塔利班政权的态度显得摇摆不定，最终美国没有承认它。

值得注意的是，报告提出美国不支持阿富汗特定的派别，表明上看这显示出美国对阿富汗各派别立场的公允和超然，但实际上美国对阿富汗各派别仍然是有自己的倾向性的，相较于其他各派，塔利班明显获得了美国的同情和支持。比如，在 1995 年 2 月联合国阿富汗问题特使梅斯特里（Mahmoud Mestiri）提出一项阿富汗权力和平过渡的方案后，美国很快就敦促拉巴尼政权向根据方案设立的临时委员会移交权力，虽然拉巴尼方面坚持在塔利班加入临时委员会之前不会移交权力，美国仍然认为"在梅斯特里努力说服塔利班的同时，拉巴尼最好移交权力给临时委员会"[2]。对美国而言，拉巴尼政权始终是不受欢迎的，所以美国在调解阿富汗事务的过程中总会表现出一种亲塔利班的倾向。"美国国务院发言人尼古拉斯·伯恩斯承认，美

---

[1]　U.S. Department of State Report, " Pakistan-Afghanistan Relations ", Jan. 1996. *The September 11th Sourcebooks.*

[2]　U.S. Embassy (Dushanbe), Cable, " Rabbani Emissary States Rabbani Will Not Surrender Power to Interim Council Until Taliban Join ", Feb. 21, 1995. *The September 11th Sourcebooks.*

国政府同塔利班保持着联系并且欢迎他们作为一支温和的力量掌握权力以实现和平与安全。美国政府将塔利班看作是反现代主义的而不是反西方的，并且坚持塔利班热心于恢复一个传统的社会而不是输出伊斯兰主义"[1]，由此可见，克林顿政府对塔利班最初的感情态度。

1996年5月，罗宾·拉斐尔与俄罗斯外交部副部长阿尔伯特·切尔内绍夫（Albert Chernyshev）举行会谈，双方重点谈论的是阿富汗问题。罗宾·拉斐尔在会谈中向俄方申明，美国不支持阿富汗内战中的任何派别，"她希望俄罗斯明白，关于美国支持塔利班的传闻是伊朗捏造的谣言"[2]。她还向俄方提出一项针对阿富汗的武器禁运方案，但没有得到俄方的积极回应。美国提出的对阿富汗武器禁运方案，表面上看是为了阻止阿富汗各派别从外部势力手中获得军事援助，迫使各方走上和解停火之路，其实它是一项有利于塔利班的提议。因为伊朗和俄罗斯对阿富汗反塔利班派别的援助大多通过空运的方式，而巴基斯坦对塔利班的援助依靠公路运输，后者显然要比前者更不容易监控，就如阿尔伯特·切尔内绍夫所说的，这项方案缺乏有效的机制。

3. 在表明上不支持特定派别的同时采取亲塔利班的立场

塔利班是在巴基斯坦伊斯兰贤哲会、巴内政部、巴商人与卡车运输网络共同的冒险事业中发展出来的。[3]1994年下半年，塔利班崛起于阿富汗南部与巴基斯坦交界地区，这支新兴的力量很快就引起美国的注意并被视作"阿富汗棋局上一个虽不太合口味但却已得到确认的派别"[4]。1994年11月，美国驻巴基斯坦白沙瓦领事馆在给国务院发的电报中详尽地描述了塔利班这支新兴力量的情况，认为塔利班代表着一种新现象，它独立于自抗苏战争结束后给阿富汗带来灾难的政党政治和暴力冲突。[5]美国驻巴基斯坦大使馆发给国务院的一份电报则认为，"塔利班给受战争煎熬的阿富汗人民带来了希望，阿富汗人民对国家领导人彼此不肯妥协和地方指挥官不

---

[1] Abdul–Qayum Mohmand, *op. cit.,* p. 155.

[2] U.S. Embassy (Moscow), Cable, " A/S Raphel Consultations with Deputy FM Chernyshev ", May 13, 1996. *The September 11th Sourcebooks.*

[3] Neamatollah Nojumi, *op. cit.*, p. 102.

[4] Steve Coll, *op. cit.*, p. 329.

[5] U.S. Consulate (Peshawar) Cable, " New Fighting and New Forces in Kandahar ", Nov. 3, 1994. *The September 11th Sourcebooks.*

能确保地方安全非常不满"[1]。1995年1月，美国驻巴基斯坦大使馆官员与塔利班高官在塔利班大本营坎大哈进行了一次正式会谈，塔利班宣称其目标是攻占喀布尔，建立一个统治阿富汗全境的新政府。美国官员在会谈中则提出愿意为塔利班提供反毒品方面的培训。[2]同年2月，美国驻巴基斯坦大使馆在电报中转述一个来自美国的目击者的说法，认为"塔利班组织良好、资金充足、纪律严明"[3]。随着美国对塔利班了解的深入，美国同塔利班的接触也在增加，以至于连一些阿富汗人都认为"美国、联合国和国际社会都是站在塔利班背后的"[4]。

4. 积极推进美国优尼科石油公司的跨阿富汗管道项目，诱使各派停战和谈

从1995年起，美国优尼科石油公司开始与土库曼斯坦接触，加入到土库曼斯坦油气田开发的行列。1995年10月，优尼科公司与土库曼斯坦签署协议，决定建设一条跨阿富汗的天然气管道。优尼科公司积极推崇跨阿富汗的管道建设方案，这一管道方案也得到了美国政府的支持，因为它巧妙地绕过了伊朗领土，而且也远离俄罗斯。为了能使这一方案尽早顺利落实，优尼科公司和美国政府在推动阿富汗各派别实现和解上下足了工夫。也正是在这个过程中，塔利班的作用越发受到美国的重视，这说明"油气管道战略成为美国对塔利班感兴趣的驱动力"[5]。1996—1997年，许多人认为这项工程是推动阿富汗出现新的全国和解的工具。优尼科公司主导建设的工程，以及与工程有关的培训和基础设施维修工程——美国政府的官员、联合国主持的阿富汗和平谈判的参与者都经常提及这些建设事项。[6]作为一家美国的大石油公司，优尼科公司无疑代表着美国的利益，它与塔利班的密切联系以及它为塔利班提供的某些援助很自然地被外界解读为是美国政府的旨意。塔利班的反对者对美国和优尼科公司在阿富汗事务中的表现显得尤为敏感，"美国政府对优尼科公司项目的公开

---

[1]　U.S. Embassy (Islamabad), Cable, " The Taliban – Who Knows What the Movement Means? " Nov. 28, 1994. *The September 11th Sourcebooks*.

[2]　U.S. Embassy (Islamabad), Cable, " Meeting with the Taliban in Kandahar: More Questions than Answers ", Feb. 15, 1995. *The September 11th Sourcebooks*.

[3]　U.S. Embassy (Islamabad), Cable, " Eyewitness to the Fall of Herat Says Taliban are Winning Hearts and Minds – For Now ", Feb. 18, 1995. *The September 11th Sourcebooks*.

[4]　Ibid..

[5]　Ahmed Rashid, *op. cit.*, p. 163.

[6]　[美] 玛莎·布瑞尔·奥卡特：前揭书，第77页。

支持激起俄罗斯和伊朗已有的怀疑,使它们更加确信中央情报局在支持着塔利班"[1]。

1996年4月,巴基斯坦总理贝·布托在与美国参议员汉克·布朗(Hank Brown)及国会议员查理·威尔逊的会谈中,她鼓励美国在阿富汗发挥更积极的作用,她强调:铺设跨阿富汗油气管道是为了满足巴基斯坦"不断增长的油气需求,为中亚提供一个不经过伊朗和俄罗斯的能源出口,促进阿富汗的国家和解努力"[2]。贝·布托关于跨阿富汗油气管道的设想其实正符合美国的利益,只是美国更希望这一管道项目由美国公司来主导。不久以后,美国国务院助理国务卿罗宾·拉斐尔对巴基斯坦和阿富汗进行访问,她在阿富汗分别会晤了拉巴尼政权和塔利班的官员。在会谈中,塔利班官员要求罗宾·拉斐尔"告诉克林顿总统和西方国家塔利班不是坏人",帮助改善塔利班在国际社会中的名声。对于伊朗和俄罗斯指控塔利班是恐怖主义组织的说法,塔利班官员向罗宾·拉斐尔解释道,"恰恰相反,塔利班在过去的两年里已经为一半的阿富汗国土带来和平与安定,不久整个国家都将走向安全与和平"。经过这次会谈,美国也注意到"塔利班几乎没有关于阿富汗未来政府及其实现途径的设想"[3]。在对巴基斯坦和阿富汗的访问中,优尼科公司的阿富汗天然气管道方案一直都是罗宾·拉斐尔关注的重点,"美国在等待管道方案被阿富汗所有派别接受,它还敦促巴基斯坦与拉巴尼政权修好并将塔利班与拉巴尼政权带回谈判桌"[4]。罗宾·拉斐尔在伊斯兰堡的一个记者会上坦率地表示,美国关注在阿富汗的经济机会,没有阿富汗的和平与稳定,美国就会失去这样的机会,美国优尼科公司有兴趣铺设一条从土库曼斯坦经阿富汗到巴基斯坦的管道,"这个管道项目对土库曼斯坦、巴基斯坦和阿富汗都是有利的,它能为阿富汗不仅提供就业机会,还能提供能源"[5]。在1996年5月罗宾·拉斐尔与俄罗斯外交部副部长阿尔伯特·切尔内绍夫的会谈中,罗宾·拉斐尔指出:"华盛顿对于解决阿富汗冲突的愿望日益强烈。除了我们的传统关注外——恢复地区政治稳定、阻截毒品和减轻人道灾难——美国政府现在还希望地区和平能促进美国的商业利益,如拟议中的从土库曼斯坦穿

---

[1] Ahmed Rashid, *op. cit.*, p. 166.

[2] U.S. Embassy (Islamabad), Cable, " Senator Brown and Congressman Wilson Discuss Afghanistan with Pakistani Officials ", Apr. 14, 1996. *The September 11th Sourcebooks*.

[3] U.S. Embassy (Islamabad), Cable, " A/S Raphel Discusses Afghanistan ", Apr. 22, 1996. *The September 11th Sourcebooks*.

[4] Ahmed Rashid, *op. cit.*, p. 45.

[5] Ibid., p. 166.

越阿富汗至巴基斯坦的优尼科天然气管道。"[1] 通过这次会谈，可以发现美国对阿富汗政策的关注点除了传统的利益之外，以能源为主的经济利益也越来越受到重视。面对塔利班在阿富汗内战中不断取得的胜利，美国中央情报局一位前高官表示："虽然塔利班看起来有些情绪化，但他们和其他人比起来并不那么坏，他们在阿富汗取得胜利要比继续内战好得多。如今塔利班控制的区域连接着土库曼斯坦和巴基斯坦，我们可以经由阿富汗通过能源管道到达新的国际市场，每个人都应对此感到放心。"[2] 从某种意义上讲，优尼科公司在美国对阿政策上既扮演了推手的角色，也是美国对阿政策推行的工具，它与美国对阿政策已经紧紧地联系在一起。

（三）以"支塔"为主美国对阿富汗政策的影响

克林顿政府对塔利班的支持与它在承认塔利班政权问题上的观望和反复姿态，反映出它对阿富汗和塔利班的政策缺乏规划和连贯性，为不久以后克林顿政府对塔利班政策的转向埋下了伏笔。

90 年代中期，克林顿政府在对塔利班的态度上也并非铁板一块，除了对塔利班表现出同情和支持的基本态度外，也有对塔利班表现出担心和不安的声音，只是后者没能对美国对塔利班的基本政策倾向产生决定性影响，所以美国在与塔利班的接触中虽然也多次表达对塔利班在性别、教育等社会领域中政策的关切，但美国实际上是采取了对话、引导和推动的合作方式以期达到使塔利班改变其政策的目的。无论私下或公开场合，美国都基本上没有对塔利班的统治政策提出强烈的批评或对其施加强大的压力，美国显然倾向于以柔性的合作方式推动塔利班自我改变。1996 年2 月，美国国务院代理国务卿斯特普·塔尔博特在会见巴基斯坦外交部长时就表达了对塔利班的担忧，他指出：巴基斯坦对塔利班的支持符合巴基斯坦的利益，但也会对巴基斯坦和该地区更大的利益产生难以预料的影响，最终巴基斯坦将控制不了塔利班，塔利班将走上绑架之类的极端道路。[3] 虽然克林顿政府在塔利班政权建立后与

---

[1]　U.S. Embassy (Moscow), Cable, " A/S Raphel Consultations with Deputy FM Chernyshev ", May 13, 1996. *The September 11th Sourcebooks.*

[2]　穆罕默德·阿克拉姆：《美国在阿富汗》，迈万德出版社 2007 年版，第 169 页。转引自阿米力：《浅析美国对阿富汗政策的演变：1979—2003》，北京语言大学 2009 年硕士学位论文，第 18 页。

[3]　U.S. Department of State, Cable, " Pak Foreign Minister Asks U.S. Cooperation on Afghanistan ", Feb. 21, 1996. *The September 11th Sourcebooks.*

它一直保持着协调和沟通，但始终没有采取承认塔利班政权的实质行动，这与美国国内对塔利班逐渐上升的批评和警惕声音不无关系，也因为国际社会仍然承认拉巴尼政权的合法性和正统性。

克林顿政府前期的对阿政策以及姑息和支持塔利班的立场带来的影响主要表现在：

第一，塔利班不断发展壮大，在阿富汗内战中逐渐占据优势地位，反塔利班派别的势力受到削弱，而塔利班力量的壮大对阿富汗内战造成了两方面的直接影响：一方面加剧了阿富汗陷入内乱的状态，并且使其他各派别逐渐结成反塔利班的联盟，塔利班与反塔利班联盟之间形成了长期对峙的态势；另一方面，塔利班在阿富汗内战中占据优势，这为阿富汗实现统一、结束军阀割据和内战创造了条件。

第二，美国对塔利班的支持及其力推的管道方案也引起了俄罗斯、伊朗和一些中亚国家的极大不安，塔利班的节节胜利对这些国家带来强烈的刺激，导致这些国家加大了支持反塔利班派别的力度，以回应和反击塔利班及站在其背后的巴基斯坦和美国势力，这样阿富汗内战就具有了更明显的地缘政治博弈色彩。

第三，塔利班有着强烈的自主性，难以被巴基斯坦和美国操控和驯服。美国不顾塔利班的极端原教旨主义性质，出于地缘利益和能源利益的考虑而一味地姑息、默许甚至纵容塔利班，最终美国也将因此付出代价，90年代后期及以后的事实充分地证明了这一点。对90年代中期的美国对阿富汗政策，有评论认为："虽然美国口头上反对不断发生着的人权侵犯，但它没有规划出针对这个国家的明确政策。对于外国包括美国的友邦和往昔的盟友沙特阿拉伯和巴基斯坦在阿富汗的干预，美国没有采取强有力的、直率的反对立场，正是沙特阿拉伯和巴基斯坦提供的经济援助和其他援助使塔利班有能力攻占喀布尔。"[1]

总之，从长远来看，克林顿政府前期对塔利班的支持和姑息造成了贻害无穷的后果。

二、克林顿政府后期日趋反对塔利班

大致从1997年下半年开始，美国对塔利班的态度已经由支持与同情变成了批评与反对，美国对塔利班的政策走向新的阶段。"在塔利班没能占领阿富汗北部地区，

---

[1]　Ahmed Rashid, *op. cit*., p. 178.

特别是 1997 年对马扎里沙里夫的占领失败后，克林顿政府便失去了对塔利班的耐心和信心"，"克林顿政府继续支持塔利班，但也对塔利班施加压力，美国的政策从推动联合国主导的和平计划转变为强烈批评塔利班以及谋求建立一个有广泛基础的政府"。[1] 从支持、姑息塔利班到反对乃至制裁塔利班，克林顿政府对塔利班的政策经历了两个几乎截然不同的阶段，不过这两个阶段之间仍然有其内在的联系。

（一）克林顿政府反对塔利班的原因

克林顿政府对塔利班从支持与合作走向批评与反对，这其中有多方面的原因，涉及阿富汗政府的广泛代表性、人权、毒品和恐怖主义等问题。毒品问题和阿富汗政府组成问题在一定程度上影响了克林顿政府对塔利班的政策，但导致美国政策变化的最主要原因其实是人权和恐怖主义问题，克林顿政府对阿富汗人权和恐怖主义问题不断上升的关切导致它对塔利班政策的决定性变化。

第一，塔利班在组建联合政府和禁毒方面的表现令美国不满。最初美国对塔利班占领喀布尔建立政权是非常欢迎的，而且也准备承认塔利班政权为阿富汗合法政府。同时美国也期望塔利班能扩大它的政权基础，一个以普什图人的塔利班为主导的阿富汗联合政府显然最符合美国的利益。然而，在建立政权实现对阿富汗大部分国土的控制后，塔利班并不愿意扩大它的政权基础，也抵制成立一个容纳阿富汗各民族和宗教群体的联合政府。塔利班也不愿意与主导阿富汗斡旋工作的联合国合作，他们认为"联合国与西方国家联合，密谋反对伊斯兰教和他们的伊斯兰教法，指责联合国受地区国家影响，阻止对他们政府的承认"[2]。与美国的期望大相径庭。此外，同塔利班一再承诺查禁毒品不符的现实是，由塔利班控制的阿富汗毒品生产不降反增，阿富汗毒品问题日益严重，这更令美国对塔利班大失所望。在克林顿政府任职的八年间，阿富汗每年都被美国列入世界上主要的毒品生产和过境国的名单中。美国国务院发布的《1996 年国际禁毒报告》指出，阿富汗 1996 年的鸦片产量约占全球产量的 30%，超过 90% 的鸦片都是在塔利班控制的地方生产的，"塔利班领导人告知美国政府官员，在农民能一直有机会获得替代性收入以前，他们不准备执行罂粟种植禁令"。报告对塔利班指责道，"虽然塔利班在 1996 年底宣布禁止鸦片生产，

---

[1]　Abdul-Qayum Mohmand, *op. cit.*, p. 157.

[2]　Ahmed Rashid, *op. cit.*, p. 64.

但它没有努力执行这项禁令", "没有采取措施限制毒品生产和毒品交易, 事实上, 依靠鸦片税收还是它非常重要的一个收入来源"。[1] 美国国务院在此后几年连续发布的国际毒品控制报告中也都表达了对塔利班在禁毒方面不作为的指责和不满。对阿富汗政府组成和毒品问题的关注推动了美国对塔利班态度的转变, 塔利班在这两个问题上的糟糕表现使美国逐渐加强对塔利班的批评力度。

第二, 美国政府主要外交决策者及国内民众对塔利班推行的伊斯兰教法统治措施的不满情绪与日俱增。塔利班主要由信奉伊斯兰教逊尼派的阿富汗普什图人以及巴基斯坦普什图人组成, 大部分成员是来自巴基斯坦普什图地区宗教学校的学生和难民。塔利班和抗苏战争时期大部分的阿富汗抵抗组织一样, 同属于伊斯兰原教旨主义派, 但是塔利班又具有自己鲜明的特色, "与创建和经营伊斯兰促进会、伊斯兰党及其他一些穆斯林游击队政党的相对世界性、受过良好教育的穆斯林知识分子相比, 塔利班毛拉大多对伊斯兰教的历史、法律和学问一无所知。宗教学校的课程主要是背诵《古兰经》和其他一些经文, 反复灌输朴素的救世主思想和想象出来的最初伊斯兰教清教徒式的价值观。开办学校的毛拉经常混淆普什图部落习俗和伊斯兰教法, 特别是在性别角色问题上"[2]。因此, 塔利班的意识形态是塔利班领导人所理解的原初伊斯兰教法与普什图部落习惯法"普什图瓦里"的糅合与杂烩, 充满了愚昧无知和反现代化的因素。

在塔利班政权统治下, 阿富汗唯一的法律是普什图传统部落法规"普什图瓦里"支撑下的伊斯兰教法。普什图人长期以来坚守着传统部落习惯法"普什图瓦里", 这也是他们行事的基本准则, 它的基础建立在男性的名誉上, 以好客、庇护及复仇为原则。在这个习惯法中, 女性的地位非常低下, 是可以被交易与争夺的财产。"普什图瓦里"还强调男女之间的严格界限, 有一套针对女性的"深闺制度", "深闺制度也被男性认为是控制女性的一种方式"。[3] 因此, "普什图瓦里"有着落后、不文明的一面。塔利班始终拒绝驱逐本·拉登的原因, 其中就有好客和庇护的因素。塔利班对伊斯兰教法极端而特殊的解释以及对"普什图瓦里"的全盘坚守, 决定了

[1]　U.S. Department of State, " International Narcotics Control Strategy Report, 1996 ", Mar. 1997.

[2]　沙伊斯塔·瓦哈卜、巴里·扬格曼: 前揭书, 第229页。

[3]　Palwasha Kakar, " Tribal Law of Pashtunwali and Women's Legislative Authority ", *Islamic Legal Studies Program*, Harvard Law School, p. 4.

塔利班推行的社会政策具有极端的反现代文明价值观的特征。塔利班宣称要在阿富汗建立一个真正的伊斯兰国家，1997 年 10 月，塔利班改国名为"阿富汗伊斯兰酋长国"。

在社会政策方面，塔利班政权推行全面而严格的伊斯兰教法，实行极端宗教统治，要求阿富汗人必须严格遵守《古兰经》对穆斯林的要求。这些社会政策主要包括：禁止演奏、跳舞、看电视、听音乐、放风筝、踢足球和养鸟等；全面禁止为人或动物拍照；要求女性在公共场合从头到脚遮盖，禁止穿白袜子、梳妆打扮和修饰指甲；禁止女性在没有男性家庭成员的陪伴下出门；禁止对女孩子的大多数教育；几乎禁止所有的女性出门在外工作；印度教徒和犹太教徒须穿特殊标识的服装；男性要缠头巾、留大胡子、不沾烟酒；公共交通上实行男女隔离，禁止男医生为女病人看病，反之亦然；以石头砸、剁手足和当众处死为惩罚手段。[1] 为了监督伊斯兰教法的执行，塔利班还专门建立宗教警察。塔利班政权推行的这些极端政策违背了国际社会公认的行为准则，也是对基本人权的严重侵犯，以至于许多国际机构和非政府组织都主动或被迫地暂停或中止在阿富汗的人道主义援助项目。在塔利班政权统治下，女性尤其受到了最不公正和不人道的对待。塔利班高级官员为塔利班推行的伊斯兰教法措施辩护说，"我们正在建立一个世界上前所未有的伊斯兰教"，"我们教育人民执行伊斯兰法律，重新塑造一代新人，我们建立的是一个真正的伊斯兰国家"。对于国际社会特别是西方国家对塔利班压制女性权利的普遍批评，塔利班回应说，"阿富汗不同于西方社会，在阿富汗，妇女不可能像西方社会中的妇女那样生活。我们正是从阿富汗社会和伊斯兰的角度来处理妇女的权利问题"[2]。对向来以民主、自由和人权维护者的美国来说，塔利班不尊重人权的做法既难以接受，也应受到谴责。

不过如前所述，在 1997 年以前，克林顿政府对塔利班的政策并没有受到人权问题的太多影响。但是在塔利班建立政权后，美国国内旨在反对塔利班压制妇女政策的女权主义运动发展起来，"三百个妇女组织、贸易联盟和人权组织在动员支持阿富汗妇女的运动上签名，要求克林顿政府对塔利班采取强硬立场"[3]。甚至连第一夫人希拉里也发言说："当这些妇女因为没有完全遮盖自己或走路发出声响而被所谓的宗教警察野蛮地鞭打时，我们知道这不仅是客观上对她们身体的打击，还是对她

---

[1] 沙伊斯塔·瓦哈卜、巴里·扬格曼：前揭书，第 243 页。

[2] 刘云：前揭书，第 154—155 页。

[3] Ahmed Rashid, *op. cit.*, p. 182.

们精神的摧残。"[1] 国内的女权主义运动给克林顿政府施加了极大的压力，深得女性选民支持的克林顿总统本人也不能不考虑国内强大的民意，克林顿政府想要保持对塔利班的同情立场已经变得非常困难。此时亦即 1997 年初，克林顿政府负责外交领域的决策层的更替为美国对塔利班政策的调整提供了契机。新上任的美国国务卿奥尔布赖特以及南亚事务助理国务卿卡尔·因德弗斯的个人经历和看法与前任有所不同，奥尔布赖特"在中欧的童年经历使得人权问题在她的议事日程中占有突出的重要地位，在华盛顿和伊斯兰堡有一批新的美国外交官开始与塔利班打交道，作为记者出身的新的美国南亚事务助理国务卿卡尔·因德弗斯也了解阿富汗，他与奥尔布赖特的关系要比拉斐尔与克里斯托弗的关系密切得多"[2]。仅从人权角度来看，需要同时满足两方面的条件，美国对塔利班的政策才会发生变化，一是塔利班继续推行侵犯人权的政策，二是美国国内因素的改变，包括外交决策者观念的变化和持续上涨的民意压力。而在 1997 年的时候，这两个条件已然同时具备，所以 1997 年成为克林顿政府对塔利班政策的转变年份也就不足为奇。

第三，塔利班支持和庇护反美的本·拉登及其基地组织，并且逐渐与恐怖主义势力合流。本·拉登与阿富汗有着不解的渊源。早在 80 年代，来自沙特阿拉伯的他就参与到阿富汗的抗苏圣战活动中，他动用自己家族的巨额财富"以慷慨资助抵抗苏联的圣战而闻名"，他还参与创建了一个招募和训练穆斯林圣战者的组织——后勤部，此举也得到了巴基斯坦三军情报局和美国中央情报局的认可和支持。苏联从阿富汗撤军时，本·拉登正式创建所谓的基地组织，致力于将圣战战士引向世界各地的伊斯兰斗争。以海湾战争为标志，本·拉登开始逐渐走向反美道路，他强烈抨击美军进驻沙特阿拉伯。1992 年初，基地领导层发表了一份"法特瓦"（Fatwa）[3]，号召进行圣战，抵抗西方对伊斯兰土地的"占领"。这份"法特瓦"明确地把美军作为攻击目标。[4]1991—1996 年，本·拉登在苏丹避难，在此期间，他与许多国家的恐怖主义和极端主义组织建立联系，逐渐形成了一个以基地组织为中心的全球恐怖主义网络。1996 年 5 月，本·拉登被受到美国和联合国压力的苏丹政府驱逐出境

---

[1]　AP, " Mrs Clinton Takes on Afghan Government ", Apr. 28, 1999.

[2]　Ahmed Rashid, *op. cit*., pp. 180—181.

[3]　"法特瓦"指的是伊斯兰教法学者就伊斯兰重大事项发表的宗教性诠释。

[4]　美国"9·11"独立调查委员会：《9·11委员会报告》，史禺等译，世界知识出版社 2005 年版，第 78—83 页。

迁往阿富汗，此后不久，塔利班攻占喀布尔建立起新政权，基地组织在阿富汗重新勃兴起来。塔利班与本·拉登的基地组织逐渐走向合流，形成一种特殊的联盟关系。本·拉登与塔利班领导人奥马尔有着相似的价值观，本·拉登能够为奥马尔提供经济及军事等方面的支持，奥马尔则允许本·拉登在阿富汗开设训练营培训战斗人员和恐怖分子，本·拉登和基地组织成员在阿富汗拥有相对自由行动的权利，塔利班政权统治下的阿富汗成为本·拉登及基地组织的安全庇护所。受本·拉登及基地组织影响，塔利班的意识形态也发生了一些变化，开始在言辞上反对美国和西方国家，有走向恐怖化的迹象。"据美国情报机构估计，1996 年到 2001 年 9 月 11 日之后，在阿富汗本·拉登资助的训练营中接受训练的武装分子共有 10 000—20 000 人"[1]，由于基地组织与塔利班的合流及共同推动，阿富汗逐渐成为伊斯兰极端主义和恐怖主义的全球圣战中心和大本营。1996 年 8 月，本·拉登在阿富汗发表圣战宣言（即"法特瓦"），号召抵抗正"占领"沙特阿拉伯的美国人，宣称"只有在枪林弹雨中，才能将压迫和耻辱之墙摧毁"。[2] 从 1992 年起，本·拉登的基地组织开始策划或发动多起针对美国目标的恐怖袭击，比如 1992 年 12 月针对也门亚丁港美军的袭击、1993 年 10 月索马里民兵击落两架美国"黑鹰"直升机、1996 年 6 月针对沙特阿拉伯达兰市美军军营的袭击[3]，本·拉登还被美国指控涉嫌卷入其他多起恐怖袭击事件。

本·拉登的反美恐怖活动逐渐引起美国的注意，不过在"1996 年之前，美国政府内几乎没有人知道奥萨马·本·拉登是新型恐怖主义的煽动者和组织者"，"直至 1997 年，即使是中情局的反恐中心仍然把本·拉登仅仅列为'极端分子的资助者'"。为了加强对本·拉登的情报收集和研究工作，中央情报局于 1996 年成立本·拉登专案组。截至 1997 年，专案组已经认识到，本·拉登绝非仅是一个恐怖分子的资助者。他们了解到，基地组织正计划在世界范围内发起袭击美国利益的行动，并且积极谋求制造核武器的原料。[4] 美国国务院发布的《1996 年全球恐怖主义形势报告》指出，占领喀布尔的塔利班已经允许伊斯兰极端分子继续在它控制的领土上进行训练，虽

---

[1]　美国"9·11"独立调查委员会：前揭书，第 93 页。

[2]　Ahmed Rashid, *op. cit.*, p. 133.

[3]　[叙利亚] 纳伊瓦·本·拉登、[沙特阿拉伯] 奥玛·本·拉登、[美] 简·萨森：《本·拉登传：一个恐怖大亨的隐秘人生》，陈嘉宁译，金城出版社 2010 年版，第 292—293 页。

[4]　美国"9·11"独立调查委员会：前揭书，第 155—156 页。

然它声称已经关闭了训练营。它没收的训练营是属于敌对派别的，而且被它转让给像巴基斯坦克什米尔恐怖主义组织那样的派别。报告还描述说，本·拉登在1996年中期从苏丹迁移到阿富汗由塔利班控制的一个地方。[1] 这份报告并没有将本·拉登明确定性为恐怖分子，而是称他为"极端分子"和"恐怖主义金融家"。报告显示出塔利班与某些恐怖主义组织存在一定的联系，本·拉登迁至塔利班控制区则为二者走向结盟创造了有利条件。在《1998年全球恐怖主义形势报告》中，美国首次将基地组织列入恐怖主义组织名单中。[2] 从1996年5月本·拉登进入阿富汗起，美国就一直努力寻找他的踪迹并且多次与塔利班接触，希望塔利班放弃支持本·拉登并将他驱逐出境。如前文所述，在塔利班建立政权后，美国就向塔利班询问本·拉登的下落，还劝告塔利班"本·拉登的存在不符合阿富汗的利益"。对此，塔利班告知说"本·拉登和其他的'阿拉伯人'不在塔利班控制区"[3]。1997年1月，美国驻巴基斯坦大使西蒙斯（Thomas W. Simons Jr.）在助理国务卿罗宾·拉斐尔访问伊斯兰堡前向她表示"阿富汗已成为恐怖主义分子的天堂"，他还建议拉斐尔在会谈中提出让塔利班"关闭好斗分子训练营，抛弃或驱逐本·拉登"的要求。[4] 由于1997年期间本·拉登在电视上对美国发出威胁的次数和恐怖程度都大大增加，在克林顿的白宫同意下，中央情报局将任务从监视本·拉登改为制定计划抓捕他。[5] 在1997年底和1998年初美国打击本·拉登的计划渐趋成型时，美国对庇护本·拉登的塔利班政权也加大了施压力度。然而塔利班与本·拉登已结成休戚与共的命运共同体，这就使它的对外政策被后者无形中绑架。

对于美国将本·拉登驱逐出境的要求，塔利班从一开始就采取不合作的态度，一再以"本·拉登是塔利班的客人"或"证据不足"等多种理由予以拒绝。塔利班多次表示，"在拉登问题上，决不屈从来自任何方面的压力。他们一再强调，拉登是'阿富汗的客人'，他决不会被引渡或交给任何国家、任何人，也决不会被驱逐出阿富汗。拉登本人也表示，他尊重和服从塔利班最高领导人奥马尔的领导，并认

[1]　U.S. Department of State, " Patterns of Global Terrorism Report: 1996 ".

[2]　U.S. Department of State, " Patterns of Global Terrorism Report: 1998 ", Apr. 1999.

[3]　U.S. Embassy (Islamabad), Cable, " Afghanistan: Taliban Official Says that Relations with Russia and Iran Tense ", Sep. 29, 1997. *The September 11th Sourcebooks*.

[4]　U.S. Embassy (Islamabad), Cable, " Scenesetter for Your Visit to Islamabad: Afghan Angle ", Jan. 16, 1997. *The September 11th Sourcebooks.*

[5]　Steve Coll, " A Secret Hunt Unravels in Afghanistan ", *Washington Post*, Feb. 22, 2004.

为塔利班是当今世上最纯正的伊斯兰政权"[1]。塔利班不愿与本·拉登划清界限和拒绝驱逐本·拉登，这就不可避免地激起美国的强烈不满，因此美国对塔利班的态度趋向强硬，双方的关系也变得恶化起来。本·拉登及基地组织逐渐成为双方关系的核心议题和主要障碍。

（二）以"反塔"为主美国对阿富汗政策的内容

自1997年下半年开始，克林顿政府在人权问题上对塔利班进行公开谴责，同时本·拉登及恐怖主义问题也逐渐上升为双方关系变化的主导因素。人权和恐怖主义问题的凸显，意味着美国对阿富汗政策将出现大的调整，主要表现在美国对塔利班态度和政策的变化上。1997—2001年初克林顿政府任期结束，美国对阿富汗政策可以概括为：有限度地调解阿富汗内战，打击本·拉登，对塔利班软硬兼施并日趋反对塔利班，加强与阿富汗反塔北方联盟及俄罗斯、伊朗等国的合作。在这一时期，美国对阿富汗的主要关注点是本·拉登及恐怖主义，人权问题也受到重视，而阿富汗的稳定和毒品问题以及美国能源管道利益问题对美国政策的影响日渐式微。美国对阿政策的主要目标是打击本·拉登及基地组织等恐怖主义势力。为了达到将本·拉登驱逐出境的目的，美国对塔利班可谓是多管齐下，软硬兼施。一方面，美国并没有放弃与塔利班的直接沟通，希望以柔性方式推动塔利班改变在驱逐本·拉登问题上的强硬态度，同时美国还以间接手段利用巴基斯坦和沙特阿拉伯对塔利班施压和劝诱。另一方面，美国对塔利班的反对力度也逐渐加强，除了对塔利班公开谴责，美国还对塔利班进行制裁并且推动联合国安理会制裁塔利班，在反对塔利班方面，美国更是打破一贯的政策传统与俄罗斯、北方联盟甚至伊朗等各反塔力量进行合作，美国还为北方联盟提供了一定的援助。美国对塔利班采取强硬措施既是为了逼迫塔利班在驱逐本·拉登问题上就范，也隐含着推翻塔利班政权的意图。

1. 不承认塔利班政权并公开谴责塔利班的人权问题

以1997年底美国国务卿奥尔布赖特公开谴责塔利班的性别政策为标志，克林顿政府对塔利班的态度开始从姑息与支持转向日趋反对。1997年11月，奥尔布赖特在访问伊斯兰堡时对塔利班进行了严厉的谴责，这也是克林顿政府时期美国外交领域最高级别的决策层代表第一次公开谴责塔利班。对记者关于"美国为什么不承认塔

---

[1]　曹建、曹军：《血腥大鳄：世界头号恐怖分子拉登》，当代世界出版社1999年版，第186页。

利班"的提问，奥尔布赖特回应说，"对于我们为什么反对塔利班，我认为那是很清楚的。由于他们对待人权的方式，他们卑劣地对待妇女和小孩，他们普遍缺少对人的尊严的尊重"[1]。奥尔布赖特还鼓励阿富汗女性争取受教育权和追求那些平等的却被塔利班的伊斯兰教法否定的机会，她说道，"如果一个国家有一半或一半以上的人口被抛弃，那么它是不可能成为一个现代化国家的"，"如果一个社会要前进，妇女和女孩必须有机会接受教育和医疗保健，她们应能够参加经济活动，她们还应该受到保护以免遭身体暴力"。除了表达对人权问题的严重关切外，奥尔布赖特还表达了不承认塔利班政权的立场，她说道，"让我再次陈述，我们并不认为塔利班处于完全控制整个阿富汗的地位，（在阿富汗）其他需要被承认的党派，需要有一个容纳这些党派的政府"[2]。奥尔布赖特的上述表态与以往美国对塔利班政策相比有两点明显的不同：其一，它是美国政府首次公开就人权问题对塔利班进行严厉谴责；其二，它是美国政府首次公开表态对塔利班政权不予承认。而在此之前，美国对塔利班的人权问题虽然也表达关切，但却从未公开予以谴责；美国在承认塔利班政权问题上的立场此前也是摇摆不定，虽然美国一直没有做出承认的决定但也并未公开表态不予承认。很显然，奥尔布赖特的此次伊斯兰堡之行是美国对塔利班态度改变的转折点。在此之后，美国对塔利班的态度渐趋强硬，90 年代中期亲塔利班的那股热情已经消退。在优尼科公司的支持下，1997 年 12 月塔利班官员在华盛顿与美国国务院南亚事务助理国务卿卡尔·因德弗斯会谈。塔利班官员表达了希望改善与美国关系的看法，要求美国重开在喀布尔的大使馆。塔利班官员还对拉巴尼政权继续在联合国占有席位表达了不满。因德弗斯则对塔利班的性别政策提出强烈质疑。他说："塔利班在对女性的医疗、教育和就业机会上的表现会影响我们对它的态度。"[3] 塔利班官员对此辩解说，他们的政策是受欢迎的，反映了阿富汗的传统，美国有关他们对妇女政策的许多信息都是错误的。

2. 力图结束阿富汗内战

由于美国不承认塔利班政权，加上美国对塔利班的态度日趋走向反对，因此美国对结束阿富汗内战和成立一个具有广泛代表性的政府抱有一定的兴趣，这样塔利

[1] Ian Brodie, " Albright Attacks Taleban Oppression of Women ", *The Times*, Nov. 19, 1997.

[2] Richard Mackenzie, *op. cit*., pp. 70–71.

[3] Department of State, Cable, " Afghanistan: Meeting with the Taliban ", Dec. 11, 1997. *The September 11th Sourcebooks.*

班政权就将不复存在而被一个新政府所取代。1997 年 12 月，卡尔·因德弗斯在与塔利班官员的会谈中敦促塔利班与联合国合作，与反对派别进行谈判，他说："塔利班在任何政府中都会是一个主要的角色，但它不能是唯一的角色，它也不能得到美国的承认。"[1] 双方在此次会谈中还谈及跨阿富汗油气管道项目，都认为阿富汗的和平对项目建设很重要，美国方面希望阿富汗结束内战以免失去管道项目创造的经济利益。[2] 就在 1997 年下半年美国对塔利班态度开始转变的时候，在联合国秘书长安南的倡导和推动下，阿富汗的六个邻国巴基斯坦、伊朗、乌兹别克斯坦、土库曼斯坦和塔吉克斯坦等与俄罗斯和美国一致同意创建阿富汗问题 "6+2" 联络小组，负责向塔利班和反塔联盟施压，以迫使它们组建联合政府。对于美国来说，这是极其重要而又具有决定性意义的一步，因为 "在 1979 年伊朗伊斯兰革命胜利后，这还是华盛顿和德黑兰第一次携手努力解决具体的外交政策问题 —— 阿富汗问题"[3]，这也是美国对阿富汗政策变化的明显信号，说明美国已经意识到同遏制伊朗和俄罗斯相比，政治解决阿富汗问题更加重要。1998 年 4 月，美国驻联合国大使比尔·理查德森率代表团出访南亚，其中包括阿富汗。他此行的首要目的是要推动阿富汗各方进行谈判，以结束内战。[4]

3. 将驱逐和打击本·拉登作为对阿政策的核心关注点

对于美国来说，打击在阿富汗活动的本·拉登大概有四种方式：一是直接由中央情报局在阿富汗采取秘密行动抓捕或击毙本·拉登，不过风险较大；二是对本·拉登进行导弹袭击，这种方式成功的把握也难说；三是出动地面部队入侵阿富汗，这又不可避免地引起国际争议；四是由控制阿富汗大部分国土的塔利班将本·拉登驱逐出境或移交给美国。综合比较来看，最后一种方式显然是相对较优的选择项，毕竟美国有过类似的成功先例 —— 美国此前曾向苏丹政府施压，成功地将本·拉登驱逐出苏丹。然而，美国与塔利班对彼此的首要关切既不一致，也相冲突，以至于几乎不存在拿彼此的需求进行交易的可能。塔利班对美国的首要关切是要求美国必须承认塔利班政权的合法性，将得到美国和国际社会的承认与驱逐本·拉登直接挂钩。美国对塔利班的首要关切是塔利班放弃支持本·拉登并将他驱逐出境，

---

[1] Ibid..

[2] Ibid..

[3] [哈萨克斯坦] 苏·马·阿基姆别科夫：前揭书，第 176 页。

[4] 美国 "9·11" 独立调查委员会：前揭书，第 65、158 页。

但美国自1997年下半年开始就已经失去了承认塔利班政权的兴趣。无疑，得不到美国外交承认的塔利班政权也不会满足美国所提的将本·拉登驱逐出境的要求。值得一提的是，虽然美国也曾经提出愿意承认塔利班政权，但美国国内又存在着强大的反塔利班民意，最重要的是，塔利班却又屡屡变卦，在本·拉登问题上还是不肯合作。相对于美国的政策，塔利班的对外政策显得更加混乱无章、难以捉摸。在克林顿政府最后三年多的任期内，美国对阿富汗政策基本上被本·拉登因素所左右，美国与塔利班的关系也主要由于本·拉登这一争端因素而走向敌对。以本·拉登为中心关注点而日趋反对塔利班是这一时期美国对阿富汗政策的基本特征。

4. 与塔利班接触要求其驱逐本·拉登

为了将本·拉登驱逐出阿富汗，克林顿政府多次与塔利班进行接触和谈判。从1996年塔利班攻占喀布尔到2000年底长达四年的时间里，克林顿政府直接与塔利班接触并敦促塔利班驱逐本·拉登的次数一共有37次，但所有的接触和谈判都毫无结果。1996年9月18日即塔利班攻占喀布尔前夕，美国驻巴基斯坦大使馆官员在与塔利班外交官员会谈时就敦促塔利班将本·拉登列为不受欢迎的人。1997年3月，美国驻巴基斯坦大使馆官员告知塔利班驻巴基斯坦大使：塔利班应该尽快将本·拉登从塔利班控制区内驱逐出去。[1] 同年12月，美国国务院官员在与塔利班官员的会谈中表达了对阿富汗恐怖主义问题的关切，要求塔利班更新原来的承诺，即保证阿富汗领土不被用作攻击他国的基地。塔利班官员对此做了重申并且表示，塔利班没有邀请本·拉登来阿富汗，而且已经不允许他接受公开采访。但塔利班官员也说"如果驱逐本·拉登，他将会前往伊朗，那将导致更大的麻烦"[2]。1998年4月，美国驻联合国大使比尔·理查德森在访问阿富汗时要求塔利班将本·拉登驱逐出境，而塔利班的答复是他们对本·拉登的行藏一无所知，但塔利班称，本·拉登不会对美国造成威胁。然而就在此前不久，本·拉登发表"法特瓦"宣称，美国已经向真主和他的使者宣战。他发出号召：无论在任何地方，无论对任何美国人，都应该将其杀死。只要可能，这是每个穆斯林的义务。[3] 本·拉登变本加厉地发动反美宣传攻势产生的

---

[1]　State Department Report, " U.S. Engagement with the Taliban on Usama Bin Laden ", Jul. 16, 2001. *The September 11th Sourcebooks.*

[2]　Department of State, Cable, " Afghanistan: Meeting with the Taliban ", Dec. 11, 1997. *The September 11th Sourcebooks.*

[3]　美国"9·11"独立调查委员会：前揭书，第65、158页。

影响之一就是，推动了美国加大向塔利班施压的力度，美国对阿富汗的关注越来越以本·拉登为中心。

1998年8月，美国驻东非国家肯尼亚和坦桑尼亚的大使馆几乎同时遭到炸弹袭击，本·拉登成为主要怀疑对象，克林顿将他称为美国的"头号公敌"。奥尔布赖特要求塔利班交出本·拉登，并以此作为对其政权承认的条件，但奥马尔拒绝了有关本·拉登卷入爆炸案的指控，并要美国拿出证据。[1]美国随即对本·拉登在阿富汗的基地进行导弹袭击，但未能击毙本·拉登。美国对阿富汗的导弹袭击也影响到优尼科公司的跨阿富汗管道项目，这一项目因此被搁置并最终被取消，这意味着能源利益因素对这一时期美国对阿富汗政策影响的消失。1998年8月美国东非使馆爆炸案将为本·拉登提供庇护的塔利班直接推到了与美国正面对立的前台，美国对塔利班的反对态度变得更加强硬。

美国对阿富汗的导弹袭击进一步恶化了塔利班与美国的关系，而且在此之后，塔利班开始在口头上激烈反美，并一再拒绝美国提出的将本·拉登驱逐出境的要求，因此美国的导弹袭击可以说是失败的，它既没有实现击毙本·拉登重创基地组织的目标，又将塔利班推向了美国的对立面。虽然自1997年底美国对塔利班的态度就转向批评和反对，但塔利班除了在驱逐本·拉登问题上不与美国合作外，在其他问题上并没有表现出明显的反美倾向，更没有卷入针对美国目标的恐怖袭击活动中。在导弹袭击后，塔利班对美国表达了强烈的谴责和声讨，要求美国就导弹袭击进行道歉。在交出本·拉登的问题上，塔利班的态度虽然一度有所松动甚至自相矛盾，但始终没有交出本·拉登的实际行动。塔利班再三宣称，本·拉登是"塔利班的朋友，阿富汗人民的客人"，在美国拿出本·拉登犯罪的确凿证据前，塔利班不会交出自己的"阿拉伯兄弟"，塔利班将不惜一切代价保护这位"客人"。奥马尔还就克林顿与莱温斯基的绯闻表态说："与这样的人谈判是绝对不可能的。"他还声称，克林顿"应被罢免总统职务，用石头砸死"。对于美国要求将本·拉登引渡至第三国受审的要求，塔利班也予以拒绝并且表示，对本·拉登的审判应在阿富汗境内进行，由阿富汗人和非阿富汗人组成的联合陪审团来完成。[2]塔利班在本·拉登问题上的强硬态度和不合作立场反过来又促使美国对塔利班政策走向强硬化。

---

[1] 金世勋：《一个人的战争——与本·拉丹面对面》，世界知识出版社2001年版，第225页。

[2] 金世勋：前揭书，第226—229页。

5. 美国单独对塔利班进行制裁

从1998年下半年起，美国开始在言辞上对塔利班提出警告：如果塔利班继续庇护本·拉登并听任其再次发动袭击，那么塔利班将会面临包括军事打击在内的严重后果。塔利班在本·拉登问题上的做法与美国的意愿和利益显然是背道而驰的，这就注定了美国走上制裁塔利班的道路。对于美国来说，军事打击是最后的选项，只有在制裁无效的情况下才会考虑动用武力。克林顿政府处理阿富汗问题主要有两个方案：第一种方案是采取外交手段结束阿富汗内战，并建立一个全国统一政府；第二种方案是将塔利班列为恐怖组织，并最终向其主要敌人 —— 北方联盟 —— 提供秘密援助。[1] 对这两种方案的讨论最终促成了1999年7月克林顿签署一项制裁塔利班的总统决策指令。1999年7月，克林顿签署名为《冻结财产和禁止与塔利班交易》的总统决策指令。

在签署指令时，克林顿还向国会领袖致信解释了制裁塔利班的理由。他指出："阿富汗塔利班的行为和政策对美国的国家安全和对外政策构成了严重的威胁。塔利班继续为奥萨马·本·拉登提供安全港，允许他和基地组织在塔利班控制的领土上运作一个恐怖主义训练营的网络和以阿富汗为基地发起针对美国的恐怖主义行动。"[2] 克林顿还在信中表达了对塔利班在本·拉登问题上长期不合作的不满。他对塔利班的过往表现做了回顾和总结："至少自从1998年起到这份行政指令出台的时间里，塔利班一直为本·拉登提供安全港和安全保护，容许他自由行动。美国反复努力劝说塔利班将本·拉登驱逐至第三国以接受审判，但都失败了。美国也尝试直接地或通过能影响塔利班行为的前线国家间接地向塔利班施加压力。尽管做了这些努力，但塔利班不仅继续我行我素，而且还加深了对本·拉登和相关恐怖主义网络的支持以及与他们的关系。"[3]

根据这项指令，克林顿政府冻结了塔利班在美国的一切财产，禁止同塔利班控制下的阿富汗地区进行一切交易活动，美国公司不得在这些地区投资。这份指令分为七个部分，其中第一和第二部分涉及具体的制裁措施。第一部分罗列了美国冻结

---

[1]　美国"9·11"独立调查委员会：前揭书，第178页。

[2]　William J. Clinton, " Letter to Congressional Leaders Reporting on the National Emergency With Respect to the Taliban ", Jul. 4, 1999. *The American Presidency Project*.

[3]　Ibid..

塔利班财产的具体范围。简言之，美国所冻结的对象包括在美国或以后在美国的所有与塔利班有关的财产以及与塔利班有关联的人员的财产，也包括与之有关联的美国公民的财产。指令的第二部分罗列了禁止与塔利班交易的一些具体措施，要求禁止本国与塔利班或与塔利班有关的人员之间的一切交易活动，也意味着不准美国公司在塔利班控制的地区有任何投资与经营活动。很显然，克林顿签署的这份指令对塔利班实施的是经济制裁。他在此前给国会领袖的信中指出签署这份指令的目的是，"向塔利班表明我们对它支持恐怖主义分子和恐怖主义网络的严重关切，增加对塔利班的国际孤立，冻结塔利班的财产和行政指令提出的其他禁令将会进一步限制塔利班帮助和支持恐怖主义分子和恐怖主义网络的能力"。这份指令"对于美国向塔利班表明它必须遵守可接受的国际行为规范是特别重要的"[1]。这份指令的出台意味着美国反对塔利班的政策从一般性的施压发展到经济制裁阶段，虽然美国不承认塔利班政权为阿富汗合法政府，但这份指令实际上等于宣布塔利班政权为恐怖主义支持国。在美国看来，塔利班政权已不仅仅是不友好的政权，更是对美国国家安全和对外政策造成严重威胁的敌对政权。

6. 采取更广泛的措施反对和孤立塔利班

美国除了单独同塔利班进行接触，并对其施压甚至制裁，还采取了更广泛的措施反对和孤立塔利班。这些措施主要有：加强与俄罗斯等国的合作；推动联合国安理会制裁塔利班；要求巴基斯坦、沙特阿拉伯和阿拉伯联合酋长国向塔利班施压，削弱塔利班微弱的外交关系；策划对阿富汗的军事行动，但并没有付诸实施；与反对塔利班的北方联盟合作并为其提供一定的援助；考虑取代塔利班，培养阿富汗流亡团体建立温和政府，但没有确立推翻塔利班政权的明确目标。当然，克林顿政府也没放弃直接与塔利班接触，但双方直接接触的渠道已经非常有限，美国方面在接触中所能做的也只是发出严重警告而已。

1999 年 10 月，在美国的积极推动以及俄罗斯等国的配合下，联合国安理会通过对塔利班的制裁决议。决议"强烈谴责利用阿富汗领土，尤其是塔利班控制区来窝藏和训练恐怖分子，策划恐怖袭击的行为"，认定塔利班对"对国际和平与安全构成威胁"。决议还要求塔利班在三十天内"不再拖延地将奥萨马·本·拉登送交已对他起诉的国家的有关当局，或会将他移送起诉国的另一国家有关当局，或会将他

---

[1] Ibid..

逮捕并有效绳之以法的国家的有关当局"，否则将对塔利班实施以下制裁，内容包括冻结塔利班在国外的财产和禁止塔利班的飞机飞出阿富汗领空。[1] 对于联合国安理会一致通过制裁塔利班的决议，克林顿在声明中表示欢迎，他说道，"现在国际社会已经用同一个声音说话了"，"选择合作还是选择孤立取决于塔利班"。[2] 在塔利班拒绝联合国安理会的决议要求后，克林顿警告道，"由于塔利班继续窝藏这个恐怖分子（本·拉登），阿富汗人民已经在孤立中付出了很高的代价，这个代价还将会增加"[3]。2000年9月，美国国务院助理国务卿表示，"塔利班的政策是导致从伊朗到克什米尔整个中亚和南亚地区不稳定的原因"[4]。

2000年12月，美国又联合俄罗斯推动联合国安理会通过一项对塔利班实施武器禁运的决议，决议提出的制裁措施在三十天后因塔利班没有满足决议要求而开始实施。这份最明显地体现美国需求的决议标志着美国对塔利班的制裁已从经济领域扩大到军事领域。决议要求所有国家"阻止本国国民、或从本国领土、或使用悬挂本国国旗的船只或飞机向委员会认定在塔利班控制下的阿富汗领土直接间接供应、出售和转让军火和各种有关物资，包括武器和弹药、军用车辆和装备、准军事装备及上述物资的备件；阻止本国国民、或从本国领土向委员会认定在塔利班控制下的阿富汗领土直接/间接供应、出售和转让与塔利班控制下武装人员的军事活动有关的技术咨询、援助或训练；撤回任何根据合同或其他安排在阿富汗境内应聘在军事或有关安全事项上向塔利班提供咨询的本国官员、代理人、顾问、军事人员，在这方面并敦促其他国民离开该国"[5]。概括地说，这项决议就是规定了禁止向塔利班提供武器或军事顾问，显然这项决议提出的军事制裁是针对塔利班而不是针对北方联盟的，因此它是带有强烈倾向性的反塔决议。此外，决议"敦促与塔利班保持外交关系的所有国家大幅减少驻塔利班代表团和外派机构的人员数量并降低其级别，限制或控

---

[1] 联合国安理会第1267（1999）号决议：《阿富汗局势：制裁塔利班》，代号S/RES/1267，1999年10月15日。

[2] William J. Clinton, " Statement on United Nations Security Council Action Against International Terrorism and the Taliban ", Oct. 15, 1999. *The American Presidency Project*.

[3] William J. Clinton, " Statement on United Nations Sanctions Against the Taliban ", Nov. 15, 1999. *The American Presidency Project*.

[4] [哈萨克斯坦] 苏·马·阿基姆别科夫：前揭书，第196页。

[5] 联合国安理会第1333（2000）号决议：《阿富汗局势：制裁塔利班》，代号S/RES/1333，2000年12月19日。

制所有留下的此种人员在其境内的行动；对于塔利班驻国际组织代表团，东道国在认为必要时可与有关组织协商采取执行本段所需的措施"，还要求所有国家"立即、彻底关闭塔利班在本国境内的所有办事处"。很明显，这项规定旨在彻底孤立塔利班。借助联合国的平台，美国得以对塔利班实施武器禁运并彻底孤立塔利班。

除了对塔利班采取经济和军事制裁外，美国也开始考虑军事行动的选项。2000年11月美国开始积极和俄罗斯酝酿组建多国部队，对本·拉登在阿富汗的营地进行毁灭性打击。在美国看来，塔利班对本·拉登一味庇护，因而军事行动不仅针对本·拉登，也是针对塔利班的。[1] 然而，克林顿政府在最后两年任期内一直在军事行动上犹豫不决，以至于在任期结束时军事行动都没有付诸实施。为了打击本·拉登和塔利班，美国也基于"敌人的敌人是朋友"的原则与北方联盟进行了接触，希望北方联盟能帮助抓捕或击毙本·拉登，为此美国也给北方联盟提供了一定的援助。在克林顿政府任期结束前夕，中央情报局还提出建议，要求大力支持北方联盟，对反塔利班的力量提供援助。不过克林顿政府"就整体而言对支持北方联盟的态度十分谨慎，主要原因是该组织历史背景复杂，在阿富汗获得的民众支持亦十分有限。此外，巴基斯坦对此也表示反对"[2]。

塔利班政权成立后一直没能得到国际社会的承认，也未能取代拉巴尼政权在联合国的席位。只有巴基斯坦、沙特阿拉伯和阿拉伯联合酋长国这三个国家承认塔利班政权并与之保持着外交关系，而它们要么是美国的盟友，要么与美国有着密切的关系。因此在本·拉登问题上，美国也要求这三个国家出面与塔利班沟通或向其施压。在美国的要求下，沙特阿拉伯情报部门负责人于1998年夏与塔利班领导人进行秘密会谈，得到了塔利班将驱逐本·拉登出境的承诺，但是塔利班并没有履行诺言。[3]由于塔利班在驱逐本·拉登问题上对沙特阿拉伯、巴基斯坦这几个曾经的恩主毫不退让和妥协，因此美国的目的依旧未能达到。

（三）以"反塔"为主美国对阿富汗政策的影响

纵观克林顿政府自1997年下半年以后对阿富汗政策的变化可以发现，本·拉登问题逐渐成为美国对阿富汗问题的主要关注点，而人权、毒品、能源利益和阿富汗

---

[1] 刘云：前揭书，第164页。

[2] 美国"9·11"独立调查委员会：前揭书，第265页。

[3] 美国"9·11"独立调查委员会：前揭书，第165页。

内战调解等问题对美国对阿富汗政策的影响显然在下降。正是由于本·拉登问题的凸显以及塔利班与本·拉登的合流，美国对塔利班态度和政策逐渐趋于强硬和反对，双方关系也不断恶化。围绕解决本·拉登问题，克林顿政府对塔利班既拉又压，采取了直接与间接的外交施压、单独与联合的经济和军事制裁等多种措施，但并未采取军事行动，美国的目的也始终未能达到。

从姑息塔利班到反对塔利班——克林顿政府的态度变化反映出它在对阿富汗政策上缺乏足够的审视，由此也能看出克林顿政府对阿富汗的重视程度是很低的。正如有评论所说的，"从无条件地接受塔利班到无条件地拒绝塔利班，美国的政策看起来好像在绕圈子"[1]。如果说美国是因人权问题初步打开对塔利班政策转向的大门，那么决定此后美国日趋反对塔利班的便是本·拉登的恐怖主义因素。"美国的政策又一次成为单轨议程，仅仅聚焦于抓获本·拉登而不是应付更广泛的扎根于阿富汗的恐怖主义问题和推动促和努力。华盛顿好像有一个本·拉登政策而不是一个阿富汗政策，美国从支持塔利班转到了完全拒绝他们的另一个极端。"[2]通过前文的论述可以发现，克林顿政府后期的对阿富汗政策基本上完全被本·拉登因素所左右，以至于本·拉登因素成为美国与塔利班关系中的核心议题。主要是由于过分专注于本·拉登因素，克林顿政府后期的对阿政策产生了两个方面的消极影响。

第一，在一定程度上，美国对本·拉登因素的专注分散了美国对阿富汗其他问题的注意力，特别是在调停阿富汗内战问题上，美国并没有给予足够的关注，更没有积极地投入其中，以至于阿富汗的内战状态一直持续到"9·11"事件后。

第二，围绕交出本·拉登的问题，美国和塔利班的关系呈现出一种螺旋式上升的恶性走向，双方关系不断恶化的根源显然在于本·拉登，但双方也都应付相应的责任。美国为了达到驱逐本·拉登的目的，对塔利班可谓是软硬兼施，采取了一系列广泛的措施，并且其反对、孤立和制裁塔利班的力度也越来越强，美国的做法无疑也导致了塔利班的强势反弹，结果是塔利班也越来越敌视美国。以1998年8月美国对塔利班控制区进行导弹袭击为标志，塔利班的反美倾向渐趋增强。如前文所述，塔利班不断走向极端化与其本身性质以及受本·拉登影响有关，但美国对塔利班政策的失当也是其中的重要推力。克林顿政府在其任期后期对塔利班不断施加压力，

---

[1] Ahmed Rashid, *op. cit.*, p. 182.

[2] Ibid..

在国际社会中孤立和制裁塔利班，塔利班大有陷入"四面楚歌"的境地，结果是塔利班选择了与本·拉登及恐怖主义更紧密地捆绑在一起，塔利班在极端主义的道路上越走越远。

本章小结

本章论述了 90 年代的美国对阿富汗政策。具体而言，1992 年前美国虽然继续援助阿富汗抵抗力量但已呈现出退出姿态，并在 1992 年纳吉布拉政权垮台后从阿富汗抽身而退，1995 年后美国在总体持观望态度的同时又在一定程度上重新关注阿富汗，其对阿富汗政策经历了从间接支持塔利班到反对塔利班的变化，不过美国对参与阿富汗事务的兴趣和热情仍然不高。90 年代的阿富汗逐步沦为极端主义和恐怖主义的大本营，2001 年的"9·11"事件与这一时期美国对阿富汗的长期忽视不无关系。总之，"退出"和"观望"是这一时期美国对阿政策的基本倾向。

第四章 "9·11"以来的美国对阿富汗政策

在美国对阿富汗政策历程中，2001 年的"9·11"事件是一个明显的分水岭。在此之前，美国的军事力量从未大规模地进驻阿富汗，美国对阿富汗事务的参与也始终保持在相对有限的程度上，虽然里根政府时期美国曾卷入阿富汗的抗苏圣战中，但受制于冷战格局，美国基本上扮演的是行事谨慎、间接参与的角色。在"9·11"事件前的 90 年代，美国对阿富汗基本上也了无兴趣、缺乏热情。"9·11"事件深刻影响了美国的阿富汗政策，以"9·11"事件为标志和契机，美国不仅更直接地卷入阿富汗事务中，而且在各个层面和领域对阿富汗事务的参与力度都达到了前所未有的程度。小布什政府不仅借阿富汗反恐战争推翻了塔利班政权，还主导了阿富汗的战后安全与重建任务。但由于塔利班政权垮台后不久小布什政府反恐战略重心就转移到伊拉克，从而导致美国在战略上对阿富汗事务的忽视。继任的奥巴马政府重新调整美国反恐战略的重心，根据阿富汗形势的变化对美国对阿政策进行多次调整，并且开启了美国对阿政策的退出阶段。无论是小布什政府还是奥巴马政府，后塔利班时代的美国对阿富汗政策主要表现在美国对阿富汗安全与重建的关注和参与上。换言之，在后塔利班时代，美国对阿政策处于直接参与阿富汗事务的安全与重建阶段。

第一节 小布什政府的对阿富汗政策

2001 年 1 月小布什政府执政后，基本上延续了克林顿政府的阿富汗政策，即为达到使塔利班交出本·拉登的目的，对塔利班采取既拉又压、软硬兼施的政策。但在"9·11"事件发生后，小布什政府很快就发动了新世纪的第一场反恐战争——阿富汗战争，不但推翻了塔利班政权，还支持亲美的卡尔扎伊成立了阿富汗新政府，由此也开始了阿富汗的国家重建进程。整体来看，小布什政府对阿政策呈现出目标不明确、缺乏明确规划和连贯性的特征，阿富汗的安全和重建是它的主要关注点。

然而，由于奉行单边主义的小布什政府随之又发动了伊拉克战争并逐渐陷入伊战泥潭，从而导致阿富汗在战略层面上长期受到小布什政府的忽视，美国对阿富汗的资源投入也受到极大的限制。从结果来看，小布什政府在阿富汗安全和重建问题上没有取得明显的成就，阿富汗的总体形势特别是安全局势也更趋恶化。

一、小布什政府对阿富汗政策的背景

2001 年 12 月，塔利班政权垮台以及卡尔扎伊临时政府的成立标志着阿富汗重建进程的开始。阿富汗也进入了后塔利班时代，美国对阿政策步入维安和重建阶段。仅就后塔利班时代小布什政府对阿政策来看，其基本背景可以总结为两点。其一是"9·11"事件后美国推翻了塔利班政权并支持建立一个亲美的阿富汗新政府，这为美国推行对阿政策创造了政治前提；其二是信奉新保守主义理念的小布什政府将美国的反恐重心转向伊拉克并深陷伊战泥潭，这既反映出小布什政府对阿富汗的战略忽视，也直接导致小布什政府长期以来对阿富汗政策关注不足和投入资源十分有限。比较这两点背景，前者对美国对阿政策显然是有利的，后者对美国对阿政策无疑是有害的，也是导致小布什政府对阿政策失败的最重要因素。

（一）"9·11"事件后塔利班政权垮台与卡尔扎伊新政府成立

"9·11"事件后，小布什政府发动了针对塔利班政权的报复性打击，推翻了塔利班政权，摧毁了本·拉登在阿富汗的基地训练营。虽然没能彻底击溃塔利班和基地残余势力，但在小布什政府的积极支持和推动下，阿富汗很快成立了一个亲美的卡尔扎伊新政府，这为美国推行对阿政策创造了基本的政治前提。

1. "9·11"事件前小布什政府趋向于推翻塔利班政权

如前所述，从 1996 年本·拉登迁往阿富汗时，克林顿政府就开始与塔利班接触，要求塔利班不要庇护本·拉登并将其驱逐出境。然而，直到克林顿政府任期结束时，克林顿政府采取的除军事行动以外的各种手段都未能产生促使塔利班交出本·拉登的效果。继任的小布什政府基本延续克林顿政府的政策，为达到促使塔利班交出本·拉登的目的，小布什政府继续对塔利班既保持接触，又进行施压和制裁，但都未能得到塔利班的合作。不过，美国进攻阿富汗、推翻塔利班政权的动向在 2001 年 1 月小布什就任总统时就已有苗头，但在"9·11"事件发生之前并未表面化。[1] 在 "9·11"事件前一天，小布什政府副部级委员会围绕是否推翻塔利班终于达成一致，并制定出一项三阶段战略："第一阶段，美国将派出特使，给塔利班最后一次机会。如果努力失败，美国政府将继续对塔利班施加外交压力，并实施秘密援助计划，支持阿富汗境内反塔利班的主要族群在内战中牵制塔利班，并对基地窝点进行袭击。与此同时，美国政府会建立国际同盟，进一步削弱塔利班政权。第三阶段，如果塔利班的政策依然故我，副部级委员会同意美国在阿富汗境内发动秘密行动，颠覆塔利班政权。"[2] 然而，突发的"9·11"事件导致这一项三阶段、多年期的战略计划未能付诸实施。根据美国国务院 2001 年 7 月的一份报告，从 1996 年塔利班攻占喀布尔到 2001 年夏长达五年的时间里，美国政府直接与塔利班接触并敦促塔利班驱逐本·拉登的次数达 40 次之多，其中小布什政府仅有 3 次。报告的结论认为，与塔利班的"所有谈判都毫无结果"[3]。表 4-1 反映的就是这一时期美国与塔利班在本·拉登问题上的接触次数统计。

表4-1 美国与塔利班在本·拉登问题上的接触次数（1996.09—2001.07）

年份	1996	1997	1998	1999	2000	2001
次数	2	8	20	3	4	3
总次数	40					

（资料来源：State Department Report，"U.S. Engagement with the Taliban on Usama Bin Laden"，Secret, Jul. 16, 2001. The September 11th Sourcebooks.）

2. "9·11"事件后小布什政府武力推翻塔利班政权

2001 年 9 月 11 日，两架被劫持的民航客机先后撞击位于纽约的世界贸易中心大厦，美国国防部所在地五角大楼也受到同样的袭击。袭击共造成近 3 000 人死亡，经济损失达数千亿美元。[4] 这就是震惊世界的"9·11"事件。除了直接的人员伤亡和经济损失外，"9·11"事件也给美国人造成巨大的心理影响，它是自二战结束后美

---

[1] [日]田中宇：《"9·11"迷雾——美国政府反恐决策内幕》，佟大成译，世界知识出版社 2005 年版，第 42 页。

[2] 美国"9·11"独立调查委员会：前揭书，第 291 页。

[3] State Department Report，" U.S. Engagement with the Taliban on Usama Bin Laden "，Jul. 16, 2001. *The September 11th Sourcebooks.*

[4] 朱永彪：《"9·11"之后的阿富汗》，新华出版社 2009 年版，第 1 页。

国本土所遭受的一次最沉重的打击，打破了美国本土的安全神话。"9·11"事件还对美国的国家安全战略、对外政策乃至全球战略都产生了极为深刻的影响，这在小布什政府时期表现得尤为明显。此外，"9·11"事件还直接将阿富汗和塔利班以及本·拉登及基地组织推向了世界政治舞台的中心，阿富汗在沉寂了十年之后再次成为国际社会瞩目的焦点之一。最重要的是，美国与阿富汗的关系也因"9·11"事件发生了具有历史转折意义的变化，美国开始全面参与阿富汗事务，美国对阿政策的新阶段也因此酝酿发端。从某种意义上说，"9·11"事件坚定了美国武力打击塔利班政权的决心，也为之提供了难得的契机和借口。应该说，小布什政府发动阿富汗战争的主要目的是打击和报复基地组织和塔利班政权，但也有以阿富汗为棋子经营中亚和中东的战略意图以及追求经济利益的盘算。因为，在战后的阿富汗，政治与石油生意之间的联系越来越一目了然。在"9·11"事件前几天美国能源部的公布的报告就提到："从能源角度看，阿富汗的重要性在于它的地理位置。中亚的石油和天然气有可能经此输往阿拉伯海。"不过，小布什政府通常倾向于否认美国在阿富汗追求经济利益的说法。一位驻喀布尔的美国外交官表示，"对美国来说，阿富汗本身没什么价值可言。它既不出产什么原材料，作为管线的过境运输国也不是太合适"。他还认为此前优尼科石油公司的计划是基于对阿富汗的政治社会形势完全错误的分析制定出来的。他强调指出，美国领导的军事所追求的唯一目标，一直是把阿富汗的恐怖分子从其藏身之处彻底铲除，"至于别的一些说法都是些别有用心的揣测。美国并没有什么总体规划，过去没有，现在也没有。9月10日那天（'9·11'事件前一天），没一个美国人会料到我们的部队今天会出现在这儿"。[1] 如果从塔利班政权垮台后美国很快就将注意力转移到伊拉克的事实来分析，这位美国官员的说法并非没有道理。也有观点认为，美国主观上似乎不想尽快结束阿富汗战争，因为这样可以为美国提供在中亚保持军事存在的合理借口。小布什政府也一再表示：反恐行动将是一场未有尽期的战争，塔利班和基地组织的头目至今尚未抓获，其残余势力在阿富汗及周边国家和地区的恐怖活动又有恢复和增加的趋势，美国需要以中亚作为后方基地，加强对上述恐怖主义势力的打击和清剿。[2] 且不论小布什政府发动阿富汗战争的目的有哪些，至少有一点可以肯定的是，如果没有"9·11"事件这一

---

[1]　[英]卢茨·克莱维曼：前揭书，第198—199页。

[2]　朱成虎：前揭书，第248—249页。

导火索,这场战争或许根本不会引发。

"9·11"事件发生的当晚,小布什发表电视讲话,强调美国将把"从事此次行动的恐怖分子和庇护他们的人视为一体",亦即将对支持或藏匿恐怖分子的国家进行同样的打击。9月14日,美国国会参众两院通过决议,授权总统可以"使用一切必要和适当的武力",打击"策划、指使、实施恐怖袭击或对其提供帮助的国家、组织和人员以及这些组织和人员的庇护者"。15日,小布什在广播讲话中首次公开指称本·拉登是对美国进行恐怖袭击的"首要嫌疑犯"[1]。20日,小布什向国会联席会议发表讲话说:"美国尊重阿富汗人民……但我们谴责塔利班政权。它不仅镇压本国民众,还资助、庇护和支持恐怖分子从而威胁着世界各地的民众","塔利班必须马上行动,必须要把恐怖分子交出来,否则就会遭到(与恐怖分子)同样的命运"。小布什在讲话中还以对恐怖分子的态度为标准划线,要求"每一个国家,无论地处何处,现在都面临着选择:或者站在我们(即美国)一边,或者站在恐怖分子那边"。小布什还誓言要发动打击恐怖主义活动的战争。[2]面对小布什政府对塔利班的一再施压和最后通牒,塔利班却选择了拒绝无条件交出本·拉登。塔利班不仅否认本·拉登与恐怖袭击有牵连,还强硬地表示要反击美国的侵略。9月23日,塔利班表示决不把本·拉登交给美国,并警告美国政府,如果对塔利班发动攻击,将产生一系列"严重后果"。塔利班领导人奥马尔的发言人说:"美国的要求对任何阿富汗穆斯林来说都是不能接受的,我们也不准备接受。"[3]塔利班还宣布向美国发动圣战并在国内进行军事动员,以应对美国的军事打击。

由于对塔利班的施压和沟通没有取得任何效果,军事打击便成为小布什政府的不二选择。小布什政府制定了打击阿富汗的"持久自由"行动计划,这项军事计划分为四个阶段。第一阶段:美国及其盟国派兵进驻这一地区,并准备从阿富汗邻国境内或空中发动军事行动。第二阶段:对基地和塔利班的关键目标实施空中打击和特种部队袭击。中情局和军方特种部队前所未有地与阿富汗反塔利班主要派别合作。第三阶段:美国执行"决定性行动",动用包括地面部队在内的全部国家力量,推翻塔利班政权,摧毁基地在阿富汗的大本营。第四阶段:军事和非军事行动被期限

---

[1] 刘云:前揭书,第166页。

[2] George W. Bush, " Address Before a Joint Session of the Congress on the United States Response to the Terrorist Attacks of September 11 ", Sep. 20, 2001. *The American Presidency Project*.

[3] 郑守华、何明远等:前揭书,第26页。

不定的任务取代，即军方所谓的"安全和稳定行动"。[1] 从"9·11"事件发生后，小布什政府就积极调动各种战略资源，在政治、经济、外交、军事和舆论等方面多管齐下，为发动针对塔利班和基地组织的阿富汗反恐战争做了充分准备和部署。在外交方面，美国积极施展外交手段，建立了由其领导的广泛的反塔利班国际联盟。英国承诺直接参战；北约和欧盟的美国传统盟国也表示支持；巴基斯坦、沙特阿拉伯和阿拉伯联合酋长国也因巨大的外部压力与塔利班断绝外交关系；俄罗斯以及中亚国家也表示配合美国的军事行动，为美国提供了空中走廊和军事基地；美英还与阿富汗长期反对塔利班的北方联盟建立了密切的政治和军事合作关系；"9·11"事件发生后，国际社会同声谴责这一恐怖袭击行为，普遍对美国表达同情和道义支持，世界上大多数国家都不同程度地支持美国的军事行动，正如小布什所说的，美国"得到了全世界共同意志的支持"[2]；联合国安理会也于 9 月 28 日通过了第 1373 号决议，重申"根据《联合国宪章》以一切手段打击恐怖主义行为对国际和平与安全造成的威胁"[3]，这份决议实际上为美国发动阿富汗战争赢得了合法性。在军事方面，美国展开了一场自 1991 年海湾战争以来最大的一次军事部署。截至 2001 年 9 月底，美军在阿富汗周边已部署大约 18 万兵力。[4] 此外，英国也在海湾地区做了战斗部署。10 月 6 日，小布什发表广播讲话表示，"（美国）已经给予了充分的警告，没有时间再等待了"[5]。次日，美英开始对阿富汗进行军事打击，这标志着旨在推翻塔利班政权和摧毁基地组织的阿富汗战争正式打响。根据小布什的说法，军事打击的目标是有限的，那就是"终结恐怖主义分子利用阿富汗作为行动基地的状况，打击塔利班政权的军事实力"[6]。美军的战斗策略基本上是"代理战"，战斗的一方是美英和北方联盟，美英主要负责空中打击，北方联盟开展地面进攻，另一方是塔利班和基地组织。经过两个多月的战斗，至 12 月中旬，美军已取得决定性的胜利。塔利班在

---

[1]　美国"9·11"独立调查委员会：前揭书，第 468—469 页。

[2]　George W. Bush, " Address to the Nation Announcing Strikes Against Al Qaida Training Camps and Taliban Military Installations in Afghanistan ", Oct. 7, 2001. *The American Presidency Project.*

[3]　联合国安理会第 1373(2001) 号决议：《国际合作防止恐怖主义行为》，代号 S/RES/1373（2001），2001 年 9 月 28 日。

[4]　王凤：前揭书，第 115 页。

[5]　George W. Bush, " The President's Radio Address ", Oct. 6, 2001. *The American Presidency Project.*

[6]　George W. Bush, " Address to the Nation Announcing Strikes Against Al Qaida Training Camps and Taliban Military Installations in Afghanistan ", Oct. 7, 2001. *The American Presidency Project.*

坎大哈的投降和托拉博拉山区战役的结束标志着塔利班政权垮台以及基地组织有组织抵抗的结束。塔利班政权的垮台使阿富汗的历史进程掀开新的一页，虽然奥马尔和本·拉登下落不明，塔利班和基地组织残余势力也未被剿灭，阿富汗的安全形势仍然不容乐观，但阿富汗已经进入战后重建的新阶段，美军在阿富汗的大规模战争行动已经结束，这也意味着美国对阿富汗政策重心将转向关注阿富汗的安全和重建问题，"持久自由"行动也进入第四个阶段——"安全和稳定行动"阶段。

3. 小布什政府支持卡尔扎伊建立阿富汗新政府

就在塔利班政权濒于崩溃的同时，成立阿富汗新政府的问题摆上了台面。围绕组建阿富汗新政府的问题，外部相关各方进行了激烈的争论和磋商。阿富汗各派力量也竞相争夺新政府的权力分配资格，这些力量主要有北方联盟、以前国王查希尔为首的罗马集团、以卡尔扎伊为首的温和派，塔利班温和派也是不可忽视的重要力量。此外，在阿富汗还有各种部落势力、宗教势力和众多的地方军阀，他们对政权组建也有着一定的影响。北方联盟在阿富汗战争中贡献最大，又自认为作为拉巴尼政权的继承者是得到世界承认的合法政府，因此北方联盟力图在新政府中独揽大权，俄罗斯、伊朗和印度等国对此给予了坚定的支持，但美国和巴基斯坦则坚决反对。美国和巴基斯坦主张由查希尔作为阿富汗国家权力的"象征性核心"，组成一个包括各民族、各派别参加的政府，这就是鲍威尔所说的"柬埔寨模式"。而查希尔也把自己看成是阿富汗国内唯一可为各方接受、能够整合阿各派势力的人物。[1] 为此，美国着手策划、支持流亡在外的查希尔势力返回阿富汗，试图平衡北方联盟的影响。不过，此举遭到北方联盟的抵制，后者主张在阿富汗建立共和政体，反对查希尔回归政治舞台。此外，巴基斯坦还坚决要求将塔利班温和派纳入阿富汗新政府框架中，这也得到沙特阿拉伯等一些伊斯兰国家的支持。

作为阿富汗战争的主导者，美国对阿富汗新政府的组建问题起着决定性作用。在战争爆发不久，小布什政府就开始考虑未来阿富汗新政府组建的问题。鲍威尔指定他的高级助手理查德·哈斯与联合国和其他国家进行合作，商讨和确定塔利班政权被推翻后可能出现的政府形式。塔利班政权垮台后，小布什政府政策的重点转向如何建立符合美国和西方利益的阿富汗新政府。不过，小布什政府的政策在塔利班垮台前后经历了比较大的变化和调整，最终确定了卡尔扎伊为美国最属意的阿富汗

---

[1] 邹强、邵杰：《未来阿富汗谁主沉浮》，载《光明日报》2001年10月30日。

新政府领导人选。对于美国而言，组建一个温和派占主导地位的、有广泛基础的阿富汗政府是最符合美国和西方利益的。在阿富汗新政府组建问题上，小布什政府对塔利班温和派的态度变化最为明显。最初，小布什政府主张建立一个包括塔利班温和派在内的基础广泛的政府，这样既照顾到普什图族的利益，又兼顾了巴基斯坦的要求，而且还能防止以非普什图族为主体的北方联盟一家独大。10 月 16 日，美国国务卿鲍威尔和巴基斯坦总统穆沙拉夫达成协议，同意塔利班温和派参与新政府。鲍威尔说："当这一切都结束时，你不能在阿富汗实行彻底的种族清洗政策。也许，他们（塔利班）当中的一些温和派会愿意参加一个新型的、代表不同利益的政府。"[1]然而，美国的这一主张遭到北方联盟、俄罗斯、伊朗以及印度的强烈反对，国际社会包括美国的盟友如法国、德国也对此表示担心。考虑到反恐战争的需要，美国最终决定不再吸纳塔利班温和派进入新政府。11 月 18 日，卡尔扎伊称，坎大哈的一些塔利班高级官员已经与阿富汗前国王的支持者达成协议，同意与阿富汗其他各派组建联合政府。对此，美国总统国家安全顾问赖斯明确表示，在未来阿富汗政府中不应该包括塔利班的势力。她说："无法想象这个政府中有塔利班的势力。我坦率地说，'温和派'和'塔利班'这两个词本身就是矛盾的。"[2]可以说，美国态度的转变直接决定了塔利班在阿富汗新政府组成中被彻底冷落的命运。

在小布什政府看来，必须挑选一个能为各方接受的、温和派的、亲西方的政治领袖担任阿富汗新政府领导人，卡尔扎伊恰恰满足了这些条件。卡尔扎伊作为阿富汗南方普什图族的领袖之一，拥有政治学硕士学位，在美国留过学，能讲流利的英语，了解西方的文化艺术和社会政治制度，在政治上属于温和派，被美国和西方认为是阿富汗各部落中最亲近西方国家、最认同西方政治理念和价值观的温和派人士，这使他成为最符合美国和西方利益需要的领导人选。可以说，卡尔扎伊之所以能在激烈的权力斗争中脱颖而出，主要是由于得到了美国和西方国家的大力支持，当然也与卡尔扎伊自身的因素有关，卡尔扎伊的普什图族身份、相对温和的亲西方政治立场以及比较清白的人生经历也都是其获得成功的重要因素。不过在当时，卡尔扎

---

[1] 众众、玉庆：《美巴达成协议：同意塔利班政权中的温和派参与新政府》，中国日报网，2001 年 10 月 17 日，http://www.chinadaily.com.cn/gb/doc/2001-10/17/content_11357.htm，2013 年 4 月 10 日访问。

[2] 李宏伟：《塔利班同意加入联合政府，美安全顾问赖斯强烈反对》，中国日报网，2001 年 11 月 19 日，http://www.chinadaily.com.cn/gb/doc/2001-11/19/content_13792.htm，2013 年 4 月 10 日访问。

伊在阿富汗并没有多高的知名度。美国国务院于 2001 年 6 月中旬公布了对阿富汗 27 个省约 5 000 人的民意测验，结果显示：50% 的人认为前国王查希尔是最能解决阿富汗目前各种问题的领袖，问卷上所列的其他阿富汗人士所获支持的程度均不超过 11%。[1] 由此也能间接地看出，卡尔扎伊在阿富汗的名气是非常有限的。但在阿富汗战争开始后，卡尔扎伊的名气急速上升，逐渐成为阿富汗家喻户晓的政治人物，而这恰恰是美国和西方国家为卡尔扎伊宣传造势的结果。在 11 月底 12 月初由联合国主持的阿富汗问题波恩会议上，美国代表团频频向与会各方施压并迫使北方联盟妥协，最终促使阿富汗各派同意由美国支持的卡尔扎伊出任阿富汗临时政府主席一职。在以卡尔扎伊为主席的阿富汗临时政府成立前夕，小布什政府就急于承认其为阿富汗合法政府，美国驻阿富汗大使馆也随即重新开馆并恢复工作。卡尔扎伊新政府的成立符合美国的利益，它不仅标志着阿富汗的政治重建正式拉开帷幕，也为小布什政府对阿政策的推行创造了不可或缺的政治条件，一个与美国保持友好关系的阿富汗政府的存在无疑大大便利了美国对阿富汗安全和重建事务的参与。

（二）小布什政府的新保守主义理念与美国反恐重心转移到伊拉克

阿富汗卡尔扎伊新政府的成立为小布什政府对阿富汗政策的推行创造了必要的政治前提，但是小布什政府将反恐重心迅速转向伊拉克却给阿富汗重建造成了不可估量的负面影响。由此，美国的反恐重心转向伊拉克并长期陷入伊战泥潭就构成了小布什政府对阿富汗政策的另一个基本背景，而且这一战略转向本身就反映出小布什政府对阿富汗的战略忽视，也是小布什政府对阿富汗政策犯下的最大战略失误。美国反恐重心从阿富汗转向伊拉克固然与伊拉克本身具有更大的战略重要性有关，也离不开新保守派的推动。

1. 小布什政府外交政策的新保守主义倾向

美国反恐战略重心的转移有多方面因素的影响，其中小布什政府奉行的新保守主义理念是最重要的因素之一。关于小布什政府入侵伊拉克的原因，美国学者史蒂芬·坦纳做了比较全面的总结。他指出，"布什政府的两个借口，即伊拉克拥有大规模杀伤性武器和伊拉克在 2001 年 9 月 11 日发动的袭击中的罪恶，都是错误的"。他将小布什政府的动机分为明说的动机和没有说出的动机两大类，明说的动机又分

---

[1] 联合国大会：《阿富汗境内的人权情况》，2001 年 9 月 26 日，代号 A/56/409，第 5 页。

为好的、坏的和丑陋的动机。他总结说："美国 2003 年入侵伊拉克背后的动机仍然难以彻底弄清，而且最为可能的是，决定是因为各种原因的结合而做出的。偏执、复仇、错误的情报、帝国主义、石油、以色列和政治全都可能发挥了作用。然而，似乎没有任何因素会比小布什的性格影响更大。"[1] 由于小布什本人在就任总统之初在外交方面并不擅长，因此更准确地说，从根本上推动美国将反恐重心从阿富汗转移至伊拉克的是小布什政府整个外交政策团队。

小布什是打着"有同情心的保守主义"的政治旗号入主白宫的。在精神气质上，小布什不像他的父亲而更像里根，持有一种黑白分明的道德观及不能容忍模棱两可的心态。[2] 小布什的性格和世界观决定了他对新保守主义有着特殊的情怀。从理念上看，小布什政府的外交团队呈现出鲜明的新保守主义倾向和强硬的鹰派色彩，一批新保守主义者和"火神派"成员居外交和安全机构的要职，如副总统迪克·切尼、国务卿鲍威尔、副国务卿理查德·阿米蒂奇和约翰·博尔顿、国家安全顾问赖斯、国家安全副顾问斯蒂芬·哈德利、国防部长拉姆斯菲尔德、国防部副部长保罗·沃尔福威茨和道格拉斯·费思，除了鲍威尔是一个温和的现实主义者，其他人大都属于新保守派阵营或是新保守派的同路人。早在小布什参加总统大选时，他就组建了被称为"火神"小组的外交政策顾问团队，其成员包括赖斯、保罗·沃尔福威茨、理查德·阿米蒂奇、斯蒂芬·哈德利等人。小布什的外交政策顾问将自己的团队称为"火神"，以此表达对古罗马主管火、铸造和金属制造的神的敬意，这个词也恰如其分地表现了小布什外交政策班子想要表达的形象：一种权力感、顽强、弹性和耐久性。[3] 小布什的核心外交政策班子中基本上没有吸收共和党温和派，取代他们的绝大部分是"火神"小组的强硬派知识分子。这些人在外交政策方面"非常保守"，或认为自己是鹰派。[4] 新保守主义理念对小布什政府的外交政策产生了决定性影响。"在小布什政府内，新保守派不仅在内阁里有人撑腰，自身还位居要职，在国防部和国务院形成了新保守派的网络"[5]，这就大大限制了主管对外事务的国务卿鲍威尔

[1] [美] 史蒂芬·坦纳：《父子统帅：布什们的战争》，张远航译，东方出版社 2009 年版，第 177—188 页。

[2] 刘阿明：《布什主义与新帝国论》，时事出版社 2005 年版，第 85 页。

[3] [美] 詹姆斯·曼：前揭书，前言，第 1—2 页。

[4] [美] 伊沃·H·达尔德尔等：《后外交时代：不受约束的美国》，刘满贵译，新华出版社 2004 年版，第 39 页。

[5] 吴晓春：《美国新保守派外交思想及其影响》，知识产权出版社 2008 年版，第 155 页。

的作用。新保守主义外交理念主张美国利益至上、实力外交、以武力输出民主，更迭敌对政权，谋求美国的绝对安全，倡导单边行动，摆脱国际机制的制约。新保守主义的理论是建立在美国绝对的军事优势和美国例外论的基础上的。新保守主义的外交思想与小布什政府的紧密结合形成了小布什政府的帝国外交，布什主义就是其行动指南。所谓"布什主义"，就是基于意识形态的考量，凭借超强的军事力量，对正在出现的威胁实施先发制人的预防性打击，从而实现敌对国家的政权更迭，建立起新世纪由美国主导的新秩序，捍卫和推进自由和民主，建立自由主义市场经济。[1]布什主义的手段是先发制人，行为方式则是单边主义。布什主义在小布什政府发动伊拉克战争的过程中得到了最集中的体现，而发动伊拉克战争也是小布什政府新保守主义理念对美国外交政策影响发展到顶峰的标志。

2. 小布什政府发动伊拉克战争及对阿富汗的影响

早在海湾战争时期，美国的一些新保守主义者就力主推翻伊拉克萨达姆政权。在老布什政府担任国防部副部长的沃尔福威茨主持制定的"防御计划指南"也提出推翻萨达姆政权的建议。此后，新保守派关于推翻萨达姆政权的声音一直不绝于耳。1998年，新保守主义的重要智库"新美国世纪计划"（Project for New American Century）向克林顿总统致公开信，强烈建议改变美国对伊拉克的遏制政策，推翻萨达姆政权，签名者中就有以后在小布什政府任职的拉姆斯菲尔德、阿米蒂奇、沃尔福威茨等人。[2] 在"9·11"事件前，小布什政府内的沃尔福威茨等人继续建议以武力推翻萨达姆政权。

在小布什政府为发动伊拉克战争作准备的过程中，政府内以切尼、拉姆斯菲尔德和沃尔福威茨为代表的强硬派和新保守派发挥了关键的推动作用。他们既是发动伊拉克战争的积极倡导者，也是身体力行的推动者。"9·11"事件不仅为美国打击塔利班提供了正当理由，也为小布什政府将伊拉克问题纳入反恐范畴提供了难得的借口。在小布什政府为阿富汗战争作开战准备的同时，拉姆斯菲尔德和沃尔福威茨等人也提出对伊拉克进行军事打击。小布什在2001年9月20日国会联席会议上的讲话中就指出，"我们的反恐战争从基地组织开始，但并不在此结束"[3]。按照小布

---

[1] 刘金质：《试评小布什的帝国外交》，载《国际政治研究》2004年第4期，第87页。

[2] 吕磊：《美国的新保守主义》，江苏人民出版社2003年版，第370页。

[3] George W. Bush, " Address Before a Joint Session of the Congress on the United States Response to the Terrorist Attacks of September 11 ", Sep. 20, 2001. *The American Presidency Project*.

什政府的设计，打击塔利班和基地组织的阿富汗战争仅仅只是美国在全球范围内反恐战争的开始，而绝不只限于在阿富汗进行反恐，阿富汗战争代表着一场更大范围的战争的第一阶段。在阿富汗的大规模军事行动还未结束时，即 2001 年 11 月，小布什政府的公开言论中出现一种奇特、微妙的变化，开始越来越多地强调基地组织可能获得大规模杀伤性武器的危险。

进入 2002 年后，小布什政府的反恐重心已经从阿富汗转向伊拉克了。以 2002 年 1 月小布什发表"邪恶轴心"的国情咨文为标志，美国反恐战争开始进入反对伊拉克萨达姆政权的新阶段。在国情咨文中，小布什宣布伊拉克、伊朗和朝鲜是"邪恶轴心"的成员，这些国家寻求发展大规模杀伤性武器，并可能向恐怖分子提供这些武器，美国必须与"邪恶轴心"做斗争。[1] 就这样，在从"9·11"事件到小布什发表"邪恶轴心"说不到 5 个月的时间里，小布什政府"已逐步把反恐战争的重点从对'9·11'袭击的罪犯实施报复，转为阻止恐怖分子获得大规模杀伤性武器，又转到防止国家向恐怖分子提供这些武器"[2]。在小布什政府看来，伊拉克无疑是"邪恶轴心"之首，它认为伊拉克掌握着大规模杀伤性武器并暗中支持恐怖主义，这对美国构成了严重威胁。2002 年初以来关于伊拉克战争的辩论将新保守主义者对小布什政府外交政策的影响清楚地呈现于世人面前。整个 2002 年，小布什政府都在为改变萨达姆政权作各种努力，在战略层面上阿富汗已经被完全忽视。从 2002 年至小布什政府任期结束，阿富汗基本上都没有再成为美国对外政策优先关注的议题。

2003 年 3 月，美国绕开联合国安理会，不顾世界多数国家的反对，领导和发动了旨在推翻萨达姆政权的伊拉克战争。虽然萨达姆政权被迅速推翻，但伊拉克日趋恶化的安全形势和艰难的战后重建却令美国长期深陷伊拉克问题的困境中。小布什政府发动伊拉克战争对阿富汗产生了极其深远的负面影响，长期复杂难解的伊拉克问题使小布什政府的反恐重心再未能重新转向阿富汗，阿富汗的安全形势和战后重建也主要由于美国的战略忽视而一步步走向恶化和糟糕的境地。和伊拉克相比，小布什政府对阿富汗既缺乏战略重视，而且投入的资源也显得微乎其微。在这两个反恐战场上，美国绝大部分的财力、物力和人力都投入到了伊拉克战场，阿富汗成为

---

[1]　George W. Bush, " Address Before a Joint Session of the Congress on the State of the Union ", Jan. 29, 2002. *The American Presidency Project*.

[2]　[美] 詹姆斯·曼：前揭书，第 320 页。

被小布什政府长期"遗忘的前线"[1]。国家安全副顾问斯蒂芬·哈德利就把对阿富汗的战争计划视为不可避免的权宜之计。[2] 小布什政府在最初制定对阿富汗的战争计划时也未能考虑到阿富汗的战后稳定和建设问题。由此可见，从一开始小布什政府对阿富汗的战略关注就是有限的。

至 2007 年初，美国在伊拉克驻军约 13 万人，而在阿富汗驻军人数只有约 2.7 万。[3] 根据美国国会服务局和国防部的估计，美国在 2001—2008 年的反恐战争中费用支出达 8 640 亿美元，其中伊拉克战场的支出占 74%，达到 6 420 亿美元，而阿富汗战场仅占 22% 的份额，为 1 890 亿美元。[4]2003—2008 年，美国共向伊拉克提供了约 448 亿美元的重建资金，[5] 而 2001—2008 年底，美国向阿富汗提供的援助总额只有约 280 亿美元。[6] 美国 2008 年才设立阿富汗重建特别监察长办公室，而伊拉克重建特别监察长办公室在 2004 年就已设立。通过上述一系列数据的比较也能看出，小布什政府在阿富汗的反恐和重建事务上的投入都远少于伊拉克，这也说明小布什政府的伊拉克政策直接影响着它的阿富汗政策。总之，小布什政府发动伊拉克战争和对阿富汗长期的战略忽视构成了小布什政府对阿政策的另一个基本背景，而且这一背景也是导致其对阿政策失败的最重要原因之一。

二、小布什政府对阿富汗政策的内容

塔利班政权走向崩溃和阿富汗新政府的组建工作差不多同时进行。随着大规模军事行动的结束和卡尔扎伊新政府的成立，美国对阿富汗的关注重心开始转向安全与重建事务。小布什政府对阿政策进入到一个新的阶段，即参与阿富汗战后重建阶段，

---

[1] Lawrence J. Korb, Caroline Wadhams, Colin Cookman, and Sean Duggan, " Sustainable Security in Afghanistan: Crafting an Effective and Responsible Strategy for the Forgotten Front ", Center for American Progress, Mar. 2009, p. 1.

·[2] [美] 鲍勃·伍德沃德：《布什的战争》，上海美国研究所、上海市美国学会组译，上海译文出版社 2003 年版，第 186—187 页。

[3] 班和平：《美国军队总数及其海外驻军概览》，新华网，2007 年 4 月 16 日，http://news.xinhuanet.com/mil/2007-04/16/content_5984505.htm，2013 年 4 月 10 日访问。

[4] Amy Belasco, " The Cost of Iraq, Afghanistan, and Other Global War on Terror Operations Since 9/11 ", *CRS Report for Congress,* May 15, 2009, p. 12.

[5] Curt Tarnoff, " Iraq: Reconstruction Assistance ", *CRS Report for Congress*, Mar. 24, 2008, p. 5.

[6] Curt Tarnoff, " Afghanistan: U.S. Foreign Assistance ", *CRS Report for Congress*, Jul. 8, 2009, p. 10.

这一阶段一直延续至今。虽然小布什政府对阿富汗的重建工作一直予以支持，但总的来看它对阿富汗重建相对缺乏热心，而且相对于经济和社会重建，它更偏重于反恐和安全重建，同时小布什政府对阿政策也缺乏战略眼光和连贯性，阿富汗重建在小布什政府任期内始终没能成为优先重视的议题。"轻视'建国'的思想不仅主导着布什政府阿富汗政策的早期行为，也一直限制着美国此后的介入程度。"[1] 从主观上看，小布什政府对阿富汗缺乏兴趣，其政策也存在很大的问题；从客观上看，小布什政府的反恐重点长期聚焦在伊拉克，而且伊拉克持续恶化的安全形势也迫使小布什政府将更多的资源投入其中，这样就不仅降低了小布什政府对阿富汗的战略关注，而且导致阿富汗获得的战略投入远远不够。直至2008年，随着伊拉克局势的好转，小布什政府才开始逐渐调整对阿政策，力图将反恐重点回归至阿富汗以改善阿富汗日益恶化的安全形势，尤其是加强了针对巴基斯坦与阿富汗边境地区的单边军事行动。不过，2008年下半年有限的政策调整对任期行将结束的小布什政府而言可谓是为时已晚。

纵观阿富汗重建时期的小布什政府对阿政策，严格来说，只有"大中亚计划"算得上是小布什政府从战略高度上关注阿富汗的体现。小布什政府第二任期一度雄心勃勃地推进以阿富汗为中心的"大中亚计划"，力图将解决阿富汗问题放在大中亚地区的框架下来综合考虑。2005年10月，美国国务卿赖斯在哈萨克斯坦的演讲中指出，"阿富汗需要与中亚建立一种全面伙伴关系……一个安全和繁荣的阿富汗能促进中亚稳定，并将中亚和南亚联系起来，这是未来经济成功的关键所在"[2]。2006年4月，分管中亚南亚事务的助理国务卿理查德·鲍彻在国会举行的以"大中亚计划"为核心议题的听证会上表示，"南亚和中亚应被作为一个整体对待……地区这个地区中心的阿富汗可以成为连接南亚和中亚的桥梁，而不是将它们分开的障碍"[3]。同年5月，美国参议院通过的《2006年丝绸之路战略法案》也阐明了将阿富汗与中亚国家联接在一起的必要性。[4] 围绕解决阿富汗问题，小布什政府第二任期力推"大中亚计划"，但这一试图以阿富汗为中心将中亚和南亚整合的计划是"临时起意、

[1] ［美］伊沃·H·达尔德尔等：前揭书，第148页。

[2] Condoleezza Rice, " Remarks at Eurasian National University ", Oct. 13, 2005. http://2001-2009. state.gov/secretary/rm/2005/54913.htm，2013年4月10日访问。

[3] Richard A. Boucher, " U.S. Policy in Central Asia: Balancing Priorities (Part II) ", Apr. 26, 2006. http://merln.ndu.edu/archivepdf/centasia/State/65292.pdf，2013年4月10日访问。

[4] The Senate of the United States, " Silk Road Strategy Act of 2006 ", May 4, 2006.

先天不足"的 [1]，并且由于面临诸多困境和制约因素最终雷声大、雨点小，以至于不了了之。

小布什政府对阿富汗政策的目标在美国国务院和国际开发署 2003 年 8 月发布的《2004—2009 财政年度战略计划》中得到明确的表述。据此美国在阿富汗要实现四大目标："阿富汗必须建立内部和外部的安全以确保经济重建、政治稳定和抑制鸦片生产的增长；必须致力于建立一个稳定、有效和具有广泛代表性的中央政府；经济发展必须能够支持这个新政府并且降低对捐赠者的依赖；在重建进程中，必须帮助阿富汗人民满足他们迫切的人道主义需要。" [2] 从中看出，小布什政府对阿富汗的关注集中在重建和安全事务上，因此它也积极参与到阿富汗的重建进程中。由于塔利班政权垮台后小布什政府对阿富汗长期战略忽视，加之对阿政策也缺乏重要调整，有鉴于此，本研究对小布什政府对阿政策的研究主要侧重在小布什政府如何参与和支持阿富汗重建这一问题上。在长期战略忽视的大背景下，小布什政府对阿富汗重建的参与主要集中在政治、安全和经济与社会等领域。

（一）助力卡尔扎伊巩固政权，打造民主样板

在阿富汗政治重建方面，小布什政府的主要目的是致力于帮助卡尔扎伊巩固阿富汗中央政权，推动阿富汗的民主政治建设，力图打造出一个符合西方民主模式的阿富汗。在小布什政府大力推动的大中东民主改造计划中，阿富汗就是其中的重要一环。正如小布什本人所言，美国对致力于阿富汗稳定、自由与和平的承诺是长期的。[3]

小布什政府不仅在第一次波恩会议上积极扶持卡尔扎伊就任阿富汗临时政府主席，还在 2002 年 6 月的阿富汗过渡政府总统选举中通过美国阿富汗问题特使哈利扎德的"调解"工作使查希尔和拉巴尼两个热门人选退出选举，使卡尔扎伊成为过渡政府总统的唯一候选人，这样卡尔扎伊顺利当选为阿富汗过渡政府总统，他的权力地位得到进一步巩固。从 2002 年底开始，美国又协助阿富汗制定具有西方模式色彩的政党法和宪法。2003 年 10 月，阿富汗过渡政府正式颁布了新的政党法。同年 12

[1] 杨鸿玺：《美国中亚战略 20 年》，社会科学文献出版社 2012 年版，第 241 页。

[2] U.S. Department of State and U.S. Agency for International Development, " Strategic Plan Fiscal Years 2004–2009 ", Aug. 2003.

[3] George W. Bush, " Remarks Prior to Discussions With President Hamid Karzai of Afghanistan in New York City ", Sep. 12, 2002. *The American Presidency Project*.

月至次年 1 月，阿富汗制宪大国民会议举行，新宪法草案获得通过。新宪法确定在阿富汗实行与美国类似的总统内阁制政府模式，赋予了总统对国家事务的决定权，这就从法律层面加强了卡尔扎伊的权力和地位。小布什政府对卡尔扎伊的支持尤其突出地表现在 2004 年 10 月的阿富汗总统大选上。这次大选是阿富汗历史上第一次总统直接选举，号称是"阿富汗 5 000 年历史上首次民主选举"，但这次大选处处充斥着美国的影子，甚至大选的进程也深受美国的主导和影响。就在大选前不久，美国国防部长拉姆斯菲尔德访问阿富汗，他在与卡尔扎伊会谈后的新闻发布会上称赞卡尔扎伊在团结国内各派力量以及体察和实现阿富汗民意方面表现出的勇气，并表示美国将继续支持阿富汗的战后重建。[1] 美国除了为确保此次总统大选顺利进行而加大安保力度外，还专门保护美国最中意的候选人卡尔扎伊的人身安全，而且采取了各种手段以确保卡尔扎伊能从过渡政府总统顺利转正为阿富汗新政府的总统。正如西方媒体评论所说，小布什热切盼望地球另一端的选举成功举行，更希望美国一手扶持的卡尔扎伊获得胜利，因为这是展示美国在这条"反恐第一前线"上获得成果的良机。美国《洛杉矶时报》也披露，为了支持卡尔扎伊，美国竟然偷偷摸摸搞着各种小动作，其中包括鼓励和动员一些实力派候选人退出大选，还和他们进行幕后交易。[2] 据参加此次大选的总统候选人、前计划部长莫哈科克透露，美国驻阿大使哈利扎德曾对他进行了长达一小时的说服工作，要求他退出竞选，甚至提出了交换条件，但由于有关条件不够优厚，他拒绝退出竞选。此外，哈利扎德还拉拢前北方联盟的另一位重要成员、前总统拉巴尼，试图加剧同属前北方联盟的卡努尼阵营的分裂，以便使卡尔扎伊"不战而胜"。[3] 当卡努尼等绝大部分候选人质疑选举的合法性并联合起来抵制大选时，哈利扎德又参与斡旋和调解，促使卡努尼等人放弃了对大选的抵制，由此维护了总统大选的民主形式。美国的插手损坏了大选的公平性，但很大程度上正是由于美国的精心谋划和大力支持，卡尔扎伊取得了阿富汗首次总统大选的胜利。2005 年 9 月，美国又协助阿富汗进行了下议院和省议会的选举。同年 12 月，阿富汗新议会正式成立，这标志着 2001 年 12 月由波恩会议确立的"波恩进程"的结束。

---

[1] 陈一鸣：《一助选二禁毒：拉姆斯菲尔德闪电访问阿富汗》，载《人民日报》2004 年 8 月 13 日。

[2] 苏北：《阿富汗大选号称五千年首次民主选举 其变数难料》，载《北京青年报》2004 年 10 月 9 日。

[3] 王军：《荆棘丛生的阿富汗大选路 美国插手塔利班破坏》，新华网，2004 年 9 月 26 日，http://news.xinhuanet.com/world/2004-09/26/content_2024866.htm，2013 年 4 月 10 日访问。

在小布什政府时期，美国为塑造阿富汗的民主政治体制下了很大的工夫，阿富汗的基本政治框架也逐步确立起来。此外，小布什政府还采取多种措施维护和扩展卡尔扎伊政权的权威和控制力，这些措施主要有：敦促地方军阀服从卡尔扎伊政权，支持卡尔扎伊分化、瓦解地方军阀和实力派的努力；帮助卡尔扎伊政权建立起渐趋完善政府机构和暴力机关，为其组建和培训安全部队和警察力量；推动卡尔扎伊政权反对腐败、提高治理能力。根据美国政府问责局 2009 年 4 月的一份报告：自 2002 年以来，美国在阿富汗民主、治理和法治方面的投入约为 25 亿美元；[1] 通过由美国领导的驻阿联军及省级重建小组等力量直接介入的方式扩展卡尔扎伊政权的控制力和影响力，"通过开展各项行动，在打击恐怖主义和叛乱分子的同时，帮助增强阿富汗政府保护民众、治理及发展可持续经济的能力，以扩展阿富汗政府的权威并树立其作为阿富汗合法政府的形象"[2]。2002 年 12 月，美国率先倡导在阿富汗各地区组建省级重建小组，致力于解决地方冲突和协调地方重建项目，由军事人员和民事人员组成的省级重建小组的主要任务就是帮助和推动服从中央政府的地方官员实行善治，发展经济和社会建设，以此提高"合法政府的效率和合法性，降低非法政权的效率和合法性"。美国领导的每一个省级重建小组的组成都包括 50—100 名美军、美国国防部民事人员、国际开发署和国务院的代表以及阿富汗政府人员。与其他国家领导的省级重建小组不同的是，美国领导的小组主要聚焦于平叛斗争。[3]从 2003 年底，美国对塔利班的政策也有了一定的变化，开始赞同卡尔扎伊政权同塔利班和谈，有限度地支持卡尔扎伊政权同塔利班的政治和解努力，不过小布什政府在此问题上的态度有所反复，始终不够明确，总体上对于与塔利班和谈和接触缺乏热情。其实，小布什政府在阿富汗安全和经济等领域重建的努力都是其支持卡尔扎伊政权的表现，特别是在经济和社会领域所做的工作对卡尔扎伊政权赢得一定的民心都是必不可少的。

---

[1]　United States Government Accountability Office, " Afghanistan: Key Issues for Congressional Oversight ", Apr. 2009, p. 4.

[2]　Catherine Dale, " War in Afghanistan: Strategy, Military Operations, and Issues for Congress ", *CRS Report for Congress*, Jan. 23, 2009, p. 54.

[3]　Kenneth Katzman, " Afghanistan: Post-Taliban Governance, Security, and U.S. Policy ", *CRS Report for Congress*, Apr. 8, 2008, p. 31.

（二）实施"尽力而为"的反恐方针，帮助培训阿安全部队

安全重建是阿富汗战后重建的重要组成部分，也是其他领域重建的前提和保障。从2002年开始，即在卡尔扎伊的临时政府成立后不久，小布什政府就将反恐注意力转向伊拉克，开始在阿富汗实行"尽力而为"的反恐方针。

需要注意的是，美国在伊拉克战场上长期执行的是"不达目的誓不罢休"的反恐方针。在"尽力而为"这一反恐方针的指导下，美国在阿富汗的军事投入急剧减少。一方面，美军没有抓住战机继续追击、彻底剿灭塔利班和基地组织残余势力。2002年7月，美国宣布在阿富汗的传统战斗任务基本结束，剩下的作战任务可能会由中央情报局特工人员和特种部队来执行。此后，驻阿美军的进攻行动大大减少，其任务由作战转为维持和平。驻阿富汗北约国际安全援助部队司令戴维•理查兹曾表示，美军的错误在于过早地采取了"和平时期的路线"，美国领导的联军在推翻塔利班政权后没有乘胜追击，为塔利班2006年在阿境内死灰复燃创造了条件。[1] 另一方面，驻阿美军的兵力和装备都达不到平叛的需要。随着伊拉克战争爆发，驻阿美军及执行其他任务的人员和装备被部分调往伊拉克战场，如中央情报局的特工、反恐专家、中东问题专家和民事人员，这使得美国在阿富汗本来就比较有限的军事力量受到极大削弱，降低了平叛和维持治安的能力。

2002年2月—2008年底，以美军为首的联军在国际安全援助部队、阿富汗和巴基斯坦军事力量的配合下，先后在阿富汗东部、南部以及阿富汗与巴基斯坦边境开展了数十次较大规模的清剿行动，但收效甚微，没能扭转阿富汗日趋恶化的安全形势，奥马尔和本•拉登也依然逍遥法外。美国中央司令部一位前高级官员如此评论小布什政府的阿富汗政策，"我们在阿富汗精打细算"，事实上，"在阿富汗每多一份投入所获得的边际效益要比在伊拉克大得多"。[2] 可以说，美军在阿富汗执行的反恐方针和严重不足的反恐投入是阿富汗安全形势在小布什时期始终未能得到好转且不断恶化的关键原因，结果是本来一场"好"的战争却逐渐变成了"坏"的战争。

直到2008年，小布什政府才考虑对其阿富汗政策进行重大调整。2008年9月，

---

[1] 亮亮：《驻阿北约部队称美军错误令塔利班死灰复燃》，新华网，2006年10月19日，http://news.xinhuanet.com/world/2006-10/19/content_5222850.htm，2013年4月10日访问。

[2] David Rohed and David E. Sanger, " How a ' Good War ' in Afghanistan Went Bad " , *The New York Times*, Aug. 12, 2007.

小布什政府的军政高官密集表态,要对美国在阿富汗的反恐政策做出重大调整。美国参谋长联席会议主席穆伦发布对阿富汗局势的评估报告,认为阿富汗反恐战争没有取得胜利,呼吁美国政府认真审视目前的阿富汗政策。而恰恰在 2007 年 12 月,穆伦还认为阿富汗不是美国反恐的首要任务,他当时说,"在阿富汗,我们尽我们所能","在伊拉克,我们做我们必须"。[1] 国防部长罗伯特·盖茨在 2008 年 9 月表示,在阿富汗战争中"尽力而为"的方针应该改变了,阿富汗和伊拉克现在同等重要,美军在阿富汗也将"不达目的誓不罢休"。众议院军事委员会主席凯尔顿也表示,阿富汗现在应该成为美国反恐战争的最前沿,是美国的首要任务。小布什则宣布,在 2009 年 2 月前向阿富汗增派约 4 500 名士兵。对此,穆伦认为增兵承诺是个好的开始,但还没有达到驻阿美军指挥官们的预期。[2] 由于小布什政府对阿富汗政策进行的重大调整已近其任期尾声,因此就整个任期来看,小布什政府在阿富汗执行的仍是有限的反恐行动。

帮助阿富汗政府组建和培训国家安全部队是小布什政府在阿富汗反恐的重要举措,也是"尽力而为"方针的体现。2002—2008 年,美国共为阿富汗安全部队建设提供了约 165 亿美元的援助(见表4-2)。阿富汗国家安全部队包括阿富汗国民军和阿富汗国家警察两支力量。在卡尔扎伊临时政府成立后,小布什政府就明确表示帮助阿富汗组建国家军队、结束长期的军阀统治。

表 4-2　2002—2008 财年美国对阿富汗国家安全部队的援助(单位:百万美元)

援助项目＼财政年度	2002	2003	2004	2005	2006	2007	2008	总计
阿富汗军队	76.9	362.7	723.7	1 736.6	767.1	4 884.2	1 721.7	10 273.0
阿富汗警察	25.5	5.0	223.9	873.9	1 299.8	2 701.2	1 105.6	6 198.8
总计	102.4	367.7	947.6	2 574.5	2 066.9	7 585.4	2 827.3	16 471.8

(资料来源:United States Government Accountability Office, " Afghanistan Security ", June, 2008, p. 11. 表中2008年的援助资金为预算请求数据。)

2002 年 2 月,美国向阿富汗派出一支特别军事小组就帮助组建一支正规军队的

---

[1]　Robert Burns, " Mullen: Afghanistan Isn't Top Priority ", *The Associated Press*, Dec. 11, 2007.

[2]　王姗姗:《布什政府的阿富汗反恐政策开始重大转型》,载《工人日报》2008 年 9 月 13 日。

事宜进行评估和确立方案。同年 4 月，在瑞士日内瓦举行的会议上，美国与其他国家一起为阿富汗确立了一个安全改革战略。根据该战略，美国将牵头帮助阿富汗重建一支军队，德国主要负责组建阿富汗警察力量，而英国、意大利和日本则分别负责禁毒、司法部门改革以及解除武装、复员和重返社会等方面的工作。在阿富汗国民军的组建过程中，美国同阿富汗政府一起发挥了主导性作用。从 2003 年起，美国也开始直接参与对阿富汗警察力量的组建和培训工作。表 4-2 反映的是小布什政府时期美国对阿富汗国家安全部队的援助情况，这些援助来自于美国国防部和国务院。从表中可以看出，2008 年以前美国对阿富汗安全部队的援助大体呈逐年递增的趋势，而且除了 2006 年以外，美国每年对阿富汗军队的援助都远远超过对警察部门的援助，原因在于阿富汗军队相对于警察部门而言，在平叛和反恐方面担负着更大的责任。美国之所以大力援建阿富汗安全部队，其目的还是希望实现"阿人治阿"，为将来转移安全责任创造条件。然而，直至小布什任期结束，阿富汗安全部队无论从数量还是装备及能力上都远远达不到独立承担阿富汗安全责任的要求，阿富汗的维安工作仍然严重依赖驻阿美军及国际安全援助部队的存在。

美国政府问责局 2008 年 6 月发布的一份报告认为，"国防部和国务院没有形成一项能够完成和支持阿富汗国家安全部队建设的协调而又详细的计划"。报告指出："自 2002 年以来，美国对阿富汗国民军的投入已超过 100 亿美元，然而，105 个国民军单位中只有 2 个被评估认为具有完全开展主要作战任务的能力，这个比例还不到 2%。60% 的军队单位 —— 也就是 38 个单位具备执行作战任务的能力，但要求助于国际援助部队。剩下的 65 个单位要么还在规划和训练中，要么被认为部分能够或根本不能够执行主要任务。"报告还列举了组建阿富汗军队面临的问题，比如：缺少合格的领导人选、留不住人；美国的训练人员和指导人员不足；阿富汗军队关键装备的短缺达 40%。此外，报告也指出，没有一个阿富汗警察单位能完全执行其任务。[1]上述分析表明，小布什政府时期美国对阿富汗安全部队的援助总体来说力度有限。

在阿富汗安全重建方面，小布什政府还极力推动国际社会参与，尤其是要求其北约盟友加入其中、分担责任。在塔利班政权垮台时，美国就促使联合国安理会通过决议，成立国际安全援助部队在阿富汗进行维和行动，但美国最初要求这支维和

---

[1] United States Government Accountability Office, " Afghanistan Security: Further Congressional Action May Be Needed to Ensure Completion of a Detailed Plan to Develop and Sustain Capable Afghan National Security Forces " , June 18, 2008, pp. 2-4.

力量只部署在喀布尔及附近地区。以后由于阿富汗安全形势恶化，美国又推动北约于 2003 年接管国际安全援助部队并将维和范围扩大阿富汗其他地区。为了减轻自身负担和改善日趋恶化的阿富汗安全形势，美国继续力促北约领导的国际安全援助部队将维和任务升级为参加作战的平叛任务。2006 年 7 月，北约从美军手中接管阿富汗南部的军事指挥权，标志着北约首次在阿富汗执行地面作战任务。[1] 国际安全援助部队的职能和角色正式转型，这样美国就将部分包袱甩给了北约盟友。同时，美国还多次要求其盟国向阿富汗增兵。北约驻军阿富汗固然有地缘战略方面的深层考虑，但也使阿富汗从美国的包袱变成了整个北约的包袱。

（三）有限度地支持阿富汗经济和社会重建

1. 有限度地援助阿富汗经济和社会重建

与安全重建相比，小布什政府对阿富汗的经济和社会重建的援助和参与力度显得非常有限，而且还一再要求国际社会特别是其盟友增加对阿富汗的重建援助。2004 年 4 月，小布什宣布美国将向阿富汗提供"马歇尔计划"式的援助，然而美国的做法却是口惠而实不至。"有数字表明，阿富汗重建行动是美国战后所主导的重建行动中投入资源最少的一次：在塔利班政权垮台后两年内，美国对阿的人均援助只相当于巴尔干半岛冲突后给予波斯尼亚人的 1/10。"[2] 小布什政府时期，美国对阿富汗的重建援助不仅比伊拉克少得多，而且对阿富汗在经济领域的投入也远远少于在安全和反恐方面的投入。

就美国官方来看，美国对阿富汗的重建援助主要是通过国防部、国务院和国际开发署三大机构来开展的。其中国防部主要负责阿富汗的安全重建，国务院也部分地参与其中，阿富汗的经济和社会重建主要由国际开发署负责。根据美国阿富汗重建特别监察长办公室 2009 年 1 月提交给国会的报告，2001—2009 年，国防部、国务院和国际开发署三个机构向阿富汗拨付的资金在美国政府向阿富汗拨付的总资金中所占的比例分别为 59%、13% 和 24%。[3]2002—2009 年的上半年，按照财政预算，

---

[1] 王建芬：《北约从美国手中接管阿富汗南部军事指挥权》，新华网，2006 年 7 月 31 日，http://news.xinhuanet.com/world/2006-07/31/content_4900586.htm，2013 年 4 月 10 日访问。

[2] 赵瑞琦：《塔利班还能再起吗？》，载《南风窗》2007 年第 11 期，第 74 页。

[3] 引自美国阿富汗重建特别监察长办公室的报告数据，报告参见 http://www.sigar.mil/pdf/quarterlyreports/2009-01-30qr.pdf，2013 年 4 月 10 日访问。

美国已为阿富汗承诺了略高于 1 700 亿美元的支出，但其中只有 7% 的资金是致力于对阿富汗的外国援助和外交行动，剩下的 93% 分配给美国国防部来操作。[1] 表 4-3 反映的是小布什政府时期美国在阿富汗的支出分配情况。从中可以看出，美国的支出主要由国防部操作，达 1 600 亿美元，而在对阿富汗的援助和外交行动上的支出只有 124 亿美元。这说明美国对阿富汗的重建努力集中在安全和反恐领域，而对经济和社会领域的重建非常不重视。表 4-4 也能反映美国对阿富汗重建援助分配不平衡的情况，美国在阿富汗安全领域的拨款比重为 56%，在经济和社会领域的比重为 29%，前者几乎是后者的两倍。

表 4-3　2001—2009 年美国在阿富汗的支出分配（单位：十亿美元）

项目分配＼财政年度	2001/2002	2003	2004	2005	2006	2007	2008	2009	总计
国防部操作	20.0	14.0	12.4	17.2	17.9	34.9	31.4	12.5	160.1
外国援助　外交行动	0.8	0.7	2.2	2.8	1.1	1.9	2.4	0.6	12.4

（资料来源：Amy Belasco, " The Cost of Iraq, Afghanistan, and Other Global War on Terror Operations Since 9/11 ", CRS Report for Congress, Oct. 15, 2008, p. 10.）

表 4-4　2002—2009 年美国在阿富汗安全、稳定和发展方面的拨款（单位：百万美元）

拨款领域＼财政年度	2002	2003	2004	2005	2006	2007	2008	2009	总计	百分比
安全	147	388	949	2 307	1 989	7 431	2 763	5 606	21 580	56
治理、法治、人权	110	97	262	244	110	286	517	824	2 450	6
经济和社会发展	650	498	1 153	1 570	1 007	1 591	2 100	2 448	11 017	29
禁毒	40	3	126	775	420	737	617	802	3 520	9
总计	947	986	2 490	4 896	3 526	10 045	5 997	9 680	38 567	100

（资料来源：United States Government Accountability Office, " Afghanistan: Key Issues for Congressional Oversight ", Apr. 2009, pp. 4-5.）

---

[1]　Lawrence J. Korb, Caroline Wadhams, Colin Cookman, and Sean Duggan, *op. cit.*, p. 1.

鉴于美国对阿富汗经济和社会重建的援助主要由美国国际开发署负责,因此这里主要分析国际开发署在阿富汗经济和社会发展方面所做的工作。美国国际开发署在阿富汗重建中所参与的领域包括农业、民主和治理、经济增长、教育、性别及培训参与者、健康医疗、基础设施、稳定等。其中除了民主和治理以及稳定等领域,其他领域基本都属于阿富汗经济和社会重建的范畴。因此,美国国际开发署在阿富汗经济和社会重建中的情况可以根据其从事的领域分为六个方面。第一,在农业方面,加快阿富汗以市场为导向的农业经济增长。美国国际开发署在阿富汗开发了一系列农业项目,目的是改善粮食安全计划,提高农业劳动生产率和农村地区的就业率,增加家庭收入和福利,不断提高的就业机会和收入也能促使农民放弃种植罂粟。至2008年,国际开发署已为阿富汗的农业项目投入资金3.24亿美元。第二,通过促进阿富汗的经济增长,减少贫困。美国国际开发署的经济增长项目旨在促进一个由私人部门主导的经济,稳定的政治和经济条件会阻止恐怖主义的滋生。为了改善阿富汗的经济政策和商业环境,美国国际开发署还帮助阿富汗政府促进宏观经济改革、征税和对国有企业进行私有化,并且协助私营部门提高竞争力,支持中小企业,帮助阿富汗企业参与全球市场竞争。至2008年,国际开发署在阿富汗经济增长项目上资助了3.82亿美元。第三,在教育方面,增加阿富汗青少年获得素质教育和良好学习环境的机会。美国国际开发署的教育策略旨在支持阿富汗基础教育、高等教育和针对校外的青年和成年人的与生产技能培训相结合的扫盲教育。至2008年,国际开发署已为阿富汗的教育和学校建设投入资金3.95亿美元。第四,美国国际开发署致力于帮助解除阿富汗社会对女性的传统束缚,推动女性参与阿富汗重建。为了达到这个目标,美国国际开发署支持阿富汗妇女维护其合法权益,帮助她们有同样的机会获得公共服务和就业,锻炼其能力,并鼓励她们融入公共生活。第五,美国国际开发署在阿富汗开展健康医疗项目,旨在培训专业的卫生保健人员,改善阿富汗民众尤其是女性和儿童的健康状况。至2008年,国际开发署为阿富汗的健康医疗建设投入资金4.47亿美元。第六,美国国际开发署帮助阿富汗建设和改善经济和社会基础设施,如公路、电力等设施。表4-5大致反映了小布什政府时期美国国际开发署对阿富汗的援助情况。从中可以看出,以公路和电力为代表的基础设施建设是国际开发署援助的重点,这些基础设施也是阿富汗经济重建的前提和保障。2004年以前,美国国际开发署对阿富汗的重建援助规模相对有限,但2004年以后的援助不仅在资金上有了极大的增加，而且援助领域几乎遍及阿富汗经济社会发展的各个方面。

表 4-5　2002—2008 财年美国国际开发署对阿富汗重建的资助（单位：百万美元）

项目＼财政年度	2002	2003	2004	2005	2006	2007	2008	总计	百分比
公路	51	142	354	276	255	446	338	1 862	27
电力	3	0	77	286	61	135	203	765	11
替代生计	3	1	5	185	121	211	121	647	9
选举、治理、法治和过渡计划办公室	25	42	153	103	23	124	56	526	8
援助阿富汗政府	41	40	103	117	60	47	62	470	7
健康医疗	8	56	83	111	51	72	66	447	7
教育和学校	19	21	104	86	49	62	54	395	6
食品援助	159	51	49	57	60	22	10	408	6
经济增长	21	12	84	91	46	68	61	382	6
农业	27	56	50	77	27	55	31	324	5
省级重建小组	0	11	56	85	20	117	30	319	4
国内流散人员	108	23	10	0	0	0	0	141	2
其他	7	7	45	37	5	15	16	131	2
总计	471	462	1 173	1 511	778	1 374	1 048	6 817	100

（资料来源：United States Government Accountability Office, " Securing, Stabilizing, and Reconstructing Afghanistan ", May 2007, p. 29. 表中2007和2008年的资金为预算请求数据。）

2. 阿富汗毒品如何处理的问题

毒品问题不仅是阿富汗重建面临的一大障碍，也是必须重视和解决的难题。阿富汗毒品问题历来是美国政府关注的重要议题，克林顿政府时期美国多次将阿富汗列入世界上主要的毒品生产和过境国的名单中。小布什政府对阿富汗毒品问题的政策经历了较大的变化。阿富汗政府的腐败现象以及安全形势恶化的问题都与毒品犯罪之间存在着密不可分的联系。美国国务院发布的《2003 年国际禁毒战略报告》指出："有明确的证据表明，在阿富汗境内，来自毒品活动的大量资金被一些组织和派别获得并被用来反对驻阿联军和阿富汗政府。塔利班和极端主义影响和活动的许多地区与存在广泛的毒品活动的地区往往是高度重合的。"[1] 图 4-1 是根据世界银行 2004 年发布的一份报告所绘制，它形象地揭示出，阿富汗的军阀、政府、毒品经济和安全环境之间存在着相互影响的紧密的关系网络。从阿富汗政府一方来看，它的控制力和影响力都受到军阀的掣肘，而且政府官员还卷入到与毒品问题有关的贪腐活动中，脆弱的政府不能为阿富汗提供一个良好的安全环境；而安全环境的恶化除了由于政府脆弱外，也来自于军阀的存在，恶化的安全局势为毒品经济的存在和繁荣创造了有利环境，军阀又能为毒品经济提供安全；毒品经济则成为军阀加强自身实力的重要财政来源。从图 4-1 可以看出，军阀势力在阿富汗的毒品和安全问题中扮演着关键的负面角色，它们不但保护毒品经济的发展，还削弱了阿富汗政府的治理能力并危害着国家安全。

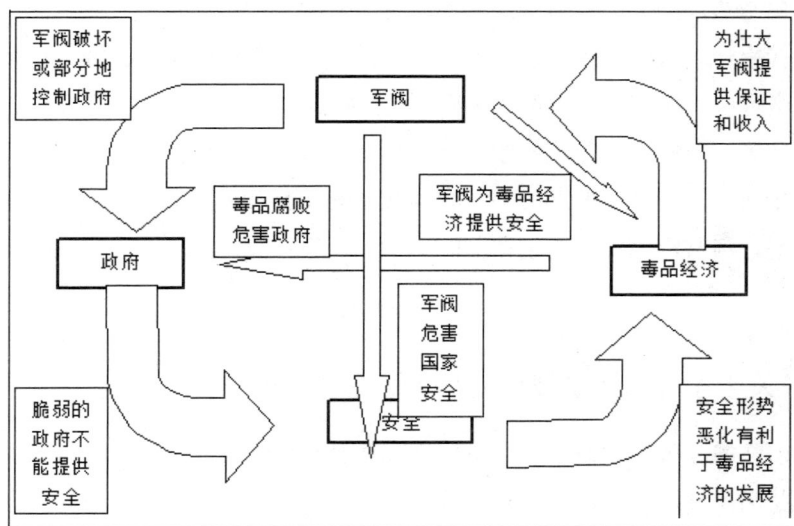

图 4-1 阿富汗的毒品与安全

（资料来源：World Bank, " Afghanistan: State Buliding, Sustaining Growth, and Reducing Poverty ", Sep. 9, 2004, p.87.）

通过表 4-4 中美国历年对阿富汗禁毒的投入就能发现美国对阿富汗毒品问题的态度变化。2005 年以前，小布什政府对阿富汗毒品问题基本上持不闻不问的态度，其禁毒投入也是微不足道的。根据美国国会相关报告的反映，阿富汗新政府成立后的

---

[1] United States Department of State, " 2003 International Narcotics Control Strategy Report ", Mar. 1, 2004, p. 88.

2002 年和 2001 年塔利班政权统治时期相比，阿富汗的鸦片种植面积和鸦片产量都有了飞跃式的增加。[1] 美国支持的阿富汗新政府也在毒品交易的浪潮中日益腐化。美国国务院助理国务卿兼国际反毒和执法事务局局长博比·查尔斯一直积极呼吁小布什政府关注阿富汗毒品问题和加强在阿富汗的禁毒努力，他宣称："不久之后，阿富汗的政治进程就会'湮没'在泛滥的毒品交易之中。警钟已经敲响了，我们必须认真对待，否则辛苦建立的民主将付诸东流。"[2] 但查尔斯的忧虑——阿富汗毒品危机及其政治后果——在政府中可谓是曲高和寡、无人问津，他的呼吁不仅在白宫遭遇了冷遇和间接性的批评，而且也遭到国防部的反对。美国国防部担心打击毒品犯罪将会导致塔利班获得更多的同盟者和支持者，因此打击毒品犯罪并非驻阿美军的要务，美军对阿富汗毒品问题事实上采取了不置可否的态度。从 2005 年起，美国改变了此前的政策，加大了对阿富汗禁毒的援助力度，开始实施由"公共信息、司法改革、替代生计、阻截和根除"五大关键要素构成的反毒品政策。2007 年 8 月，小布什政府又对这一政策做了一定的修正。[3] 总的来看，由于主观上的不愿作为和客观上的难以作为，最终小布什政府在阿富汗禁毒方面的努力是少有作为的，其反毒品政策是不成功的。阿富汗在 2002—2008 年无论是鸦片种植面积还是鸦片产量都呈整体上升趋势，阿富汗的毒品问题比 2002 年以前还要严重得多，超过了 90 年代的严重程度。

三、关于小布什政府对阿富汗政策的评价

通过前文的分析可以得出，小布什政府对阿富汗政策长期处于战略忽视下的参与阿富汗战后重建的阶段，这一阶段从阿富汗战争爆发后不久即已开始，直至小布什政府任期结束。此后的奥巴马政府政府从战略重视的高度继承了小布什政府支持和参与阿富汗重建的政策并做出更大程度的调整。严格来讲，就小布什政府整个任期来看，美国对阿政策经历了三个阶段，参与阿富汗重建是第三阶段也是最主要的

---

[1]　Christopher M. Blanchard, " Afghanistan: Narcotics and U.S.Policy ", *CRS Report for Congress*, Aug. 12, 2009, p. 5.

[2]　[美] 詹姆斯·瑞森：《战争状态——中央情报局与布什政府的秘史》，何艳军、李芬译，东方出版社 2007 年版，第 135 页。

[3]　Christopher M. Blanchard, " Afghanistan: Narcotics and U.S.Policy ", CRS Report for Congress, Aug. 12, 2009, pp. 41-42.

阶段，第一和第二阶段各自持续的时间都较为短暂。从小布什政府上台至"9•11"事件发生为第一阶段，在这个阶段，小布什政府大体上延续了克林顿政府后期的政策，即反对塔利班，采取军事行动以外的各种手段要求塔利班交出本•拉登。第二阶段始自"9•11"事件至塔利班政权垮台，这个阶段也是小布什政府任期内对阿富汗给予高度重视的唯一阶段，"9•11"事件使阿富汗一时成为美国对外政策的最重要关注点，但在通过军事打击推翻塔利班政权后，小布什政府对阿富汗的重视度就急剧降低，其反恐重心从阿富汗转向了伊拉克。塔利班政权的垮台使阿富汗进入了战后重建的新时期，美国对阿政策也进入了参与阿富汗战后重建的第三个阶段。小布什政府参与阿富汗重建的政策阶段整整持续了七年之久，但由于小布什政府从根本上对阿富汗重视不足，阿富汗的安全形势不仅逐渐走向恶化，重建成绩也比较有限。根据美国亚洲基金会的一项调查，阿富汗人认为阿富汗在2004—2008年沿着正确方向发展的比例在逐年下降，而认为沿着错误方向发展的刚好相反，呈现出逐年上升的态势。[1] 显然，这也从侧面反映出小布什政府后期，阿富汗的整体发展状况非但没有好转，反而越来越糟糕。

在阿富汗战后重建阶段，小布什政府对阿富汗政策具有三个突出的特征：其一，在战略忽视的背景下，小布什政府对阿富汗重建的支持和参与都缺乏一个明确、系统和连贯的总体战略，往往是"头痛医头、脚痛医脚"，这就注定了其政策的被动性及实施的滞后性。其二，小布什政府对阿富汗重建的支持和援助力度总体来说比较有限，无论是在军事还是民事方面，将美国在伊拉克和阿富汗的投入做一比较就更能凸显其对阿富汗的忽视有多么严重。从根本上来说，小布什政府有一种轻视战后"建国"事务的思想，认为"超级大国是打仗的，不是装饰门面的"[2]。伊拉克相较于阿富汗具有更重要的战略价值，这也是小布什政府更重视伊拉克的原因所在。其三，小布什政府对阿富汗的投入领域和关注点也十分不平衡，表现在：重视反恐、轻视重建，重视安全重建、轻视经济和社会重建，重视民主和人权、轻视民生和福利。

有学者这样论述道：小布什的政府是"要紧的事先做"的政府，所以他只要考虑如何把阿富汗变成取得更大目标的渠道就行，至于基地组织，从未成为其执政的立足点。[3] 小布什政府对阿政策存在的最大问题是，它对阿富汗长期缺乏战略重视，

---

[1] 参见 http://asiafoundation.org/country/afghanistan/2008-poll.php，2013 年 4 月 10 日访问。

[2] [美]伊沃•H•达尔德尔等：前揭书，第 148 页。

[3] [美]史蒂芬•坦纳：前揭书，第 153 页。

过早地将注意力转向伊拉克，以至于在阿富汗无论是反恐投入还是重建参与上都受到极大制约，而且在军事、安全领域和经济、社会领域的投入严重不平衡。在塔利班政权垮台后，美国国防部副部长道格拉斯·费思表示，阿富汗的战况将会成为定局，政府不会继续增派兵力或者增加预算。美国已经打赢了阿富汗战争，随后的任务应该由其他致力于重建阿富汗的国家去完成。[1] 小布什政府对阿富汗重建的基本态度倾向在这一表态中显露无遗。当然，阿富汗战后重建取得的进步与美国的支持是密不可分的，但导致阿富汗在 2005 年以后安全形势急转直下的主要原因也在于美国对阿富汗的战略忽视。早在 2003 年 6 月，美国外交学会和亚洲协会共同公布的一份报告就断言："卡尔扎伊总统领导的过渡政府如果得不到更加有力的支持，阿富汗的治安状况就会进一步恶化，经济复苏的前景将趋于黯淡，而阿富汗也将恢复军阀统治的无政府状态。这一结果将大大损害美国在全球的信誉，并标志着美国反恐战争中的一次重大失败。"[2] 由于阿富汗安全形势恶化以及重建进程缓慢和困难重重，小布什政府对阿政策饱受外界批评。以至于在 2010 年 7 月，担任美国国务卿的希拉里还认为小布什政府应该为阿富汗局势的恶化及当前的困境负责。[3] 小布什政府任期结束前，美国对阿政策已经在酝酿重大调整，并由继任的奥巴马政府完成了这一调整，从而实现了美国反恐重心的东移。

第二节　奥巴马政府的对阿富汗政策

奥巴马政府上台后，阿富汗在美国对外政策中的战略地位重新受到重视。针对阿富汗问题，推崇巧实力理念的奥巴马政府根据形势变化并综合各方面因素先后对美国的阿富汗政策进行数次重大调整，并且比小布什政府更加重视阿富汗的重建问题。和小布什政府相比，奥巴马政府第一届任期的对阿富汗政策更加凸显出巴基斯坦因素的地位。奥巴马政府对阿富汗政策的核心目标是击溃基地组织，使其无法在阿富汗立足。为此，奥巴马政府更积极地推行军事与民事等多种手段并举的综合性

---

[1]　[美] 詹姆斯·瑞森：前揭书，第 173 页。

[2]　刘伯瘟：前揭书，第 205 页。

[3]　小唐：《希拉里将阿富汗不稳局势归咎于小布什政府》，中国日报网，2010 年 7 月 20 日，http://www.chinadaily.com.cn/hqgj/2010-07/20/content_11025279.htm，2013 年 4 月 10 日访问。

措施。从军事层面来看，奥巴马政府对阿富汗政策可以分为增兵和撤军两个阶段。撤军阶段的启动意味着美国对阿富汗退出战略的开始，阿富汗的安全责任和作战任务将逐渐由阿富汗安全部队承担。可以预见的是，如果阿富汗的安全责任能够顺利移交，那么未来奥巴马政府对阿政策将以提供安全援助和继续帮助战后重建为主。

一、奥巴马政府对阿富汗政策调整的背景

自奥巴马政府上台以来，美国的对外政策发生了鲜明的变化，新保守主义思潮陷入颓势，奥巴马政府推崇巧实力外交理念，基本摈弃了小布什政府新保守主义理念主导下的对外政策。在巧实力外交理念的指导下，奥巴马政府对小布什政府的阿富汗政策进行了重大调整，注重军事和民事手段的综合运用，突出巴基斯坦因素在美国对阿政策中的价值。总的来看，奥巴马政府对阿新政策的推出主要有两方面的背景因素，其一是阿富汗以及巴基斯坦安全局势和反恐斗争形势日益恶化，其二是美国对外战略思维的整体性转变。奥巴马政府对阿政策的调整既是应对阿富汗安全和反恐形势日益严重的举措，也是美国政府以巧实力理念为核心的对外战略调整下的结果。

（一）阿巴两国安全形势不断恶化

"9·11"事件发生后，美国领导发动了旨在推翻塔利班政权、摧毁基地组织的阿富汗战争，这场战争以反恐的名义发动并得到了联合国和国际社会的普遍支持。2003年5月，时任美国防部长的拉姆斯菲尔德宣布，美军在阿富汗战争中的"大规模军事行动结束"。[1]然而小布什政府时期，美国并没能剿除塔利班和基地组织的残余势力，奥马尔和本·拉登也难觅踪迹。失去政权的塔利班以及基地组织在2005年以后又呈现具有相当规模的卷土重来之势，不仅阿富汗安全形势急转直下，连巴基斯坦也深受极端主义和恐怖主义之害，这说明阿富汗战争远未结束。根据2008年的"全球和平指数"排名，巴基斯坦和阿富汗在全部140个国家中的排名分别位居末位的127和137。[2]这表明两国的安全形势已经非常严峻。

---

[1] " Rumsfeld: Major combat over in Afghanistan ", May 1, 2003. http://edition.cnn.com/2003/WORLD/asiapcf/central/05/01/afghan.combat/，2013年4月10日访问。

[2] " Global Peace Index Rankings ", Vision of Humanity. http://www.visionofhumanity.org/gpi/results/rankings/2008/，2013年4月10日访问。

1. 阿富汗的安全形势渐趋恶化

自 2005 年后，以塔利班为代表的叛乱势力和极端势力不仅继续保持传统的游击战术，而且以新型恐怖战为特征的暴力活动也日渐增加。在仅仅维持三年左右的相对平静之后，阿富汗的安全态势急剧恶化。塔利班不但在普什图人传统聚居的阿富汗南部和东部地区又重新活跃起来，而且还将活动范围扩展到阿富汗西部和北部地区。根据亚洲基金会（The Asia Foundation）2008 年的调查数据，有 36% 的阿富汗人认为国家面临的最大问题就是不安全 / 袭击 / 暴力 / 恐怖主义，还有人认为最大的问题是失业、高物价、经济不景气、腐败等问题。不过和其他所有观点相比，认为阿富汗不安全的比例为最高。[1] 从美国对阿富汗政策的角度来看，阿富汗之所以陷入"无政府状态"的困境是小布什政府"八年的错误、误判和肆意疏忽导致的结果"。[2]

据报道，2005 年，奥马尔重组塔利班的指挥委员会，吸收了原抗苏圣战猛将贾拉勒丁·哈卡尼等人加入，在阿富汗东南地区成立了一个由 14 人组成的军事委员会。不仅如此，塔利班还与基地组织和希克马蒂亚尔的伊斯兰党武装加强合作，由此形成了以阿富汗塔利班为核心的三股互相支持的反政府势力，即以奥马尔为首的塔利班坎大哈派、以哈卡尼为首的哈卡尼网络和以希克马蒂亚尔为首的伊斯兰党武装[3]，这样就在阿富汗形成了一个反对和抵抗卡尔扎伊政权和外国驻军的联合阵线。经过重组后的塔利班在战略战术上都发生了重大变化，开始效仿基地组织惯用的一些恐怖主义做法，如路边炸弹和自杀式袭击等。奥马尔和本·拉登也频频"现声"，号召追随者对以美国为首的异教徒入侵者发动圣战。尽管以美军、北约联军和阿富汗政府军从 2006 年初开始对塔利班先后发动了数次规模较大的军事清剿行动，但并未能有效地遏制塔利班的复苏势头。"据不完全统计，在 2006 年，阿富汗境内发生了 140 起自杀式爆炸，造成 4 000 多人死亡，其中包括 170 名国际安全援助部队士兵，伤者数以万计，比 2005 年多出好几倍。"[4]2008 年，巴西一个名为"安全和发展委员会"的智囊机构发布报告称，塔利班正准备重新夺回对阿富汗的控制权，他们活跃在阿富汗 72% 的国土上，而 2007 年这一比例才是 54%。报告还指出，美国大使馆、

---

[1] The Asia Foundation, " Afghanistan in 2008: A Survey of the Afghan People ", Oct. 2008, p. 20.

[2] Ahmed Rashid, " Trotsky in Baluchistan ", *The National Interest*, Nov./Dec. 2009, p. 63.

[3] 2012 年 9 月，美国将哈卡尼网络列为恐怖组织。

[4] 伍书湖：《阿富汗局势会"伊拉克化"吗》，网易，2007 年 6 月 5 日，http://news.163.com/07/0605/17/3G893LPB00011T1C.html，2013 年 4 月 10 日访问。

北约司令部以及阿富汗总统官邸附近的区域都是塔利班活动较多的地方。[1]美国中东问题专家肯尼思·卡茨曼（Kenneth Katzman）指出，美国国防部在2008年6月也不得不承认，塔利班正处于一种"强力反弹式的叛乱"之中。[2]甚至还有美国官员认为，卡尔扎伊政权最多控制着30%的阿富汗国土，而塔利班在全国34个省份中的33个均建立了"影子政府"。[3]由于阿富汗中央政府的政令和有效控制范围多年来都局限在首都喀布尔，阿总统卡尔扎伊甚至被戏称为"喀布尔市长"。

近年来阿富汗安全态势的变化在表4-6和表4-7中得到明显的反映。在2009年奥巴马政府上台前的8年间，2005年夏是驻阿联军和美军死亡人数出现重大拐点的年份。在2005年之前的4年间，死亡人数基本保持不变。但在2005年，无论是驻阿联军还是美军的死亡人数均翻了一番。这也从侧面反映出，2005年的阿富汗安全形势变得急剧恶化起来，塔利班已经东山再起。自此之后，驻阿联军和美军的死亡人数逐渐递增，2008年驻阿联军的死亡人数达到了295人，这也是自阿富汗战争开始以来至奥巴马政府上台前的最高数目。而对比表4-6和表4-7不难发现，美军始终占据着驻阿联军死亡人数一半甚至绝大部分的比重。2008年5—7月，美军在阿富汗的死亡人数超过了在伊拉克的数目。事实表明，2008年已成为"塔利班政权被推翻以来最暴力的一年"[4]。通过以上分析可以看出，新上台的奥巴马政府在阿富汗面临着严峻和残酷的反恐形势，将美国的反恐重心从伊拉克转移至阿富汗势在必行。

相对而言，阿富汗首都喀布尔、南部地区的赫尔曼德省和坎大哈省以及东南部的扎布尔省、库纳尔省、帕克蒂卡省的安全形势最为严峻。另外，西部地区的法拉赫省和赫拉特省的联军死亡人数也比较高，这说明塔利班的势力已经扩散到其传统活动地区之外。[5]不过，东南部和南部地区依然是阿富汗战争的反恐主战场，而这一带与巴基斯坦之间仅隔着杜兰线相接壤，是塔利班等各种极端势力从巴基斯坦开展越境袭击活动的主要地区。

[1] 钟文：《报告称塔利班恐重新控制阿富汗》，中国网，2008年12月10日，http://www.china.com.cn/military/txt/2008-12/10/content_16924107.htm，2013年4月10日访问。

[2] Kenneth Katzman, " Afghanistan: Post-Taliban Governance, Security, and U.S. Policy ", *CRS Report for Congress,* Mar. 1, 2010, pp. 22-23.

[3] Ibid., p. 24.

[4] Martin Vennard, " Afghan attacks ' double ' in 2008 ", *BBC News*, Dec. 30, 2008. http://news.bbc.co.uk/2/hi/south_asia/7805105.stm，2013年4月10日访问。

[5] 参见 http://icasualties.org/OEF/ByProvince.aspx，统计数据截至2010年4月。

表4-6　2001—2009年驻阿联军死亡人数（单位：人）

年份＼月份	1月	2月	3月	4月	5月	6月	7月	8月	9月	10月	11月	12月	总计
2001	0	0	0	0	0	0	0	0	0	3	5	4	12
2002	10	12	14	10	1	3	0	3	1	6	1	8	69
2003	4	7	12	2	2	7	2	4	2	6	8	1	57
2004	11	2	3	3	9	5	2	4	4	8	7	2	60
2005	2	3	6	19	4	29	2	33	12	10	7	4	131
2006	1	17	13	5	17	22	19	29	38	17	9	4	191
2007	2	18	10	20	25	24	29	34	24	15	22	9	232
2008	14	7	20	14	23	46	30	46	37	19	12	27	295
2009	25	25	28	14	27	38	76	77	70	74	32	34	520

（资料来源：http://icasualties.org/OEF/index.aspx。）

表4-7　2001—2009年驻阿美军死亡人数（单位：人）

年份＼月份	1月	2月	3月	4月	5月	6月	7月	8月	8月	10月	11月	12月	总计
2001	0	0	0	0	0	0	0	0	0	3	5	4	12
2002	10	11	9	5	0	3	1	1	1	6	1	1	49
2003	4	7	12	2	1	3	2	4	2	4	6	1	48
2004	9	2	3	8	5	2	3	4	5	7	1	3	52
2005	2	1	6	18	4	27	2	15	11	7	3	3	99
2006	1	17	7	4	11	18	9	10	3	10	7	1	98
2007	0	14	5	8	11	12	14	18	8	10	11	6	117
2008	7	1	8	5	17	28	20	22	27	16	1	3	155
2009	15	15	13	6	12	25	45	51	40	59	18	17	316

（资料来源：http://icasualties.org/OEF/index.aspx。）

2. 巴基斯坦饱受极端主义之害

"9·11"事件和阿富汗战争的爆发给巴基斯坦造成了双重影响。一方面，"塔利班的迅速崛起离不开巴基斯坦提供的军事和物资援助"[1]，巴基斯坦一直希望通过扶持塔利班使阿富汗成为巴基斯坦巩固的战略后方，以拓展巴基斯坦的战略空间，但阿富汗战争的爆发不但摧毁了塔利班政权，还将巴基斯坦推到反恐战争的前线，不得不与基地组织以及塔利班发生正面冲突。同时，阿富汗战争直接加剧了巴基斯

---

[1]　蔡登亚：《美国与巴基斯坦的反恐怖情报合作》，载《情报科学》2007年6月增刊，第15页。

坦国内局势的动荡,导致巴基斯坦逐渐坠入极端主义和恐怖主义的深渊。另一方面,美国在反恐战争中对巴基斯坦作用的倚重在较大程度上使巴基斯坦在南亚的战略地位得到提升。2004年,小布什政府宣布将巴基斯坦定位为美国非北约主要盟国。为了争取巴基斯坦对美国在阿富汗反恐行动的积极配合,美国向巴基斯坦提供了大量的军事、经济等援助,这在很大程度上改善了巴基斯坦长期以来相较于印度的不利处境和因开发核武器而受到国际制裁的外交困境。

塔利班政权垮台后,相当一部分的塔利班武装和基地组织残余化整为零,退避到阿富汗与巴基斯坦的边境地区,特别是在巴基斯坦的普什图部落区中有大量武装的极端分子藏匿。由于塔利班天然的普什图属性和普什图部落地区特殊的社会生态,塔利班及基地组织在巴基斯坦西北边境地区扎根下来,实力有所恢复。塔利班和基地组织在巴基斯坦西北地区的扎根不仅给阿巴两国和驻阿联军造成相当大的威胁,而且还刺激了巴基斯坦境内极端主义组织的滋生和发展,其中尤以与普什图部落紧密结合的巴基斯坦塔利班运动为著。这样,在阿巴两国边境地区特别是巴基斯坦的普什图部落区出现了一种被称为"塔利班化"的独特现象[1],形成了一个隐形的"塔利班斯坦"。阿富汗塔利班与巴基斯坦塔利班在组织和行动上实现了高度合作。对于阿富汗塔利班而言,巴基斯坦西北边境地区是其开展越境袭击活动的后方基地,目标是重夺阿富汗政权、赶走外国军队。"巴基斯坦塔利班则试图挑战巴政府的权威,但也协助阿富汗塔利班在阿境内开展活动,支持阿富汗塔利班重新夺取阿富汗政权的目标。"[2]在巴基斯坦西北边境特别是普什图部落区,有许多反对巴基斯坦政府和敌视西方国家的武装组织或部落武装都标榜为"塔利班"。有学者认为,"随着其行动范围及规模的扩大,'塔利班'已仅具有作为组织名称的意义,除极端的宗教情绪外,塔利班成员在身份上已不再具有更多的共同点"[3]。美国学者艾萨克·开法尔认为,巴基斯坦境内的极端主义组织包括三类:巴本土建立的恐怖主义组织、深受阿富汗塔利班影响的巴基斯坦塔利班以及基地组织及其追随者,而将这些极端主义组织联合在一起的共同主题就是"对美国和'大撒旦'的敌视以及对巴基斯坦政

---

[1] 所谓"塔利班化",指的是激进的伊斯兰武装分子以伊斯兰原教旨主义为思想武器、以军事暴力为手段实现其政治目标的一种现象。参见 Bilveer Singh," The Talibanization of Southeast Asia: losing the war on terror to Islamist extremists ", *Praeger Security International,* 2007, preface.

[2] Kenneth Katzman," Afghanistan: Post-Taliban Governance, Security, and U.S. Policy ", *CRS Report for Congress*, Mar. 1, 2010, p. 25.

[3] 唐孟生:《巴基斯坦反恐任重道远》,载《南亚研究》2010年第1期,第47页。

府不断上升的反对"[1]。

以阿富汗塔利班和巴基斯坦塔利班为主要代表，这些盘踞在阿巴边境部落区的极端势力相互协作和策应，不但越境到阿富汗开展暴力恐怖活动，而且在巴基斯坦境内也不断发动恐怖袭击。巴基斯坦境内的恐怖组织与2008年11月发生在印度孟买的恐怖袭击事件难脱干系，而对中国新疆社会稳定和民族团结造成严重威胁的"东突"分裂分子以及影响俄罗斯国家统一和安全的车臣武装分子也在巴基斯坦部落区接受基地组织和塔利班的训练和指导。2009年5月，美国中央司令部司令彼得雷乌斯指出，基地组织的高级领导人正盘踞在巴基斯坦不受法律约束的偏远地区的巢穴中策划新的恐怖袭击，并且认为巴基斯坦已经成为基地组织指挥全球行动的"神经中枢"[2]。此前，巴基斯坦塔利班在巴西北斯瓦特山谷地区已经建立起有效的伊斯兰教法统治，甚至南下进逼和威胁首都伊斯兰堡，此举引起国际社会一片哗然。

近年来，巴基斯坦国内的暴力恐怖活动频发，巴基斯坦已深深地陷入极端主义和恐怖主义的泥潭。通过表4-8可以看出，2006年是巴基斯坦国内恐怖主义活动的转折之年，这与阿富汗安全形势出现重大拐点的年份基本一致，这表明阿巴两国面临着同样艰巨的反恐任务。事实表明：阿巴边境地区已然成为国际恐怖主义和极端主义活动的大本营。严峻的反恐形势使阿富汗战争反恐战场不得不扩大到巴基斯坦西北地区，巴基斯坦正由阿富汗反恐战争的前线国家演变成反恐战场上的中心国家。

表4-8　2001-2009年巴基斯坦恐怖袭击中的死亡人数（单位：人）

年份	平民	安全部队	恐怖分子	总计
2003	140	24	25	189
2004	435	184	244	863
2005	430	81	137	648
2006	608	325	538	1 471
2007	1 523	597	1 479	3 599
2008	2 155	654	3 906	6 715
2009	2 307	1 011	8 267	11 585
总计	7 598	2 876	14 596	25 070

（资料来源：http://www.satp.org/satporgtp/countries/pakistan/index.htm。）

[1] Isaac Kfir, " A Review of AfPak and the Ongoing Challenge of Pakistan ", PSRU Brief Number 51, Dec. 10, 2009, p. 8.

[2] 《美断定"基地"总部在巴基斯坦》，载《参考消息》2009年5月11日版。

（二）奥巴马政府对外政策的巧实力理念

1. 美国学界提出巧实力理念

"巧实力"一词早在小布什政府前期就被美国学界和战略界提出并逐渐产生一定的反响。一般认为，美国智库安全与和平研究所（The Security and Peace Institute）的研究员苏珊尼·诺瑟（Suzanne Nossel）是巧实力理念的首倡者。她在2004年发表一篇题为《巧实力》的论文。该文对小布什政府推行的富有进攻性的单边主义政策进行了批驳，指出美国必须推行新的外交政策，通过灵巧地运用各种力量，以更有效地反对恐怖主义，从而在一个稳定的盟友、机构和框架中维护和促进美国的国家利益。[1]2006年9月，美国普林斯顿大学发布研究报告《铸造法制之下的自由世界——21世纪的美国国家安全战略》。报告的核心内容是美国要在"硬实力"的支持下运用"软实力"来领导一个"法治条件下的自由世界"。报告强调指出，美国"要重视软硬两种实力的结合，亦即强制力与吸引力之间的结合"，这样才能更好地实现美国的国家安全目标。[2] 国际关系自由主义理论流派的代表人物约瑟夫·奈也是巧实力理念的积极倡导者。奈认为，美国的软实力正在急剧下降，应通过运用巧实力作为补救软实力下降的措施。[3] 无论是软实力还是硬实力，都是推行对外政策和维护国家利益的工具。正如约瑟夫·奈所言，那种认为只要有软实力就能产生有效的外交政策的看法是错误的，提出巧实力理念就是要反对这种看法。他指出，任何一个国家都难以完全替代他国制定议程从而省去许多"胡萝卜"和"大棒"，因此就需要一种高明的策略，它要能够结合软实力和硬实力这两种手段。[4] 换言之，巧实力是软实力和硬实力的巧妙结合，是实现对外政策目标的工具箱，涉及政治、军事、经济、外交和文化等多个领域的可行方式。所谓"巧实力"战略就是"关于力

---

[1]　Suzanne Nossel, " Smart Power ", *Foreign Affairs*, Mar/Apr, 2004, p. 131.

[2]　G. John Ikenberry, Anne-Marie Slaughter, " Forging a World of Liberty under Law: U.S. National Security in the 21st Century ", *Final Report of the Princeton Project on National Security*, Sep. 27, 2006, p. 6.

[3]　Joseph S. Nye Jr. , " On the Rise and Fall of American Soft Power ", *New Perspectives Quarterly*, Summer 2005, pp. 75-77.

[4]　Joseph S. Nye Jr., " Get Smart ", *Foreign Affairs*, Jul/Aug, 2009. http://www.foreignaffairs.com/articles/65163/joseph-s-nye-jr/get-smart，2013年4月10日访问。

量和美国在国际上如何运用力量的战略"。[1]2007 年底，由美国战略与国际研究中心发起的"巧实力委员会"在其研究报告中明确提出，为了维护美国的全球霸主地位，美国应将巧实力作为其新的对外战略。[2] 在此前后，美国的许多智库和研究机构都加入到研究巧实力的学术热潮中，比如：美国全球接触中心（Institute for Global Engagement）、兰德公司、卡托研究所以及对后来奥巴马政府内外政策制定产生深刻影响的民主党智库美国进步研究中心（Center for American Progress），等等。总之，在小布什政府后期，推行巧实力外交战略已经成为美国战略界和学界的普遍共识，为奥巴马政府对外政策的全面调整奠定了重要的思想基础。

2. 奥巴马政府确立起对外政策的巧实力理念

巧实力理念在奥巴马政府第一任期的外交政策中得到了鲜明的凸显，这很大程度上要归功于国务卿希拉里的倡导。作为奥巴马政府对外政策的核心决策者，和奥巴马相比，希拉里在就职初期更是"言必称巧实力"。2009 年 1 月，希拉里在出席参议院外交委员会举行的听证会时表示，将致力于通过外交和防务相结合的巧实力战略来恢复美国的全球领导地位。希拉里的这一表态意味着，巧实力理念已经从战略界和学界的纯研究层面上升到政府的政策层面，成为奥巴马政府对外政策的主导理念。与之相反的是，新保守主义理念对美国对外政策的影响已经严重式微。2013 年 1 月，奥巴马提名查克·哈格尔为国防部长，此举被舆论认为是"对新保守主义者所推崇的永久冲突意识形态的胜利"[3]。

巧实力理念的提出和最终确立主要基于小布什政府单边主义至上和反恐战争陷入困境的教训。美国记者罗杰·科恩（Roger Cohen）认为，蠢实力与巧实力相对应，它指的是"宣称非友即敌、崇尚军事力量、无休止地宣战"，结果却造成美国国家信誉的损害。[4] 希拉里本人对巧实力也做了一定的研究，她于 2009 年 7 月的一次演讲中对巧实力理念的具体政策方针进行了系统的阐释：第一，准备更新和建立与伙伴进行合作的手段；第二，致力于与持不同意见的人进行有原则的交往；第三，把

---

[1] 钟龙彪：《"巧实力战略"与奥巴马新外交》，载《现代国际关系》2009 年第 5 期，第 8 页。

[2] Richard L. Armitage, Joseph S. Nye Jr., *A smarter, more secure America*, Washington, DC: The CSIS Press, 2007.

[3] Douglas A. Macgregor, " Hagel: A Different Kind of Defense Secretary ", *Times,* Jan. 08, 2013. http://nation.time.com/2013/01/08/hagel-a-different-kind-of-defense-secretary/, 2013 年 4 月 10 日访问。

[4] Roger Cohen, " Obama and magical realism ", *International Herald Tribune*, Jan. 15, 2009.

发展提高到美国实力的核心支柱地位；第四，在冲突地区采取民事和军事行动相结合的行动；第五，调动美国实力中的关键资源，包括经济实力和榜样的力量。[1] 与小布什政府相比，奥巴马政府在巧实力理念主导下推行的对外政策给人耳目一新的感觉。而奥巴马本人之所以能获得 2009 年度诺贝尔和平奖，其实主要与他的国际观和外交政策有关。奥巴马政府的对外政策与小布什政府的明显不同之处主要表现在：摈除单边主义，抛掉非敌即友观，推行多边主义的合作外交，对朋友求团结，和对手搞接触，注重利益交换和扩大共识；在外交风格上注意倾听、沟通和交流，展现出善意和合作共赢的意愿；在对外政策推行上运用的手段可谓是多管齐下，将外交和谈判手段作为解决问题的优先选项。2009 年 2 月，美国副总统约瑟夫·拜登在访问欧洲时概括了奥巴马政府外交新政的"三重奏"，亦即"接触"、"倾听"和"磋商"，这无疑是对"布什政府'非敌即友'二元论的否定，也标志着巧实力理念对于新政府外交的指导地位已经确立"[2]。这说明：在巧实力理念指引下，奥巴马政府的外交车轮走上了"不蛮干"、"不单干"的外交轨道。

通过对后冷战时期美国外交政策基本理念演变的考察不难发现，奥巴马政府推崇的巧实力战略理念其实一方面沿袭了克林顿政府软实力外交见长的经验，另一方面又吸取了小布什政府硬实力外交至上的教训，不过这两者的根本目标都是要维护美国的国家利益和全球霸主地位。然而，小布什政府的新保守主义外交使美国在国际社会上尽失人心，国际形象和威望急剧下降，也给奥巴马政府留了一大堆外交烂摊子。为此，奥巴马政府在硬实力和软实力的运用上力求平衡兼顾，确立起以巧实力理念为支柱的外交新战略。希拉里在阐述美国的对外政策时说道："美国的对外政策应该基于原则和实用主义，而不是僵化的意识形态；应该基于事实和依据，而不是情绪和偏见。"[3]奥巴马政府的巧实力外交战略是在承认美国实力有所下降和力量有限的前提下出台的，其目的是通过各种手段的灵活施展以重树美国的国际形象和道义感召力，确保美国的全球领导地位不动摇。巧实力理念对奥巴马政府对外政策的影响表现在诸多问题

---

[1] 美国国务院国际信息局：《克林顿国务卿在对外关系委员会发表讲话》，http://www.america.gov/st/peacesec-chinese/2009/July/20090717143527xjsnommis9.745425e-02.html?CP.rss=true，2013 年 4 月 10 日访问。

[2] 姜宪明、何苗：《国际关系与大国战略》，东南大学出版社 2009 年版，第 248 页。

[3] Hillary Rodham Clinton, " Nomination Hearing To Be Secretary of State ", *Statement before the Senate Foreign Relations Committee*, Jan. 13, 2009. http://www.state.gov/secretary/rm/2009a/01/115196.htm，2013 年 4 月 10 日访问。

领域，尤其是在反恐领域，这一理念深刻地影响了美国反恐战略的调整和转向。对于小布什政府发动的伊拉克和阿富汗这两场反恐战争，奥巴马政府采取了灵活的策略：在政策表述层面上，奥巴马政府用"海外紧急军事行动"代替并放弃了"反恐战争"这一概念模糊且带有偏见的词汇；在具体操作层面上，奥巴马政府积极酝酿出台新的阿富汗政策，实现美国反恐重心从伊拉克向阿富汗转移。

二、奥巴马政府对阿富汗政策的内容

奥巴马政府上台以来，美国对阿富汗政策先后出现数次重大的战略性调整。从根本上看，奥巴马政府对阿富汗的基本政策依然是打击、瓦解基地组织和塔利班，支持和援助阿富汗国家重建。从表面上看，奥巴马政府和小布什政府对阿政策并不二致，都是事关阿富汗安全与重建的方略。但实际上，奥巴马政府对阿政策无论是在战略重视度上还是政策的灵活性上，都比小布什政府时期有了明显的提升。奥巴马政府对阿政策经历了增兵和撤军两个基本阶段，目前已进入以撤军为标志的退出阶段。

（一）奥巴马政府对阿富汗政策的调整

与小布什政府对阿富汗政策相比，奥巴马政府更注重从战略的高度根据阿富汗总体形势变化对其阿富汗政策进行不断的调整和规划。正因为如此，在表述上，奥巴马政府往往以阿富汗"战略"代替阿富汗"政策"。如奥巴马所言，美国不会盲目地遵循既定路线。相反，将制定明确的标准来衡量进展状况，将坚持不懈地评估训练阿富汗安全部队的工作和打击反叛分子斗争的进展，将衡量阿富汗经济的增长及其非法毒品生产的状况，还将审议为了达到目标在取得进展时是否使用了正确的手段和方法。[1] 迄今为止，奥巴马政府对其阿富汗政策共进行三次主要的战略调整。

1. "阿巴新战略"的出台

2009 年 3 月，奥巴马政府在上台仅两个月时便出台了具有鲜明巧实力理念的阿

---

[1] 美国国务院国际信息局：《奥巴马总统宣布在阿富汗和巴基斯坦的新战略》，2009 年 3 月 27 日，http://www.america.gov/st/peacesec-chinese/2009/March/20090327174652dmslahrellek7.677859e-02.htm，2013 年 4 月 10 日访问。

富汗反恐新战略，这一战略通常被外界称为"阿巴新战略"[1]。奥巴马明确宣布，这一新战略的总目标是"破坏、瓦解、并击败在巴基斯坦和阿富汗的基地组织，并且绝不让他们今后在这两个国家重新立足"[2]。

　　奥巴马在公布新战略的讲话中，继续对小布什政府发动伊拉克战争进行指责，认为阿富汗由于伊拉克战争而没能获得必要的资源投入。他表态说，美国将努力寻求与巴基斯坦和阿富汗建立起持久的伙伴关系，同时将增派军队和经济建设方面的专家，调动一切力量去战胜基地组织。"为了战胜不受边界限制和无视战争规则的敌人，我们必须认识到阿富汗和巴基斯坦的未来存在着基本的相互联系"，有鉴于此，奥巴马还专门任命资深外交官理查德·霍尔布鲁克担任负责这两国事务的特别代表，通过霍尔布鲁克与中央司令部司令彼得雷乌斯的合作协调美国在阿富汗民事和军事方面的努力。奥巴马政府"阿巴新战略"的特点主要包括"目标的可实现性、地区化途径、能力建设和培训、利用一切力量因素、引入新的国际成分"[3]。新战略特别强调要使阿富汗政府能承担保障其国内安全的责任，为此需要加强培训和扩充阿富汗安全部队的力量，这其实也是为以后美国从阿富汗逐步撤军进行战略预置。奥巴马在讲话中指出，他所阐述的新战略的各项步骤，"没有一项是可以轻而易举地完成的"，"未来的道路是漫长的。困难的日子不可避免"。这也说明，奥巴马政府对于新战略的前景的认识是比较清醒的。

2. 奥巴马在西点军校的演讲

　　2009年12月，奥巴马在西点军校就"美国在阿富汗和巴基斯坦取得进展的途径"发表电视讲话，这是奥巴马政府自"阿巴新战略"推行以来首次对其阿富汗政策进行重大调整。此次战略调整主要围绕增兵和撤军问题展开。不过，奥巴马在讲话中

---

　　[1]　这一战略也被称为"阿富巴战略"，但由于"阿富巴"这一概念将巴基斯坦视作与阿富汗等同的层面，因而遭到巴基斯坦的强烈不满和反对。2011年初，奥巴马政府放弃了"阿富巴战略"的表述。

　　[2]　美国国务院国际信息局：《奥巴马总统宣布在阿富汗和巴基斯坦的新战略》，2009年3月27日，http://www.america.gov/st/peacesec-chinese/2009/March/20090327174652dmslahrellek7.677859e-02.html，2013年4月10日访问。

　　[3]　The White House, " What' s New in the Strategy for Afghanistan and Pakistan ". http://www.whitehouse.gov/the_press_office/Whats-New-in-the-Strategy-for-Afghanistan-and-Pakistan/，2013年4月10日访问。

仅仅陈述了"一系列的目标却缺少比较清楚的战略"[1]。这次战略调整是奥巴马政府内部经过 3 个多月的酝酿和争论才艰难出台的。由于阿富汗安全形势持续恶化，美军伤亡人数有增无减，因此在此前 8 月份的阿富汗大选刚结束，驻阿联军最高指挥官斯坦利·麦克里斯托尔就立即向奥巴马政府提出再增兵 4 万人的请求，此举引起美国朝野议论纷纷。

盖洛普所做的民意调查反映出，美国国内在对阿富汗增兵问题上的态度呈现出明显的两极。有 7% 的民众希望驻阿美军数量保持不变，亦即既不增兵，也不撤军。44% 的民众要求减少美军的数量。42% 的民众对于增兵持支持的态度。由此可见，支持增兵和主张撤军的美国民众的比例大体均衡。此外，美国共和党和民主党在增兵问题上的态度也迥然不同。63% 的共和党人支持增兵，而民主党人中只有 26% 的支持增兵，高达 60% 的民主党人要求开始从阿富汗撤军。而奥巴马本人所在的民主党阵营的态度却与此截然不同，高达 60% 的民主党人希望降低驻阿美军的规模。这就意味着奥巴马政府的增兵抉择面临的障碍主要来自其所在的民主党阵营。[2]

考虑到美国国内在增兵和撤军问题上的两极化态度，奥巴马政府在此次战略调整中采取了平衡和折中的方式。根据这一新战略，2010 年夏季之前向阿富汗增派 3 万多美军，使在阿富汗的美军总数达到 10 万人之多，这就是继续增兵计划。从 2011 年 7 月开始，美军启动撤军行动，这就是逐步撤军计划。奥巴马指出，新战略包括三个核心的要素：以军事行动创造移交所需的条件；增派文职人员以强化正面行动；与巴基斯坦建立有效的伙伴关系。[3] 与奥巴马政府 3 月份公布的"阿巴新战略"相比，此次战略调整更加强调创造向阿富汗移交安全责任的条件，对阿富汗政治民主化和国家重建等目标的追求显然淡化了许多。最重要的是，新战略还首次公开提出开始从阿富汗撤军的明确时间，它表明奥巴马政府对阿政策开始准备从增兵阶段向撤军阶段过渡。

---

[1] Gilles Dorronsoro, " Obama' s Afghanistan Speech and Strategy ", Dec. 2, 2009. http://www.carnegieendowment.org/publications/index.cfm?fa=view&id=24249，2013 年 4 月 10 日访问。

[2] 数据来源 http://www.gallup.com/poll/124238/Americans-Split-Afghanistan-Troop -Increase-Decrease.aspx，http://www.gallup.com/poll/124238/Americans-Split-Afghanistan-Troop-Increase-Decrease.asp，2013 年 4 月 10 日访问。

[3] The White House, " Remarks by the President in Address to the Nation on the Way Forward in Afghanistan and Pakistan ", Dec. 1, 2009. http://www.whitehouse.gov/the-press-office/remarks-president-address-nation-way-forward-afghanistan-and-pakistan，2013 年 4 月 10 日访问。

3. 奥巴马发表《在阿富汗的未来之路》的讲话

2009 年 12 月奥巴马的西点军校演讲首次正式提出了驻阿美军的撤军时间，为未来移交责任和安然脱身定下基调，但却没能提出一个完整的撤军时间表。奥巴马政府对阿富汗政策推行以来，美国及其盟友已先后击毙多名基地组织、塔利班武装以及其他极端势力的领导人，盘踞在阿巴两国境内的各种极端势力的活动能力受到极大削弱，其中最为突出的成果莫过于 2011 年 5 月美军击毙"9•11"事件的元凶本•拉登。然而，长期以来疲于躲避追杀的本•拉登更多的是作为基地组织和国际恐怖主义的精神领袖而存在，实际的指挥权和操控权已然微弱。因此，拉登之死的象征意义要大于实际意义，恰如奥巴马所说的"使正义得到伸张"。本•拉登被击毙一个月后，奥巴马政府正式提出了从阿富汗撤军的完整时间表。

2011 年 6 月，奥巴马发表《在阿富汗的未来之路》的讲话，提出"三步走"撤军计划：从 2011 年 7 月开始至年底前撤出 1 万人；2012 年夏季结束前总共撤离 3.3 万人；到 2014 年年底前完成移交进程。这就是奥巴马所说的"结束战争努力的开端，而不是尾声"[1]。撤军计划这一退出战略的提出和实施意味着奥巴马政府对阿政策进入新的阶段，阿富汗的安全责任将逐渐移交给阿富汗安全部队，至 2014 年年底前阿富汗的安全责任将完全交由阿安全部队承担。奥巴马在讲话中强调，阿富汗政府必须在保护阿富汗安全和剥夺基地组织的庇护所方面发挥重要作用。他再次表示，美国在阿富汗的目标是可以实现的，那就是"使基地组织及其附属无法以阿富汗为庇护所发动对美国及美国盟友的袭击"[2]。奥巴马政府提出一个完整的撤军时间表是基于阿富汗与巴基斯坦反恐形势变化、美国经济复苏困难、国内民众厌战情绪高涨以及 2012 年美国总统大选将至等诸多因素考量的。撤军计划得到美国多数民众的支持。根据 2011 年 6 月皮尤研究中心（The Pew Research Center）的民意调查，支持尽快撤军的美国民众从一年前的 40% 上升到 56%，而主张维持驻军直至形势好转的人数则从 53% 下降到 39%，[3] 这有可能反映出两个问题：一是美国民众对阿富汗战场形势

---

[1] The White House Blog, " President Obama on the Way Forward in Afghanistan ", Jun. 22, 2011. http://www.whitehouse.gov/blog/2011/06/22/president-obama-way-forward-afghanistan，2013 年 4 月 10 日访问。

[2] Ibid..

[3] The Pew Research Center, " Record Number Favors Removing U.S. Troops from Afghanistan ", Jun. 22, 2011, p. 1.

好转的认知在提高，二是民众的厌战情绪有所上升。

（二）奥巴马政府对阿富汗政策的内容

在奥巴马政府时期，以巧实力理念为指导，美国对阿富汗政策不仅数次因应形势出现战略性调整，而且其政策内容还呈现出连贯性、综合性和灵活性的特点。

1. 综合运用军事和民事手段

正如前文所述，小布什政府的阿富汗反恐战略热衷于军事手段的运用，对阿富汗的战后重建的参与热情不大。如巧实力理念所倡导的那样，奥巴马政府的对阿富汗政策则注重综合运用军事和民事等多种手段。2009 年 8 月，奥巴马的反恐和国土安全事务最高顾问约翰·布伦南在一次演讲中指出，美国将正视滋生极端分子的更广泛的社会、政治和经济环境，"采取更全面的新策略打击全球的恐怖主义分子和极端主义分子"，不能容忍阿富汗和其他任何一个国家再次成为恐怖分子对美国进行袭击的活动基地，这也"包括将塔利班从阿富汗人口的主要聚居区赶出去，防止基地组织死灰复燃"[1]。奥巴马也指出："对阿富汗人民而言，塔利班如果卷土重来，就将使阿富汗落入残酷统治，陷入国际孤立和经济瘫痪，阿富汗人民——特别是妇女和女童——的基本人权就将被剥夺。而伴随塔利班重整旗鼓的基地组织等恐怖主义分子，将会使这个国家笼罩在永久暴力的阴影中。"[2] 对于奥巴马政府来说，军事打击仍是美国稳定阿富汗局势的最主要手段，也是美国推行民事举措的重要保障和根本前提。

奥巴马在上任伊始就宣布向阿富汗增兵 1.7 万人。至 2009 年年底，驻阿美军人数将达到 6.8 万人。2009 年 12 月，奥巴马宣布向阿富汗再次增兵 3 万人。

随后不久，美国又向阿富汗追加增兵 3 000 人。至 2011 年 7 月开始从阿富汗撤军时，驻阿美军已接近 10 万，其他外国部队将近 5 万。[3] 根据奥巴马政府的撤军计划，

---

[1]　John Brennan, " A New Approach to Safeguarding Americans ", *Remarks at the Center for Strategic and International Studies*, Aug. 6, 2009. http://www.whitehouse.gov/the_press_office/Remarks-by-John-Brennan-at-the-Center-for-Strategic-and-International-Studies/，2013 年 4 月 10 日访问。

[2]　美国国务院国际信息局：《奥巴马总统宣布在阿富汗和巴基斯坦的新战略》，2009 年 3 月 27 日，http://www.america.gov/st/peacesec-chinese/2009/March/20090327174652dmslahrellek7.677859e-02.html，2013 年 4 月 10 日访问。

[3]　胡若愚：《阿战变形记：从"反恐战争"到"奥巴马的战争"》，新华网，2011年6月24日，http://news.xinhuanet.com/world/2011-06/24/c_121577454_2.htm，2013年4月10日访问。

2012年9月以后，负责留守阿富汗的美军规模为6.8万人，基本恢复到2009年年底的水平。留守的驻阿美军一方面继续负责阿富汗安全任务，另一方面也将逐步把这份"重担"移交给阿富汗安全部队。换言之，至2014年年底前，驻阿美军仍将继续保持对塔利班等叛乱势力的军事打击态势。美国还加速培训阿富汗安全部队，为向阿富汗安全部队移交安全责任以实现"阿人治阿"创造必要的条件。

正如奥巴马于2009年6月在埃及开罗大学的演讲中所指出的，"仅凭军事力量无法解决阿富汗和巴基斯坦的问题"[1]，因此奥巴马政府对阿富汗政策主打的另一个手段就是民事手段，即通过对阿富汗的科技、教育、农业、医疗和基础设施建设等民事方面的投入推动阿富汗的国家重建进程。奥巴马政府重视对阿富汗民事援助和投入的目的是，争取阿富汗普通民众的人心，从根源上着手削弱乃至消除塔利班等极端势力产生的社会土壤及其活动基础。以2010年1月美国国务院公布的《阿富汗和巴基斯坦地区稳定战略》为标志，奥巴马政府对阿富汗政策更加凸显出关注阿经济和社会建设的特点。该文件对美国在阿富汗和巴基斯坦的民事发展援助方面做了纲领性安排。国务卿希拉里在文件中表态说：在军事行动结束后，美国对阿富汗和巴基斯坦的发展援助仍将持续下去。国防部长罗伯特·盖茨在文件中也指出：实现美国在阿富汗的战略目标不能只依赖军事手段，应该结合政治、经济和外交等方面的努力，从而实现军事与民事手段的均衡和协调。[2]根据该文件的表述，美国将增加对阿富汗的经济援助，尤其是在农业生产方面帮助阿富汗创造更多的就业机会。文件还详细罗列了美国在阿富汗应采取的十点措施。[3]表4-9是文件中提出的关于2009—2011年阿富汗财政需求的总结和详细规划。从中可以看出，美国关注的重心涉及三个领域：增强阿富汗政府的能力、反毒品战争和基础设施建设及经济发展。其中，美国在反毒品战争中推行的措施旨在限制塔利班通过毒品交易进行融资，同时吸引塔利班叛乱分子重新融入社会。

---

[1] 美国国务院国际信息局：《奥巴马总统在埃及开罗大学讲话全文》，2009年6月4日，http://www.america.gov/st/peacesec-chinese/2009/June/20090604121534eaifas0.4368097.html，2013年4月10日访问。

[2] Department of State, " Afghanistan and Pakistan Regional Stabilization Strategy ". http://www.state.gov/documents/organization/135728.pdf，2013年4月10日访问。

[3] Ibid..

表 4-9 2009—2011 财年阿富汗财政需求（单位：百万美元）

功能	2009 财年总计	2010 财年预计	2010 财年追加需求	2011 财年需求
重建农业部门	125	260	215	240
增强政府能力	977	744	976	1 760
地方政府重建	253	218	216	620
民主，治理	724	526	760	1 140
增强法治	221	186	225	248
法治（USAID）	33	25	50	50
法治（INL）	188	161	175	198
反毒品战争	462	467	160	437
替代性发展	165	208	135	185
禁止，需求降低，沟通	297	259	25	252
为阿富汗的未来奠定基础	807	875	200	1 152
公路	129	207	—	230
电力	134	139	—	230
纵向结构	—			65
经济增长和私营部门	271	288	100	373
教育	94	104	50	95
健康	124	105	50	154
其他社会事业	55	32	—	5
其他	123	92	—	87
军事教育培训（IMET）	1.4	1.5	—	1.5
其他军民援助（NADR）	49	58	—	69
食物援助（PL 480，FFE，FFP）	73	16	—	16
项目支持－USAID	—	16	—	—
总计	2 714	2 624	1 776	3 924

（资料来源：http://www.state.gov/documents/organization/135728.pdf。）

2. 将巴基斯坦纳入美国对阿政策框架内

美国主导建立了美、阿、巴三边对话机制，目的是加强三者之间在打击恐怖主义和暴力极端主义问题上的军事合作和信息共享，统筹处理阿巴两国内部的反恐问题，实现阿巴反恐一体化——这也体现了巧实力理念倡导的系统化思想。奥巴马在宣布"阿巴新战略"时还指出："我呼吁国会通过由约翰·克里和理查德·卢格共同提出的两党议案，授权今后五年每年向巴基斯坦人民提供 15 亿美元的直接援助——用于建立校舍、修建公路和医院及加强巴基斯坦民主的资源。我还呼吁国会通过由玛丽亚·坎特韦尔、克利斯·范何伦和皮特·霍克斯特拉共同提出的两党议案，在边界地区创立机会专区以发展经济，为受到暴力蹂躏的地区带来希望。"[1]2011 年 2 月，希拉里表示："要使和解成功，巴基斯坦必须参与此一进程。它需要尊重阿富汗的主权完整，并与阿富汗合作增进地区稳定。"[2]换言之，美国、巴基斯坦、阿富汗以及国际社会在阿富汗问题上应展开协作，尤其是前三者面临着共同而紧迫的反恐任务。

为了扭转阿富汗不断恶化的安全形势，奥巴马政府不仅加强了在阿富汗的军事打击行动，还大大强化了在巴基斯坦与阿富汗边境地区的无人机空袭力度，这一举动给巴基斯坦边境地区造成了较为严重的生命和财产损失。虽然美国此举是对巴基斯坦领土和主权的公然侵犯，而且也招致巴基斯坦政府的强烈抗议，甚至巴方还曾关闭美国和北约经由巴领土通往阿富汗的运输线和重要关口，但奥巴马政府在无人机空袭行动这一问题上的态度仍然很坚定。究其原因在于，美国坚持认为巴基斯坦西北边境地区是塔利班和基地组织等各种极端势力的大本营，事关阿富汗安全形势的根本好转。除了直接在巴基斯坦西北边境地区开展无人机空袭行动，美国还大力推动巴基斯坦政府打击这一地区的极端组织和恐怖势力。为此，奥巴马政府向巴基斯坦提供了大量的军事和民事援助。美国对巴基斯坦民事援助的目的在于改善和提高巴国内民众的生活水平，帮助巴克服经济困难；美国提供的军事援助旨在提高巴基斯坦打击恐怖暴力活动和叛乱势力的能力，增强巴基斯坦政府的反恐信心和意志。

---

[1] 美国国务院国际信息局：《奥巴马总统宣布在阿富汗和巴基斯坦的新战略》，2009 年 3 月 27 日，http://www.america.gov/st/peacesec-chinese/2009/March/20090327174652dmslahrellek7.677859e-02.html，2013 年 4 月 10 日访问。

[2] 美国国务院国际信息局：《国务卿克林顿在亚洲协会就阿富汗和巴基斯坦问题发表讲话》，2011 年 2 月 22 日，http://iipdigital.usembassy.gov/st/chinese/texttrans/2011/02/201102221747115x0.8767598.html#axzz2MToNsbDQ，2013 年 4 月 10 日访问。

自 2009 年以来，在美国的强力施压和推动下，同时出于自身利益的现实考虑，巴基斯坦军方对盘踞活跃在巴西北边境普什图部落区的极端势力（包括巴基斯坦塔利班、阿富汗塔利班和基地组织等）展开了持续的军事打击和清剿行动，取得了比较显著的成效，在一定程度上配合了美国对阿富汗政策的实施。不过，受制于不和谐的阿巴关系和印巴关系，加之美国和北约在反恐行动中不尊重巴基斯坦的领土和主权，美巴关系一直龃龉不断，双方在阿富汗问题上的合作并不顺利。

3. 与北约盟友通力合作以实现责任共担

小布什政府时期，由于一味地奉行单边主义外交，美国与以法、德为代表的主要欧洲盟友之间的关系出现前所未有的紧张，美欧跨大西洋同盟内部产生裂痕，这对美国的阿富汗政策和北约在阿富汗的反恐行动造成了不利的影响。因此，修补和改善美欧关系便成为奥巴马政府上台初期的重要外交课题。为此，奥巴马政府的高级官员在 2009 年对欧洲展开了密集式访问，充分展示出愿意倾听的善意态度，美欧关系得到了迅速的改善。这与巧实力理念"保持传统盟友"的主张毫无二致。

在阿富汗问题上，奥巴马政府特别注重与欧洲和北约盟友的磋商和协调，寻求盟友对其阿富汗政策的战略支持和责任共担。美国对阿政策的推行需要大量的军事和民事资源的投入，美国显然不愿由自己一家承担，特别是在军事方面，美国尤其需要借助北约的力量。由于美国在北约的主导地位以及双方在阿富汗和中南亚地区利益的一致性，北约在阿富汗问题上基本上会遵循美国对阿政策的思路。如前所述，奥巴马政府对阿政策可以分为增兵和撤军两个阶段，在这两个阶段上，北约盟友也给予了美国虽非全力但也算得上比较积极的配合。在 2009 年 4 月的北约斯特拉斯堡峰会上，奥巴马就敦促北约盟友支持美国刚刚出台的"阿巴新战略"。这次北约峰会最后发表了共同宣言，明确表示北约支持美国的阿富汗新战略，峰会还就向阿富汗增兵以及协调各国在阿富汗的军事行动达成共识。同时，北约盟友也向美国承诺将增加在民事发展援助方面对阿富汗的投入。此次北约峰会后，德国总理默克尔和英国首相布朗先后访问阿富汗。在北约内部，英国在阿富汗问题上对美国的配合和支持力度都要超过美国的其他盟友，英国还效仿美国出台了与美国"阿巴新战略"内容相似的对阿新战略。为了确保同年 8 月阿富汗大选的顺利进行，行将卸任北约秘书长一职的夏侯雅伯在访问阿富汗时宣布向阿短期增兵 8 000 至 1 万人。北约新任秘书长拉斯穆森在就职后也随即到访阿富汗，他表示："单凭军事手段无法解决阿富汗当前困境，要解决问题应该有更开阔的认知和综合手段"，"北约今后将重点加强对阿富汗安全部队的培训，一直到阿富汗有能力独立维护自己的国土安全为止"。[1] 从中可以发现，拉斯穆森的这一表态与奥巴马政府对阿政策的思路其实是一致的。2010 年 2 月，北约在土耳其伊斯坦布尔举行成员国国防部长非正式会议，会议讨论了北约在阿富汗的军事策略以及国防预算等问题。美国国防部长罗伯特·盖茨在会上宣布，美国将向北约盟友提供更多情报和武器装备，帮助驻阿富汗的北约部队减少人员伤亡。他还呼吁北约盟友对阿富汗加大投入，向阿富汗增派培训师，帮助训练阿富汗安全部队以使其能尽早接管本国的安全防务。[2] 北约秘书长拉斯穆森表示，伊斯坦布尔会议取得了成功，在参加驻阿富汗国际安全援助部队的 43 个国家中，已有 36 个国家表示将向阿富汗增派部队。[3] 同年 11 月，北约里斯本峰会正式确定向阿富汗移交防务的时间表，宣布将在 2014 年年底完成阿富汗的防务移交，这与美国的撤军计划基本一致。2012 年 5 月，在美国芝加哥举行的号称史上规模最大的北约峰会上，阿富汗"后 2014"的安排问题成为峰会的首要议题。此次会议做出决定，北约 2014 年底从阿富汗撤出战斗部队后，将为阿富汗的安全与重建提供巨额款项，并派遣数千名教官为阿安全部队提供训练和指导。

纵观北约与美国在阿富汗的合作历程，虽然双方在一些问题上存在分歧，但北约盟友仍会继续以美国为核心，在阿富汗问题上同美国保持密切合作，共同维护阿富汗局势稳定，维护并拓展北约在阿军事行动取得的成果。

4. 分化瓦解塔利班并谋求与之和谈

在对待暴力极端势力的态度上，奥巴马政府与小布什政府有很大的不同。奥巴马政府将塔利班、基地组织等叛乱组织和极端组织统称为"暴力极端分子"而非"恐怖主义分子"，这样就把塔利班和基地组织在属性界定上区隔和区别开来，避免了小布什政府将塔利班和基地组织一概而论的不当做法，体现出奥巴马政府对阿富汗政策的巧实力理念色彩。奥巴马政府认为，一方面，塔利班与恐怖主义的基地组织

---

[1] 薛晓云：《新任北约秘书长拉斯穆森访问阿富汗》，国际在线，2009 年 8 月 6 日，http://gb.cri.cn/27824/2009/08/06/3785s2585284.htm，2013 年 4 月 10 日访问。

[2] 刘一楠：《军情观察：北约防长讨论阿富汗战略》，人民网，2010 年 2 月 7 日，http://military.people.com.cn/GB/42969/58519/10944882.html，2013 年 4 月 10 日访问。

[3] 陈铭：《北约秘书长说阿富汗军队将展开系列反恐军事行动》，中国网，2010 年 2 月 6 日，http://www.china.com.cn/military/txt/2010-02/06/content_19378161.htm，2013 年 4 月 10 日访问。

不同，它是反政府的阿富汗叛乱组织，追求的政治目标是夺取阿富汗政权、赶走外国军队；另一方面，塔利班有温和派和极端派之分，内部并不统一，也非铁板一块，其成员也是基于不同的目的加入进来的，大部分人并不认同塔利班的政治主张和宗教观念，其中"高达 80% 的塔利班士兵都是为了金钱或因有冤难伸而帮助塔利班作战的"[1]。有说法认为，塔利班只有 1/5 的成员属于极端势力。[2] 基于上述判断，即便塔利班在暴力活动的手段上日益恐怖化，但奥巴马政府仍然认为，美国在阿富汗的反恐对象主要是基地组织，对于塔利班应采取更加灵活多样的策略。

面对塔利班，奥巴马政府采取了既打又谈、以打促谈的手段。一方面，美国对于塔利班的顽固死硬分子进行军事打击和政治孤立；另一方面，美国向塔利班温和派抛出橄榄枝，寻求与之进行谈判和对话，支持阿富汗政府推动的政治和解进程，招安塔利班普通成员，这反映出奥巴马政府试图将美国在伊拉克拉拢、招降武装分子的成功经验复制到阿富汗战场上。在与塔利班和谈的问题上，奥巴马政府提出三个前提条件：塔利班必须放弃暴力活动，遵守阿富汗宪法，与基地组织断绝联系。然而，即便是对于这三个和谈前提，美国也并非绝对坚持。2011 年 2 月，希拉里在美国亚洲协会（Asia Society）就阿富汗和巴基斯坦问题发表讲话时明确表示，美国放弃和谈的三个前提，将之转化为与塔利班进行"任何磋商的必要结果"[3]。

部分地是受到美国对阿富汗政策的影响，阿富汗和巴基斯坦政府对塔利班奉行围剿和安抚并用的两面手法。为瓦解和分化塔利班，利诱和吸引塔利班成员放弃武器、脱离战争并融入社会，在美国的支持和帮助下，阿富汗地方政府于 2009 年 11 月开展了"用工作和待遇换武器"的招安行动，许多部落长老都加入了这一行动。在 2010 年 1 月召开的阿富汗问题伦敦国际会议上，阿总统卡尔扎伊提出的"招安"塔利班计划受到普遍欢迎。根据这一计划，阿富汗政府将向那些放下武器并断绝与基地组织联系的塔利班成员提供土地、就业机会和人身安全保护。[4] 卡尔扎伊还提出，

---

[1] 雷林：《美"招安"塔利班不现实 伊拉克经验可能无效》，国际在线，2010 年 1 月 29 日，http://gb.cri.cn/27824/2010/01/29/110s2745635.htm，2013 年 4 月 10 日访问。

[2] 张金平：《中东恐怖主义的历史演进》，云南大学出版社 2008 年版，第 129 页。

[3] 美国国务院国际信息局：《国务卿克林顿在亚洲协会就阿富汗和巴基斯坦问题发表讲话》，2011 年 2 月 22 日，http://iipdigital.usembassy.gov/st/chinese/texttrans/2011/02/201102221747115x0.8767598.html#axzz2MToNsbDQ，2013 年 4 月 10 日访问。

[4] " London Conference Welcomes Afghan Peace Plan ", Jan. 30, 2010. http://www.president.gov.af/contents/91/documents/1251/afg_peace_plane_eng.html，2013 年 4 月 10 日访问。

联合国应删除制裁黑名单中的一部分塔利班成员。与此同时，巴基斯坦总统扎尔达里也表示："如果塔利班武装分子能够放下武器，政府随时向他们敞开怀抱。"[1] 他认为，以往类似的招安计划均遭失败，但这次计划得到了美国、欧洲和阿富汗周边国家的一致支持。他还呼吁联合国尽早将塔利班从恐怖组织名单中删去。2013年4月，卡尔扎伊又公开表态：塔利班领导人奥马尔有资格作为候选人参加2014年的总统大选。[2] 毫无疑问，阿富汗政府致力于与塔利班和解的一系列做法基本上都得到了奥巴马政府的默许和支持。

据美国《华盛顿邮报》和《时代》杂志2010年1月报道，在美国的推动下，日本和英国已经决定在今后5年内设立一个5亿美元的国际基金，目的是通过保护投降者免遭报复、许以工作就业的机会、帮助他们从美国和北约的恐怖分子名单上除名等方式，从而帮助阿富汗政府招安塔利班成员。[3] 此外，美国还支持阿富汗政府于2010年9月成立和平高级委员会，以实施"和解与再融入"计划，推动塔利班加入政治进程。2011年9月，美国同意塔利班在卡塔尔设立政治办事处，以便进行对话和谈判。同年12月，美国副总统拜登在接受采访时宣称，塔利班本质上并不是美国的敌人。[4] 这一表态引起阿富汗问题相关各方的强烈关注。为了推动塔利班放弃反叛活动加入阿富汗政治进程，美国甚至绕开阿富汗政府与塔利班进行直接、秘密的谈判。

5. 推动地区国家和国际社会参与阿富汗事务

在阿富汗问题上，小布什政府时期美国就比较重视国际力量发挥的作用。奥巴马政府更是不遗余力地推动地区和国际社会参与阿富汗事务，试图将阿富汗难题抛给国际社会去共同面对。奥巴马在宣布"阿巴新战略"时表示，阿富汗问题是对国际安全的最严峻挑战。为此，美国与联合国合作，成立了阿富汗事务联络小组，小组成员既有美国的盟友，还有一些中亚国家和海湾国家，阿富汗周边几个举足轻重

---

[1] 雷林：《美"招安"塔利班不现实 伊拉克经验可能无效》，国际在线，2010年1月29日，http://gb.cri.cn/27824/2010/01/29/110s2745635.htm，2013年4月10日访问。

[2] 赵乙深、陈杉：《卡尔扎伊称塔利班领导人有资格参加总统选举》，新华网，2013年4月3日，http://news.xinhuanet.com/2013-04/03/c_124535289.htm，2013年4月10日访问。

[3] 李雪编译：《英日设5亿美元基金 帮助阿富汗招降塔利班士兵》，新华网，2010年1月27日，http://news.xinhuanet.com/mil/2010-01/27/content_12883871.htm，2013年4月10日访问。

[4] Graham Smith, " The Taliban are not our enemy, says Biden as U.S. prepares to negotiate prisoner transfer deal ", Dec. 20, 2011. http://www.dailymail.co.uk/news/article-2076564/Taliban-enemy-says-Joe-Biden-US-negotiate-deal-end-Afghanistan-war.html，2013年4月10日访问。

的邻国如伊朗、印度、中国和俄罗斯也在其中。根据美国国务院公布的《阿富汗和巴基斯坦地区稳定战略》，美国致力于构建一个"尽可能最广泛的"全球联盟，以为美国在阿富汗和巴基斯坦开展的行动提供支持，促进阿巴两国走向稳定和繁荣。很显然，奥巴马政府希望将阿富汗问题地区化和国际化，这样不但可以减轻长期以来美国和北约在阿富汗承受的负担，还有可能使阿富汗问题的解决出现一个值得期待的未来。

除了美国的盟友之外，奥巴马政府还尤其重视阿富汗周边地区国家的作用，这些国家有的是美国的对手或敌手，但都无一例外是阿富汗问题地区性的利益相关方。巧实力理念倡导的就是与对手或敌手保持接触，从而建立一种新型的伙伴关系。为此，奥巴马政府尝试与伊朗进行接触，甚至希望同伊朗建立"建设性的伙伴关系"，认为"伊朗应在帮助阿富汗这个饱受战乱苦难的国家实现稳定的问题上扮演关键角色"[1]，美国还主动邀请伊朗参加 2009 年 3 月份举行的阿富汗问题国际会议；印度和巴基斯坦的关系是影响阿富汗问题的重要外部因素，因此奥巴马政府还下大力气促进印巴关系的缓和，推动印度进一步参与阿富汗事务；阿富汗问题同样事关俄罗斯、中国以及中亚国家的利益，由中俄两国主导的上海合作组织历来都对阿富汗问题保持高度的关注，奥巴马政府非常重视中俄两国和上海合作组织在阿富汗事务中的建设性作用，积极与之协调磋商，开展相应的合作。2009 年 3 月举行的上海合作组织阿富汗问题特别国际会议就得到了美国的积极推动和支持。几乎与此同时，在荷兰海牙举行的另一场阿富汗问题国际会议源于美国国务卿希拉里的提议，该会议由联合国、荷兰和阿富汗三方共同主办。此后，奥巴马政府又数次推动国际社会召开阿富汗问题国际会议。2011 年 12 月，围绕阿富汗问题，国际社会又召开了第二次波恩会议，实际上是为美国和北约撤军后阿富汗的和平进程和重建工作做出安排。根据会议决议，2014 年年底阿富汗结束过渡期之后将进入"十年的转型期"（2015—2024 年），国际社会承诺在阿富汗过渡和转型期间继续向其提供援助。

为了帮助阿富汗重建，促进阿富汗与中南亚地区其他国家的经济合作，奥巴马政府还提出了"新丝绸之路"战略。从美国官方来看，该战略是由国务卿希拉里在

---

[1] Richard A. Oppel Jr., " U.S. Envoy Reaches Out to Iran in Afghan Visit ", Feb. 15, 2009. http://www.nytimes.com/2009/02/16/world/asia/16holbrooke.html?_r=1，2013 年 4 月 10 日访问。

2011 年 7 月首次正式提出的。[1] 新丝绸之路战略以阿富汗为着眼点，其逻辑起点是"一个稳定、安全和繁荣的阿富汗需要一个稳定、安全和繁荣的地区"[2]，南亚的印度、巴基斯坦和中亚国家是这一战略借重的最主要对象。新丝绸之路战略的主要目标是利用阿富汗优越的地理位置，将其打造成地区交通贸易的枢纽，通过推动中亚和南亚的经济一体化和跨地区贸易，形成"能源南下"、"商品北上"，实现阿富汗经济的可持续发展。新丝绸之路战略与小布什政府后期倡导的大中亚计划有异曲同工之妙，两者之间存在一脉相承的关系。在新丝绸之路战略框架下，奥巴马政府提出了一些重要的经济项目，比如：完成阿富汗国内环路建设、修建连接阿富汗和巴基斯坦的铁路、完成土库曼斯坦—阿富汗—巴基斯坦—印度天然气管道、通过架设中亚和南亚之间的输电线路建设一个地区电力市场。[3] 在奥巴马政府的积极推动下，新丝绸之路战略框架下的一些项目实施取得了进展：连接乌兹别克斯坦和阿富汗的铁路贯通，这是阿富汗的第一条铁路；阿富汗和巴基斯坦正式签署过境贸易协议，这是两国经济政治关系的一大标志性进展；阿富汗加入塔吉克斯坦和吉尔吉斯斯坦签订的过境运输协议；来自中亚的电力输入到阿富汗；土阿巴印天然气管道项目取得突破，土库曼斯坦与印度和巴基斯坦签订了天然气购销合同。很显然，新丝绸之路战略对阿富汗的经济建设和阿融入地区经济一体化都会起到积极作用。

三、奥巴马政府对阿富汗政策的影响及其前景展望

（一）奥巴马政府对阿富汗政策的影响

奥巴马政府上台以来，根据情势变化通过政策宣示和实际操作两个层面对其阿富汗政策进行不断的调整，形成了希拉里所概括的由三个部分组成的战略："对基地组织和塔利班反叛分子发动的军事攻势；增强阿富汗和巴基斯坦政府、经济和公民社会的民事运动以削弱反叛活动的影响；以及加强外交努力以结束阿富汗冲突并

---

[1] Hillary Rodham Clinton, " Remarks on India and the United States: A Vision for the 21st Century ", Jul. 20, 2011. http://www.state.gov/secretary/rm/2011/07/168840.htm，2013 年 4 月 10 日访问。

[2] Robert O. Blake, Jr. , Remarks at the Jamestown Foundation, Nov.14, 2011. http://www.state.gov/p/sca/rls/rmks/2011/177181.htm，2013 年 4 月 10 日访问。

[3] " Central Asia and the Transition in Afghanistan ", A Majority Staff Report Prepared for the Use of the Committee on Foreign Relations United States Senate, Dec. 19, 2011, p. 9.

为该地区规划一个新的、更加安全的未来。"[1] 总的来看，从 2009 年至今，美国对阿富汗政策的推行取得了一定的甚至比较明显的成果，阿富汗重建进程出现了积极的变化。从美国全球战略布局看，美国在阿富汗的退出战略也为其重返亚太创造了有利条件。

1. 奥巴马政府对阿政策对阿富汗的影响

从阿富汗的角度来看，奥巴马政府对阿富汗政策的影响主要表现在安全重建、政治和解以及经济重建这三个方面。

第一，阿富汗的安全重建有明显起色。从 2009 年以来，阿富汗安全部队建设加快，安全防务移交也在按计划推进。2012 年 11 月，阿富汗国防部表示：阿富汗安全部队的人数已达到预定目标，将在 2013 年年底从北约领导的国际安全援助部队手中接管全国的安全防务。到 2014 年年底，阿富汗将拥有 35 万名装备精良、训练有素的安全人员。[2] 按照原先美国和北约制定的防务移交计划，北约向阿富汗移交防务于 2011 年 7 月开始，共分五个阶段，将在 2014 年年底前完成。2013 年 1 月，阿富汗国防部表示："待第四阶段移交完成后，阿 87% 的人口将在阿安全力量保护之下。"[3] 在阿富汗安全重建方面最为明显的成果是，塔利班等极端势力的反叛和恐怖活动受到一定的遏制，力量有所削弱，一大批头目和指挥官被击毙或被逮捕，这其中包括本·拉登、奥马尔、曼苏尔以及巴基斯坦塔利班领导人贝图拉·马哈苏德、哈基穆拉·马哈苏德和哈卡尼网络负责人巴德尔丁·哈卡尼，等等。

第二，阿富汗的政治和解艰难前行。不仅阿富汗政府加大了同塔利班和谈的力度，美国也与塔利班亲自进行接触。塔利班内部也发生了一些分化，甚至还出现了塔利班中下层成员向阿富汗政府投诚、接受招安的现象。虽然塔利班仍坚持以外国军队必须撤出阿富汗为和谈前提，还要求释放被关押的塔利班成员以及将塔利班领导人从恐怖分子名单中删除，但塔利班对和谈的态度也出现一定的松动，并未完全关闭同阿富汗政府和美国对话的大门。2013 年 1 月，卡塔尔首相兼外交大臣哈马德表示，

---

[1]　美国国务院国际信息局：《国务卿克林顿阐述美国的阿富汗战略》，2011 年 2 月 18 日，http://www.america.gov/st/peacesec-chinese/2011/February/20110218184208x0.3887075.html，2013 年 4 月 10 日访问。

[2]　陈鑫：《阿富汗安全部队将于明年底接管全国防务》，新华网，2012 年 11 月 20 日，http://news.xinhuanet.com/2012-11/20/c_113742047.htm，2013 年 4 月 10 日访问。

[3]　中国驻阿富汗大使馆：《阿富汗动态（2013 年 1 月）》，引自 http://af.china-embassy.org/chn/。

阿富汗塔利班近期将在多哈开设办事处。[1]

第三，阿富汗的经济重建渐有起色。根据世界银行报告显示，阿富汗2008—2009财年GDP增速从2007—2008财年的16.2%骤降至2.3%，跌入2001年战后以来的谷底。[2]阿富汗2009—2010财年GDP增速达22.5%，创2003年以来新高。[3]2011年前9个月阿富汗财政收入已达814亿阿富汗尼，同比增加了30%，至2011年年底有望突破1 000亿阿富汗尼。2012年阿富汗投资总额达5.85亿美元，比2011年的4.63亿美元上升26%。2012年阿富汗经济增长率达11%，较2011年的7.3%有明显提高。[4]上述一系列数据表明，阿富汗自2009年以来经济取得了较快的发展。此外，阿富汗的重大基础设施如公路、铁路和电力建设都有明显的进展，阿富汗正逐渐融入中南亚地区经济合作的进程中。

2. 奥巴马政府对阿政策对美国的影响

从美国的角度来看，奥巴马政府对阿富汗政策的推行对美国最大的影响表现在其全球战略调整上。根据奥巴马政府对阿政策的调整不难发现，它奉行的是"以进为退"的战略。在军事层面，美国对阿政策明显地分为先增兵后撤军两个阶段，这意味着在对阿富汗保持战略重视的前提下，美国在阿富汗执行的是退出战略。从奥巴马政府的全球战略布局来看，美国在伊拉克和阿富汗的退出是为了将更多的精力和资源投入到亚太地区，重塑美国在亚太的"领导地位"，这就是近年来美国积极推动的重返亚太战略或者说是亚太再平衡战略。正如2011年11月希拉里在《美国的太平洋世纪》一文中指出的，亚太地区已成为全球政治的一个关键驱动力。随着伊拉克战争接近尾声以及美国开始从阿富汗撤军，美国现在处于一个转折点。在过去10年中美国向伊拉克和阿富汗投入了巨大的资源。在今后10年，美国外交方略

[1] 杨元勇：《阿富汗塔利班将在多哈开设办事处》，新华网，2013年1月16日，http://news.xinhuanet.com/world/2013-01/16/c_114380283.htm，2013年4月10日访问。

[2] 中国驻阿富汗大使馆经济商务参赞处：《阿富汗2008/09财年经济增速明显放缓》，2009年11月4日，http://af.mofcom.gov.cn/article/jmxw/200911/20091106599997.shtml，2013年4月10日访问。

[3] 中国驻阿富汗大使馆经济商务参赞处：《阿富汗2009至2010财年GDP增速达22.5%》，2010年5月10日，http://af.mofcom.gov.cn/article/jmxw/201005/20100506926915.shtml，2013年4月10日访问。

[4] 中国驻阿富汗大使馆：《阿富汗动态（2013年1月）》，http://af.china-embassy.org/chn/，2013年4月10日访问。

最重要的使命之一是大幅增加对亚太地区外交、经济、战略和其他方面的投入。[1] 无疑，亚太地区之于美国的战略意义和重要性要远甚于阿富汗以及中南亚地区，这是美国将全球战略重心从中东向亚太转移的根本原因。因此，如果美国能顺利结束阿富汗战争，从阿富汗实现战略退出，那么将有利于美国重返亚太的进程，从而对亚太地区格局造成重大冲击。

（二）奥巴马政府对阿富汗政策的前景

虽然奥巴马政府对阿富汗政策的推行取得了一定的效果，阿富汗的重建进程发生了一些积极的变化，自 2005 年以来不断恶化的安全形势也有了一定的好转。但总的来看，奥巴马政府推行的对阿政策取得的成绩是很有限的，美国的"阿富汗困境"依然存在：阿富汗的安全重建仍面临着来自极端势力的严峻挑战，阿安全部队的战斗素质亟待提高；政治和谈进程步履蹒跚，一波三折；经济和社会建设任重道远，困难重重。下面一系列相对客观的统计数据从多个侧面证明近年来阿富汗的总体状况依然不容乐观，也说明奥巴马政府对阿政策的推行效果并不明显。

根据由美国《外交政策》杂志和美国和平基金会（The Fund for Peace）所编制的"失败国家指数排行榜"来看（见表 4-10），阿巴两国近四年来高居排行榜的前列并无明显变化。表 4-11 则反映出，2009 年驻阿美军死亡人数是 2008 年的两倍，2010 年的死亡人数较前两年均有较大幅度增加，而 2011 年上半年的死亡人数几乎是上一年死亡总和的一半，2012 年美军死亡人数和 2009 年基本持平，这说明阿富汗的安全形势依然严峻。此外，根据澳大利亚经济与和平研究所（Institute for Economics and Peace）近年来发布的"全球和平指数排行榜"，阿富汗和巴基斯坦在所有参与评估的国家中的排名一直位居最后几位，尤其是阿富汗近乎倒数第一，这说明阿富汗和巴基斯坦均为"最不和平国家"，见表 4-12 所示。澳大利亚经济与和平研究所自 2002 年每年都发布"全球恐怖主义指数"排行榜，该排行榜是根据世界上 158 个国家受恐怖主义影响的程度而做出的。根据表 4-13，阿富汗的恐怖主义指数自 2002 年至 2005 年逐年升高，自 2006 年以后一直稳居排行榜的第 3 位。阿富汗、巴基斯坦和伊拉克这三国是近年来受恐怖主义之害最严重的国家。根据亚洲基金会发布的阿富汗民意调查报告，从 2008 年至 2012 年认为阿富汗沿着正确方向发展的人数所

---

[1] 《美媒刊登希拉里文章：美国的太平洋世纪》，新华网，2011 年 10 月 14 日，http://news.xinhuanet.com/world/2011-10/14/c_122156611.htm，2013 年 4 月 10 日访问。

占的比例在逐年提高，但幅度不大，认为阿富汗沿着错误方向发展的人数比例虽有所下降，但基本保持不变。[1] 通过以上一系列数据可以看出，奥巴马政府对阿富汗政策的推行对阿巴两国产生的成效并不显著，阿富汗的安全形势和发展状况依然不容乐观。

表 4-10　失败国家指数排行榜：阿富汗和巴基斯坦

排名 国家 　　年份	2006	2007	2008	2009	2010	2011	2012
阿富汗	10	8	7	7	6	7	6
巴基斯坦	9	12	9	10	10	12	13

（资料来源：http://www.foreignpolicy.com/failedstates2012。）

表 4-11　2008-2012 年驻阿美军死亡人数（单位：人）

年份 　　月份	1月	2月	3月	4月	5月	6月	7月	8月	9月	10月	11月	12月	总计
2008	7	1	8	5	17	28	20	22	27	16	1	3	155
2009	15	15	13	6	12	25	45	51	40	59	18	18	317
2010	30	31	26	20	34	60	65	55	42	50	53	33	499
2011	25	20	31	46	35	47	37	71	42	31	18	15	418
2012	26	16	18	35	40	29	41	39	19	18	16	13	310
2013	3	1	0	0	0	0	0	0	0	0	0	0	4

（资料来源：http://icasualties.org/OEF/index.aspx。）

表 4-12　全球和平指数排行榜：阿富汗和巴基斯坦

排名 国家 　　年份	2007	2008	2009	2010	2011	2012
阿富汗	—	135	142	146	150	157
巴基斯坦	114	125	136	144	145	149
参评国家总数	120	138	143	148	153	158

（资料来源：http://www.visionofhumanity.org/gpi-data/#/2008/OVER/。）

---

[1]　参见 http://asiafoundation.org/country/afghanistan/2012-poll.php，2013 年 4 月 10 日访问。

表4-13 全球恐怖主义指数排行榜：阿富汗、巴基斯坦和伊拉克

排名 \ 年份 \ 国家	2002	2003	2004	2005	2006	2007	2008	2009	2010	2011
阿富汗	15	13	9	4	3	3	3	3	3	3
巴基斯坦	11	10	5	7	5	2	2	2	2	2
伊拉克	28	7	1	1	1	1	1	1	1	1

（资料来源：http://www.visionofhumanity.org/globalterrorismindex/#/2005/OVER/。）

在此形势下，奥巴马政府在阿富汗执行退出战略无疑是一个冒险的赌注。不过，对于美国的撤军计划应该"听其言，观其行"。奥巴马指出，美国将以负责任的方式逐步撤出军队，以使阿富汗有能力保卫自己的国家，并给予美军继续在那里行动的能力，以便彻底击溃基地组织网络 [1]，这就暗含了美国不会全部撤军的可能性。而与撤军计划同时进行的是，美国还在推动阿富汗与其签订一系列战略协议，其中包括美军在阿富汗建立多个长期军事基地。2012 年 5 月，奥巴马访问阿富汗，与卡尔扎伊签署了美阿战略伙伴关系协议。根据美阿战略伙伴关系协议，美国将阿富汗定位为"非北约主要盟国"，承诺在 2024 年前在社会经济、国防安全、制度建设等方面为阿富汗提供长期协助，阿方则承诺美国可以在 2014 年撤军期限之后，继续在阿驻扎部队训练阿军并打击基地组织。协议没有确定向阿富汗提供援助的具体金额，而是规定美国政府将每年就此与国会协商。为换取美国合作，阿富汗方面承诺加强政府反腐与民主建设，并允许美国在 2014 年后继续在阿驻军和使用相关设施，具体驻军规模将在今后商定。为此，美阿双方将重启双边安全协议谈判，签订新协议以取代当前的驻军地位协议。此外，美阿战略伙伴关系协议在 2014 年到期后，双方可协商续签。[2] 美阿战略伙伴关系协议的签署为美国在阿富汗未来继续保持一定的军事存在提供了有力保障。2013 年 1 月，奥巴马和卡尔扎伊就驻阿美军提前退出在阿作战任务达成一致，双方同意将美军向阿富汗安全部队移交作战任务的期限由原定的

---

[1] 美国国务院国际信息局：《奥巴马总统说美国正成功地达成在阿富汗的目标》，2011年 6 月 30 日，http://iipdigital.usembassy.gov/st/chinese/article/2011/06/20110630145615x0.7856671.html#axzz1RZG8XaLj，2013 年 4 月 10 日访问。

[2] 温宪、牟宗琼：《奥巴马为选战突访阿富汗 塔利班以爆炸做回应》，载《人民日报》2012 年 5 月 3 日版。

2013 年夏天提前至春天。奥巴马明确表示，美军"交权"后，将转为向阿富汗部队提供培训、建议和协助。在 2014 年之后，美军在阿富汗的存在将"非常有限"。如果 2014 年后在阿富汗保留驻军，那么美军必须拥有司法豁免权。[1] 因此，2014 年以后美国能否在阿富汗保留驻军很大程度上取决于阿富汗对美军司法豁免权的态度。此前，美国未能在伊拉克保留部分驻军就是由于伊拉克不同意给予美军司法豁免权。2016 年 12 月，美国国防部长阿什顿·卡特在访问阿富汗时表示：2017 年美国将在阿富汗保持驻军 8 400 人，而不是之前计划的 5 500 人。他还重申，为支持阿富汗安保力量，美国和北约将在 2020 年前每年向阿富汗提供 50 亿美元的资金援助。鉴于新任总统特朗普的对阿富汗政策尚不明朗，卡特的这一表态无疑向阿富汗和国际社会表明，美国驻军阿富汗的政策不会改变。

　　对于美国而言，无论从阿富汗形势还是从地区权力结构来看，未来在阿富汗保持适度的军事存在都是非常必要的。一方面，美国绝不会让其在阿富汗长达十余年的反恐成果付诸东流，保持一定的军事存在将有助于帮助阿富汗政府巩固政权，稳定阿富汗安全形势，以防塔利班等极端势力反扑，并且可以继续阻止基地组织在阿富汗重新崛起。奥巴马政府在结束伊拉克战争时未留下驻军，此后伊拉克局势的动荡以及美国在伊拉克影响力的削弱导致其受到批评。[2] 美国在伊拉克完全撤军的教训将会对阿富汗撤军计划产生一定的影响。另一方面，美国对阿政策是其中亚战略框架的重要组成部分，隐藏着美国意欲主导中南亚地区事务、与俄罗斯和中国争夺地区影响力和控制力的盘算。阿富汗问题对美国形同鸡肋，要解决阿富汗问题绝非易事，甚至永远都难有成效，但完全放弃阿富汗也不可能。阿富汗是美国推行中亚战略的重要支柱，遏制俄中崛起以及阻控二者通过上海合作组织机制主导和分配中亚事务是美国政府长期不变的战略目标。即便是为了服务于美国重返亚太的全球战略调整，美国也不会完全放弃阿富汗不管。肇始于反对恐怖主义的阿富汗战争已持续十余年之久，成为美国历史上最长的战争。从某种意义上说，阿富汗已从美国期待的战略楔子变为意欲摆脱的战略负资产，在阿富汗保持适度的有限的军事存在无疑是最好的处理之道。

---

[1]　冉维、陈杉：《驻阿美军提前"交权"能否解阿富汗之"忧"》，载《新华每日电讯》2013 年 1 月 13 日。

[2]　余晓葵：《美国谋划后阿富汗战略》，载《光明日报》2012 年 11 月 29 日。

可以预见的是，随着美国在阿富汗退出战略的开展，直接的军事打击和武力清剿将逐渐减少，民事手段和间接的军事与安全援助将会成为美国对阿政策的主导手段，正如有学者指出的，"阿富汗战略的根本问题不在于战场上的胜败，美军可以轻易击败对手，但很难取得最终胜利"，"新战略成功的关键还是'三分军事、七分政治'"。[1] 只要暴力极端主义在阿富汗和巴基斯坦不被彻底剿灭，只要阿富汗和巴基斯坦的暴力极端主义仍然威胁美国的安全，美国就会继续向阿富汗和巴基斯坦提供援助和支持。奥巴马政府的退出战略并不意味着美国今后不再重视阿富汗，这与90年代前期美国基本从阿富汗事务中完全退出的情形也有天壤之别。阿富汗问题的解决不能没有美国的参与，美国也不可能将阿富汗问题从其对外政策议题中排除出去。未来奥巴马政府的对阿政策将以向阿富汗政府提供力所能及的安全援助和经济援助为主，并且会继续与美国盟友以及地区国家和国际社会一道支持和推动阿富汗重建。在2017年奥巴马政府第二届任期结束后的一段时期内，美国对阿政策的这一基本框架可能也会保持不变。

本章小结

本章论述了"9·11"事件后尤其塔利班政权垮台以来的美国对阿富汗政策。在后塔利班时代，美国对阿政策处于直接参与阿富汗事务的安全与重建阶段。以"9·11"事件为标志和契机，美国不仅更直接地卷入阿富汗事务中，而且在各个层面和领域对阿富汗事务的参与力度都达到了前所未有的程度。小布什政府不仅借阿富汗反恐战争推翻了塔利班政权，还主导了阿富汗的战后安全与重建任务。但由于塔利班政权垮台后不久小布什政府反恐战略重心就转移到伊拉克，从而导致美国在战略上对阿富汗事务的忽视，结果阿富汗重建进程缓慢、困难重重，安全形势也日益恶化，而且深受美国对阿政策影响的巴基斯坦也逐渐陷入极端主义和恐怖主义的漩涡，从美国反恐战争的前线变成反恐战争的目标。奥巴马政府上台后重新调整美国反恐战略的重心，在巧实力理念的指导下根据阿富汗形势的变化对美国对阿政策进行多次调整，其突出特点是加强对阿富汗的援助力度，更加重视军事和民事手段并用，更

---

[1] 肖河、余万里：《奥巴马政府的阿富汗新战略》，载王缉思主编：《中国国际战略评论2010》，世界知识出版社2010年版，第171页。

加注重地区合作和借重国际力量，对塔利班也采取了更为灵活务实的政策。总的来看，奥巴马政府的对阿政策对于阿富汗重建具有积极影响，但由于种种复杂因素的限制，阿富汗重建取得的成就同其面临的挑战和障碍比起来显得微不足道。目前美国正谋划从阿富汗实现战略退出，但它并未对阿富汗撒手不管。未来美国的对阿政策和阿富汗的前景都存在着较大的不确定性。

第五章 战后美国对阿富汗政策的演变规律

自二战结束以来，美国对阿富汗政策的演变轨迹已历经近七十年。虽然不同历史时期的美国对阿富汗政策在内容上有所不同，但战后美国对阿富汗政策的演变仍然呈现出一定的规律性，主要表现在：影响美国对阿富汗政策的一些因素基本上保持不变；整体来看，美国对阿富汗政策具有若干总体性特点。

第一节 影响战后美国对阿富汗政策的基本因素

在考察了战后美国对阿富汗政策演变过程之后，可以总结出总体上影响美国对阿富汗政策的一些基本因素。虽然在不同的历史阶段影响美国对阿富汗政策的各种因素可能发生变化、不尽相同，但总有一些因素是贯穿始终的。当然，必须指出的是，由于时间跨度大，某些因素的具体内容又会有一定的变化和不同。大体来看，影响战后美国对阿富汗政策的因素可以分为美国自身因素和美国之外的因素这两大类。

一、来自美国自身的因素

影响战后美国对阿富汗政策的因素主要还是来自于美国自身，维护美国的国家利益显然是美国对阿富汗政策的首要关注点。基于此，美国在推行对阿政策时还要兼顾考虑美国的对外战略和国内的总体状况。而不同政府的对阿政策也不尽相同甚至自相矛盾，政府中主要的外交决策者在其中往往发挥着关键作用。

其一是美国的全球和地区战略。这是近七十年美国对阿富汗政策不断演变的最基本因素。"从理论上讲，自从 20 世纪初以来，美国的对外政策始终是理想主义民主价值观和现实主义权力政治的混合物。"[1] 现实主义所主张的国家权力、安全和利益至上的观点对美国的对外政策产生了深刻的影响。在很大程度上，美国对外输出民主最终还是为了维护美国在世界上的权力地位。二战的历史影响之一，就是使美国一跃成为超级大国和西方资本主义阵营的领头羊，美国的利益触角自此遍及全球每一个角落，美国也开始制定出明确的全球战略和针对不同地区的地区战略。从根本上说，美国对阿富汗政策是服务于美国全球和地区战略的。美国全球和地区战略的根本出发点是维护美国的战略利益、权力地位和国家安全，而美国盟友的安全也在美国对外战略的考虑之中，不过在 2012 年以前，阿富汗从来都没能成为美国的盟友。所以无论在任何历史时期，美国对阿富汗政策都是在其全球和地区战略这一框架下所推行的。如，冷战时期美国的全球战略就是遏制苏联和共产主义的扩张，无论是冷战前中期美国对阿富汗提供经济援助还是冷战后期美国援助阿富汗抵抗运动，美国的最终目的都是一致的，那就是制衡和遏制苏联在阿富汗的势力。此外，小布什政府对阿政策从战略重视到战略忽视的变化也都与其全球反恐战略有关。奥巴马政府在其反恐战略规划中重新重视和提高阿富汗的地位，而在目前美国全球战略重心向亚太转移的同时，美国也启动了从阿富汗撤军的进程，二者之间不无关联。

其二是美国外交决策者的变换或其观念的改变。国家外交决策者的观念可以影响该国对外政策的选择。脱胎于反思主义阵营的建构主义就强调观念和文化对国家外交政策的影响。该理论的核心问题是，社会互动如何构建群体内部的认同，而后者反过来又用于界定朋友、敌人以及国际关系中的机构利益。认同还以"民族文化"的形式具有约束作用，能够确定可接受的外交政策的操作范围。战略文化变量能够比单纯地使用国际体系结构变量更好地解释国家对外政策的选择。就美国而言，一方面，美国外交决策者的更替可能会带来美国对外政策的改变，因为不同的决策者具有不同的观念。另外，即便是同一外交决策者，其在不同时期的外交观念也可能有所不同。如，早在二战前的 30 年代，罗斯福政府起初对与阿富汗建交没有兴趣，但以后罗斯福政府不但与阿富汗建交，而且在二战期间将与阿关系还发展得不错。可以说，战前美国对阿政策就深受外交决策者观念特别是其某些偏见和误解的影响。这在战后更加得到了体现。例如，战后初期，美国对于援助阿富汗态度非常消极冷淡，艾森豪威尔政府还一度想拉拢阿富汗加入西方支持下的地区安全协定，不过艾

---

[1]　倪世雄等：《当代西方国际关系理论》，复旦大学出版社 2001 年版，第 457 页。

森豪威尔政府在后期还是调整了对阿政策，确立起对阿富汗主要提供经济援助、确保阿富汗中立地位的政策方针。卡特政府时期的美国对外政策具有过渡性特征，其对阿富汗政策也是前后截然不同。此外，像里根和小布什这两位保守派总统上台后，美国对阿政策的面貌也都出现了明显的变化。里根政府在援"叛"抗苏问题上可谓是不遗余力。小布什政府在阿富汗事务上的虎头蛇尾，其实也与小布什本人的保守主义倾向及其牛仔式的行事风格不无关联。当然，与小布什政府不同，第一任期的奥巴马政府以具有自由主义色彩的巧实力战略理念为指导，它所推行的对阿政策及其每一次的重大调整都给国际社会留下焕然一新的印象，因此也引起外界强烈的关注和反响。

其三是美国国内的政治、经济形势和社会状况。与大多数大国不同，美国受到的制约多数源自国内，而不是国外。[1] 英国学者克里斯托弗·希尔（Christopher Hill）认为，"对外政策永远不能脱离其国内背景的发源地。没有国内社会和国家，也就没有对外政策"[2]。而建构主义的代表人物亚历山大·温特甚至更直截了当地表示，国家的对外政策行为往往主要是由国内政治决定的，而不是由国际体系决定的。[3] 作为公民社会相对成熟的国家，美国的对外政策常常深受国内总体形势和民意的影响。国内民意因素对 80 年代以来的美国对阿政策的影响越来越得到凸显。比较典型的是，90 年代后期克林顿政府之所以反对塔利班，其中一个重要的推动因素就是美国国内强大的女权主义运动。在后塔利班时代，美国对阿富汗政策的制定特别是在增兵和撤军问题上都不能不顾及国内民众的诉求。

二、来自美国之外的因素

在影响战后美国对阿富汗政策的外部因素中，有些因素一直固定不变地在起着作用。概括来讲，这些因素主要涉及阿富汗自身、阿富汗周边国家以及某些大国因素。

其一是阿富汗的国力和经济社会状况及其外交政策。不仅是美国国内因素会对

---

[1] [美] 理查德·内德·勒博：《国际关系的文化理论》，陈锴译，上海社会科学院出版社 2012 年版，第 380 页。

[2] [英] 克里斯托弗·希尔：《变化中的对外政策政治》，唐小松、陈寒溪译，上海人民出版社 2007 年版，第 39 页。

[3] [美] 亚历山大·温特：《国际政治的社会理论》，秦亚青译，上海人民出版社 2008 年版，第 2 页。

美国对阿政策产生影响，阿富汗国内因素同样也在美国对阿政策中起到一定的作用。阿富汗长期以来国力落后弱小，资源贫乏，经济社会发展程度非常低。显然，阿富汗综合国力的极端落后是美国对阿富汗通常不予重视的重要原因。在美阿关系史上，阿富汗一直未能成为美国的盟国，原因在于阿富汗在美国看来不具备成为其盟国的基本资格和条件：阿富汗国力太落后，军事力量非常脆弱，阿富汗长期奉行中立、不结盟的外交政策。不过，值得一提的是，从2012年起，阿富汗被美国确立为"非北约主要盟国"，但这并不意味着阿富汗放弃了传统的不结盟政策，目前的阿富汗仍然奉行的是多边平衡外交。[1]

其二是阿富汗的地缘位置和战略价值。如前文所述，阿富汗具有独立的地缘政治地位和多重的区域属性。阿富汗在历史上不仅仅是文明交汇区和民族融合地，更是大国博弈的重要场所，地缘政治地位既独特又重要，历史上的英俄"大博弈"就充分佐证了这一判断。此外，包括马汉、麦金德和布热津斯基在内的一些地缘政治学家都不同程度地论述到阿富汗地缘政治的重要性。概言之，阿富汗的地缘政治特性体现为：它是一个天然的缓冲国，基本上是一个地缘政治中的要害国家，还是当今世界上"破碎地带"或"不稳定弧形带"上的重要一环，并且也是公认的"帝国坟墓"。然而和其周边国家相比，加上阿富汗自身的国力有限，这就使得美国基本上并不认为阿富汗具有重要的战略价值。由马汉、麦金德和斯皮克曼等人阐述的经典地理政治思想的关注焦点集中在陆权和海权的关系及力量对比问题上，"在战后美国对外政策史上，美国决策者一般都是以经典地理政治思想体现的战略视角来看待苏联威胁的"[2]。为此，作为主导性海洋强国的美国，在冷战期间基于遏制欧亚大陆心脏地带强国苏联南下向印度洋扩张的战略目的，基本上将阿富汗看作是美苏势力范围之间的缓冲国，包括美国在80年代的援"叛"抗苏也有要恢复阿富汗缓冲国地位的目的。应该说，美国对阿富汗战略价值的主观认知要比阿富汗的客观地缘位置对美国政策的影响更大。进入90年代，由于苏联解体和中亚国家的独立，美国便认为阿富汗的地缘政治地位无足轻重了。"9·11"事件后，由于美国反恐的需要，阿富汗的战略价值比90年代有了很大的提高，美国对阿富汗事务的参与力度更是前所未有。

---

[1]　杨晓萍：《阿富汗新兴的平衡外交及其政策含义》，载《当代世界》2011年第9期，第58页。

[2]　吴征宇：《地理政治学与大战略》，中国法制出版社2012年版，第13页。

其三是大国因素以及阿富汗周边国家特别是巴基斯坦因素。就大国因素来看，早在二战以前，美国对与阿富汗建交态度消极的一个重要原因是美国不愿冒犯在阿富汗仍然有比较强大的传统影响力的英国。二战期间，美国在一定程度上重视阿富汗，一方面是为了平衡德意日法西斯国家在阿富汗的影响，另一方面也希望开辟经由阿富汗对苏联提供援助的通道。但到了二战结束以后的冷战期间，美国对阿政策完全服从于美苏冷战格局的需要，苏联因素是影响美国对阿政策的头等外部因素。此外，巴基斯坦因素也影响了美国的对阿政策，美国在"普什图尼斯坦"问题上偏袒巴基斯坦以及美巴结盟共同援助阿富汗抵抗运动都构成了冷战期间美国对阿政策的重要内容。90年代，美国对塔利班的最初态度同样深受巴基斯坦的影响。同时，90年代中期美国的对阿政策也有遏制俄罗斯和伊朗的目的，直到美国对塔利班态度转变后才逐渐寻求与俄罗斯和伊朗在阿富汗事务上开展合作。在"9·11"事件后的美国对阿政策中，巴基斯坦更是不可忽视的关键角色。2004年，美国又将巴基斯坦列为"非北约主要盟国"。除了巴基斯坦，中亚国家、俄罗斯、中国和伊朗在美国对阿政策的规划中都是合作的对象。从某种意义上说，自1921年起，尤其是战后，美国的阿富汗政策并不是单纯的对阿政策，它看起来更像是一个地区政策。战后美国的对阿政策和其地区政策密不可分，互相支撑，互为补充。

第二节　战后美国对阿富汗政策的总体特点

从战后美国对阿富汗政策的演变历程可以总结出两个基本特点，用既"轻视"又"短视"这两个词语进行概括性的表述最恰当不过，也可以作为是对战后美国对阿富汗政策的总体评价。战后美国对阿富汗政策的这两个特点在本质上其实是一致的，是美国对阿富汗政策演变的规律性表现和基本取向。

一、美国对阿富汗缺乏战略重视

第一个特点是总体上看，美国对阿富汗缺乏战略重视，对卷入和参与阿富汗事务的兴趣和热情不高。主要表现在：早在二战前的很长一段时间里，美国就多次拒绝阿富汗要求获得承认和与之建交的真诚意愿，美国对阿富汗缺乏充分的了解，认识上存在狭隘和偏见；二战期间，美国基于反法西斯战争的需要对阿富汗的战略地位有了一定的重视，但在二战结束后，美国基本上改变了对阿富汗的这一重视态度。整个冷战前中期，美国虽然向阿富汗提供了大量援助，但也多次拒绝了阿富汗的援助请求，美国在希望阿富汗能保持中立地位的同时也基本上默认阿富汗为苏联的势力范围，美国对阿富汗的援助规模远不能与苏联相比。在美国的地区战略棋盘上，阿富汗两个重要邻国巴基斯坦和伊朗受到美国战略重视的程度远远超过阿富汗；在苏联占领阿富汗期间，美国对阿富汗的重视程度明显提高，可是在苏联撤军后，美国也选择了"退出"阿富汗，整个 90 年代，美国对阿富汗事务并没有多少兴趣；"9·11"事件后，美国很快就通过军事打击推翻了塔利班政权，美国军事力量首次进驻阿富汗，但美国随即将反恐重心转向了伊拉克，2002—2008 年，阿富汗几乎成了美国遗忘的反恐前线。纵观美国对阿富汗政策的演变过程，美国真正从战略上重视阿富汗乃是近年奥巴马政府时期。不过随着美国全球战略向亚太地区的转移，加之阿富汗问题存在着难解的固有症结，未来美国对阿富汗政策的前景是不明朗的。美国从阿富汗开始启动甚至加快撤军进程不可避免地带来一系列问题，其中广受国际社会关注的一个问题就是美国对阿富汗会否继续保持战略重视。

　　澳大利亚学者约翰·伯顿（John W. Burton）在论述弱小国家在大国冲突中的作用时指出，"控制在大国自身行为的责任只能由大国自己来承担。弱小国家可以发挥一定的作用；但只有当大国认识到小国发挥一定作用符合大国自己的利益时，这种作用才会变成现实"[1]。冷战期间，美国对阿富汗战略地位的认识就是将阿富汗作为缓冲国，而阿富汗扮演缓冲国的角色基本上是符合美苏双方尤其是美国的利益的。但是也由于美国对阿富汗战略地位的这种判断，阿富汗在美苏冷战竞争中通常是受到美国的轻视和忽视的。美国在苏联入侵阿富汗时期对阿富汗事务的高度参与也随着苏联的撤军最终戛然而止。结合前文的分析可以得出，长期以来，阿富汗是不大受美国重视的，对阿富汗在战略上轻视和忽视是战后美国对阿政策的一个规律性特点。

---

[1]　[澳] 约翰·伯顿：《全球冲突：国际危机的国内根源》，谭朝洁、马学印译，上海人民出版社 2007 年版，第 113 页。

二、美国对阿富汗存在战略短视

战后美国对阿富汗政策的第二个特点是美国政策长期以来缺乏明确规划和长远的战略，这恰恰又与美国对阿富汗缺乏重视有关。由于美国对阿富汗从根本上不大重视，因此美国的对阿富汗政策不仅服务而且受制于美国的全球和地区战略，并且具有很强的被动性和权宜性。毋庸置疑，美国推行的对阿政策其最终目标是维护美国的国家利益，然而某种程度上，正是由于美国过分看重眼前的自身利益，以至于有些时候忽略了长远的利益，结果造成美国对阿富汗政策经常出现存在战略短视的状况。自然而然，美国也因为对阿富汗的战略轻视和短视而多次招致自身利益的严重受损，付出了应有的代价。

战后以来，美国对阿富汗总体上存在战略短视，这主要表现在：二战期间美国基于反法西斯的战略需要一度对阿富汗给予重视，但二战结束后，美国却屡屡拒绝阿富汗的援助请求；在冷战前中期，美国基于遏制苏联的目标，大力发展同巴基斯坦和伊朗的同盟关系，为此美国在阿富汗与巴基斯坦的争端上选择偏袒巴基斯坦，这是导致阿富汗外交转向苏联的重要原因。同时，美国在援助阿富汗问题上也比较克制，极力避免过分刺激苏联，但结果却是苏联在阿富汗的影响力大大超过了美国，为后来苏联在阿富汗支持人民民主党发动政变和直接出兵干预打下了基础；苏联出兵阿富汗后，美国的唯一目标就是要借此给苏联制造麻烦，迫使苏联撤军，为此美国不惜大力援助阿富汗的伊斯兰原教旨主义抵抗组织和来自阿拉伯国家等地区的伊斯兰极端圣战分子，其后果是虽然苏联撤军了，但美国也开始面临这些在抗苏战争中成长壮大的极端分子和恐怖分子带来的非传统安全威胁，其后遗症至今都困扰着美国和整个国际社会；90年代的美国对阿政策可以说是最混乱无章的了，随着苏联从阿富汗撤军特别是纳吉布拉政权垮台，美国认为其对阿富汗政策的战略目标已经实现了，于是美国也选择了消极对待阿富汗事务，间接地导致阿富汗走向更加混乱的内战状态，这一状态的后续效应延宕至今。此外，美国对塔利班先是支持和姑息，随后又走向反对和制裁，以至于在90年代后期美国对阿富汗政策和对塔利班政策的唯一关注就是本·拉登，塔利班走上更加极端的道路与美国的政策失当不无关系；同样，小布什政府的对阿政策也能很好地诠释美国对阿富汗政策的第二个特点。从美国主导发动的阿富汗战争的初期情况来看，小布什政府似乎满足于推翻塔利班政权这一目标，对于阿富汗的战后重建显然不热心。小布什政府反恐战略重心发生转向和它在阿富汗重建中投入不足，这为塔利班和基地组织卷土重来创造了难得的条件和机会。奥巴马政府上台后在吸取过往经验教训的基础上对阿富汗从战略上给予重视，多次针对阿富汗问题进行评估和审视，根据阿富汗形势的变化对美国的对阿政策进行数次重大调整。这是奥巴马政府对阿政策与以往美国对阿政策的最大不同之处。不过，在奥巴马总统第二任期开始之际，以后奥巴马政府乃至未来美国政府对阿富汗政策的成效究竟如何，尤其是阿富汗的前景又会如何，人们将拭目以待。

本章小结

本章主要论述战后美国对阿富汗政策的演变规律，尝试对之作整体性的评价和探讨，涉及影响美国对阿富汗政策的基本因素以及美国对阿富汗政策的总体特点等内容。概括地讲，影响美国对阿富汗政策的因素包括美国自身、阿富汗和阿富汗的周边国家以及某些大国因素，其中美国的全球和地区战略是影响美国对阿富汗政策的根本因素。总体观之，在美国与阿富汗近七十年互动的较长过程中，美国对阿富汗长期在战略上轻视和短视，这是战后美国对阿富汗政策最基本的规律性特点。从中不难发现，阿富汗在美国对外政策的棋盘上基本上始终是一枚被利用摆弄的棋子，美国对阿富汗政策最优先的考虑和出发点乃是美国自身的战略利益，包括它的全球利益和地区利益。

结　语

　　美国和阿富汗之间的官方接触最早始于 1921 年。在二战前的二十多年时间里，美阿关系发展比较缓慢曲折，双方关系中的核心问题是建立外交关系尤其是开设使馆。二战爆发后，美国对阿富汗才有所重视，并于二战期间在阿富汗开设了使馆。这意味着两国直接的外交关系确立起来。大体上看，战前的美国对阿富汗政策经历了从长期疏离冷淡到最终与阿富汗正式建立外交关系这样一个演变过程。

　　战后美阿双边关系则历经近七十年，美国对阿富汗政策在这近七十年间出现多次大的调整。根据前文的论述，战后美国对阿富汗政策的演变历程可以分为四个阶段。

　　第一阶段（1946—1978）是美国经济援助阿富汗以制衡苏联的阶段。此期间，美国出于遏制苏联的战略目的，向阿富汗提供了大量的援助，以经济援助为主，在军事援助上相当谨慎保守。美国还同阿富汗开展了文教方面的合作交流。美国对阿富汗的援助经历了这样的变化过程：冷战初期，美国对援助阿富汗态度消极。从 50 年代中期开始，作为对苏联在阿富汗势力急剧增强的回应，美国大幅度增加了对阿富汗的援助。而随着美苏冷战的缓和，从 1963 年开始，美国的援助又开始大幅度下降。此期间美国对阿富汗政策的目的是通过援助阿富汗维持美国在该国的影响，从而制衡苏联的影响力，确保阿富汗的缓冲国和中立地位不被苏联破坏。

　　第二阶段（1979—1989）是美国援助阿富汗抵抗运动以对抗苏联的阶段。1979年苏联对阿富汗的入侵使美国一改对苏联奉行了十年的缓和政策，重新走向遏制。作为对苏联侵略阿富汗的回应措施之一，卡特政府开始加强对阿富汗抵抗运动的援助。这一政策被继任的里根政府沿用并贯穿了里根任期的始终。里根政府对阿富汗抵抗运动的援助无论在数量上还是质量上都要远远超过卡特政府，而且里根政府更热衷于这种准军事行动，却对政治解决阿富汗问题的方式没有兴趣。冷战后期，美国在阿富汗援"叛"抗苏的目的是：借抵抗力量之手打击入侵阿富汗的苏军和在苏联扶持下的阿富汗政府，使苏联为其侵略阿富汗付出代价并从阿富汗撤出，最终恢复阿富汗的独立和中立地位。战后美国对阿政策的几个阶段都是发生在冷战大背景下，其根本目标是一致的，即遏制苏联和共产主义的扩张，使阿富汗保持中立国地位。

第三阶段（1990—2000）是美国对阿富汗事务总体上持观望态度的阶段。在整个 20 世纪 90 年代，美国对阿富汗事务总体上持着观望和消极介入的态度。1992 年前，美国虽然继续援助阿富汗抵抗力量但已呈现出退出姿态，并在 1992 年纳吉布拉政权垮台后从阿富汗完全抽身而退。从 1995 年起，美国又在一定程度上重新关注阿富汗，其对阿政策经历了从间接支持塔利班到反对塔利班的变化。不过，在 20 世纪 90 年代后期，美国对阿富汗和塔利班的有限关注其实主要源于本·拉登和恐怖主义问题，美国与塔利班的关系在此期间也逐渐走向恶化。

第四阶段（2001 年以来）是美国从军事打击塔利班到参与阿富汗重建的阶段。以"9·11"事件为契机，美国不仅更直接地卷入阿富汗事务中，而且在各个层面和领域对阿富汗事务的参与力度都达到了前所未有的程度。小布什政府不仅借阿富汗反恐战争推翻了塔利班政权，还主导了阿富汗的战后安全与重建任务。但由于塔利班政权垮台后不久小布什政府反恐战略重心就转移到伊拉克，从而导致美国在战略上对阿富汗事务的忽视。继任的奥巴马政府重新调整美国反恐战略的重心，根据阿富汗形势的变化对美国对阿政策进行多次调整，并且开启了美国对阿政策的退出阶段。需要指出的是，此阶段的所谓"退出"指的是军事层面的撤军，并不意味着美国不再重视和关注阿富汗，这和 90 年代的"退出"完全是两码事。总之，在后塔利班时代，美国对阿富汗政策处于直接参与阿富汗事务的重建阶段，涉及阿富汗政治、经济和社会等方面重建以及包括反恐和平"叛"在内的安全重建等领域。

纵观战后美国对阿富汗政策的演变轨迹，在战略层面对阿富汗轻视、忽视和短视是美国对阿政策的基本取向。毫无疑问，任何国家推行的对外政策基本上都是出于维护和拓展本国国家利益的目的。美国当然也不例外，不过在战后近七十年期间，美国对阿富汗政策总体上存在着过于"自私自利"的突出问题，这是美国对阿政策最大的不成功之处。或许，这也是中国可以从战后美国对阿富汗政策演变的轨迹中最可资借鉴的地方。

参考文献

一、中文著作

（1）安维华、钱雪梅：《美国与"大中东"》，北京：世界知识出版社 2006 年版。

（2）白建才：《"第三种选择"：冷战期间美国对外隐蔽行动战略研究》，北京：人民出版社 2012 年版。

（3）曹建、曹军：《血腥大鳄：世界头号恐怖分子拉登》，北京：当代世界出版社，1999 年版。

（4）方华：《乔治·W·布什和他的团队》，北京：世界知识出版社 2006 年版。

（5）风梳柳：《告诉你一个真实的阿富汗》，北京：光明日报出版社 2001 年版。

（6）何平：《阿富汗史——文明的碰撞和融合》，台北：三民书局 2011 年版。

（7）何明：《塔利班政权的兴亡及其对世界的影响》，上海：华东师范大学出版社 2005 年版。

（8）弘杉、海佳：《无名之师——苏军入侵阿富汗始末》，北京：世界知识出版社 1997 年版。

（9）军事科学院外军研究部：《外国对苏联入侵阿富汗战争的评论》，北京：解放军出版社 1988 年版。

（10）金世勋：《一个人的战争——与本·拉丹面对面》，北京：世界知识出版社 2001 年版。

（11）陆水林：《巴基斯坦》，重庆：重庆出版社 2004 年版。

（12）刘阿明：《布什主义与新帝国论》，北京：时事出版社 2005 年版。

（13）刘伯瘟：《阿富汗战争大解密》，南京：凤凰出版社 2012 年版。

（14）刘云：《阿富汗史 —— 战争与贫困蹂躏的国家》，台北：三民书局2004年版。

（15）刘竞、张士智、朱莉：《苏联中东关系史》，北京：中国社会科学出版社1987年版。

（16）刘温国、郭辉：《强弩之末 —— 前苏联入侵阿富汗秘闻》，北京：社会科学文献出版社2001年版。

（17）李泽民：《阿富汗风云：从查希尔到卡尔迈勒》，北京：时事出版社1984年版。

（18）李晓妮：《美国对巴基斯坦政策研究：1941—1957》，长春：吉林大学出版社2010年版。

（19）林军：《俄罗斯外交史稿》，北京：世界知识出版社2002年版。

（20）吕磊：《美国的新保守主义》，南京：江苏人民出版社2003年版。

（21）马行汉：《外交官谈阿富汗》，北京：世界知识出版社2002年版。

（22）马晋强：《阿富汗今昔》，昆明：云南大学出版社，1993年版。

（23）彭树智、黄杨文：《中东国家通史·阿富汗卷》，北京：商务印书馆2009年版。

（24）彭树智：《阿富汗史》，西安：陕西旅游出版社1993年版。

（25）潘志平：《中南亚的民族宗教冲突》，乌鲁木齐：新疆人民出版社2003年版。

（26）沈志华：《苏联历史档案选编》（第32、33卷），北京：社会科学文献出版社2002年版。

（27）孙壮志：《中亚安全与阿富汗问题》，北京：世界知识出版社2003年版。

（28）《苏修社会帝国主义的对外扩张》编写组：《苏修社会帝国主义的对外扩张》，上海：上海人民出版社1973年版。

（29）王玮、戴超武：《美国外交思想史：1775—2005年》，北京：人民出版社2007年版。

（30）王凤：《阿富汗》，北京：社会科学文献出版社2007年版。

（31）王联：《中东政治与社会》，北京：北京大学出版社2009年版。

（32）吴晓春：《美国新保守派外交思想及其影响》，北京：知识产权出版社2008年版。

（33）王春荣：《聚焦阿富汗》，北京：时事出版社 2002 年版。

（34）文天尧：《中东黑血：中东的战争与和平》，南京：凤凰出版社 2009 年版。

（35）仵胜奇：《布什政府中东公共外交》，北京：世界知识出版社 2010 年版。

（36）徐维源：《美国中央情报局：从罗斯福到小布什》，北京：时事出版社 2002 年版。

（37）杨鸿玺：《美国中亚战略 20 年》，北京：社会科学文献出版社 2012 年版。

（38）杨翠柏、刘成琼：《巴基斯坦》，北京：社会科学文献出版社 2005 年版。

（39）杨少华：《当代不对称冲突研究：一项以战略为视角的考察》，北京：中国社会科学出版社 2012 年版。

（40）余智骁：《与塔利班面对面》，北京：新华出版社 2008 年版。

（41）于力人：《中央情报局 50 年》（下），北京：时事出版社 1998 年版。

（42）闫亮：《撕裂的天堂 —— 聚焦阿富汗战争 10 周年》，北京：人民日报出版社 2012 年版。

（43）资中筠：《战后美国外交史：从杜鲁门到里根》（上册），北京：世界知识出版社 1994 年版。

（44）赵学功：《当代美国外交》，北京：社会科学文献出版社 2001 年版。

（45）朱永彪：《"9·11"之后的阿富汗》，北京：新华出版社 2009 年版。

（46）张士智、赵慧杰：《美国中东关系史》，北京：中国社会科学出版社 1993 年版。

（47）张敏：《阿富汗文化和社会》，北京：昆仑出版社 2007 年版。

（48）郑守华、何明远：《第一场国际反恐怖战争 —— 阿富汗战争》，北京：军事科学出版社 2008 年版。

二、中文译著

（1）[美] 菲利克斯·格罗斯著，王建娥、魏强译：《公民与国家 —— 民族、部族和族属身份》，北京：新华出版社 2003 年版。

（2）[美] 汉斯·摩根索著，徐昕等译：《国家间政治：寻求权力与和平的斗争》，北京：中国人民公安大学出版社 1990 年版。

（3）[美] 卡伦·明斯特著，潘忠歧译：《国际关系精要》，上海：上海人民出版社 2007 年版。

（4）[美]肯尼思·华尔兹著，信强译，苏长和校：《国际政治理论》，上海：上海人民出版社2003年版。

（5）[美]肯尼思·N·华尔兹著，倪世雄、林至敏、王建伟译：《人、国家与战争——一种理论分析》，上海：上海译文出版社1997年版。

（6）[美]帕格拉·卡纳著，赵广成、林民旺译：《第二世界：大国时代的全球新秩序》，北京：中信出版社2009年版。

（7）[美]史蒂芬·坦纳著，张远航译：《父子统帅：布什们的战争》，北京：东方出版社2009年版。

（8）[美]亚历山大·温特著，秦亚青译：《国际政治社会理论》，上海：上海人民出版社2000年版。

（9）[美]约翰·米尔斯海默著，王义桅译：《大国政治的悲剧》，上海：上海人民出版社2003年版。

（10）[美]沃尔特·拉塞尔·米德著，曹化银译：《美国外交政策及其如何影响了世界》，北京：中信出版社2003年版。

（11）[美]约瑟夫·奈著，张小明译：《理解国际冲突：理论与历史》，上海：上海人民出版社2005年版。

（12）[美]兹比格纽·布热津斯基著，中国国际问题研究所译：《大棋局：美国的首要地位及其地缘战略》，上海：上海人民出版社2007年版。

（13）[美]兹比格涅夫·布热津斯基著，刘晓明等译：《竞赛方案——进行美苏竞争的地缘战略纲领》，北京：中国对外翻译出版公司1988年版。

（14）[美]兹比格涅夫·布热津斯基著，潘嘉玢、刘瑞祥译：《大失控与大混乱》，北京：中国社会科学出版社1994年版。

（15）[美]兹比格涅夫·布热津斯基著，邱应觉等译：《实力与原则——布热津斯基回忆录》，北京：世界知识出版社1985年版。

（16）[美]伊沃·H·达尔德尔等著，刘满贵译：《后外交时代：不受约束的美国》，北京：新华出版社2004年版。

（17）[美]彼得·施魏策尔著，殷雄译：《里根政府是怎样搞垮苏联的》，北京：新华出版社2001年版。

（18）[美]鲍勃·伍德沃德著，蔡建勇译：《中央情报局1981—1987秘密战》，北京：中国物资出版社1988年版。

（19）[美] 鲍勃·伍德沃德著，上海美国研究所、上海市美国学会组译：《布什的战争》，上海：上海译文出版社 2003 年版。

（20）[美] 鲍勃·伍德沃德著，刘海青、周蕊译：《奥巴马的战争》，北京：法律出版社 2012 年版。

（21）[美] 约翰·普拉多斯著，谢勇等译：《总统秘密战 —— 战后中央情报局和五角大楼的隐蔽行动》，北京：时事出版社 1989 年版。

（22）[美] 阿尔弗雷德·塞尔·马汉著，范祥涛译：《亚洲问题及其对国际政治的影响》，上海：上海三联书店 2007 年版。

（23）[美] 索尔·科恩著，严春松译：《地缘政治学：国际关系的地理学》，上海：上海社会科学院出版社 2011 年版。

（24）[美] 斯皮克曼著，刘愈之译：《和平地理学》，北京：商务印书馆 1965 年版。

（25）[美] 詹姆斯·多尔蒂、小罗伯特·普法尔茨格拉夫著，阎学通、陈寒溪等译：《争论中的国际关系理论》，北京：世界知识出版社 2003 年版。

（26）[美] 亨利·赫坦巴哈等著，吉林师范大学历史系翻译组译：《俄罗斯帝国主义 —— 从伊凡大帝到革命前》，北京：生活·读书·新知三联书店 1978 年版。

（27）[美] 路易斯·杜普雷著，黄民兴译：《阿富汗现代史纲要》，西安：西北大学中东研究所 2002 年版。

（28）[美] 吉米·卡特著，裘克安等译：《保持信心 —— 吉米·卡特总统回忆录》，北京：世界知识出版社 1983 年版。

（29）[美] 塞勒斯·万斯著，郭靖安等译：《困难的抉择 —— 美国对外政策的危急年代》，北京：中国对外翻译出版公司 1987 年版。

（30）[美] 罗纳德·里根著，萨本望等译：《里根回忆录》，北京：中国工人出版社 1991 年版。

（31）[美] 詹姆斯·曼著，韩红等译：《布什战争内阁史》，北京：北京大学出版社 2007 年版。

（32）[美] 马克·佩里著，汪有芬等译：《黯然失色 —— 美国中央情报局最新秘闻》，北京：东方出版社 1993 年版。

（33）[美] 玛莎·布瑞尔·奥卡特著，李维建译：《中亚的第二次机会》，北京：时事出版社 2007 年版。

（34）美国"9·11"独立调查委员会著，史禺等译：《9/11 委员会报告》，北京：

世界知识出版社 2005 年版。

（35）[美] 詹姆斯·瑞森著，何艳军、李芬译：《战争状态 —— 中央情报局与布什政府的秘史》，北京：东方出版社 2007 年版。

（36）[美] 乔治·沃克·布什著，东西网译：《抉择时刻：乔治·沃克·布什自传》，北京：中信出版社 2011 年版。

（37）[美] 杰里尔·A·罗赛蒂著，周启朋、傅耀祖译：《美国对外政策的政治学》，北京：世界知识出版社 2005 年版。

（38）[美] 罗纳德·里根著，张宁等译：《里根自传》，北京：世界知识出版社，1991 年版。

（39）[英] 哈·麦金德著，林尔蔚、陈江译：《历史的地理枢纽》，北京：商务印书馆 1985 年版。

（40）[英] 麦金德著，武原译：《民主的理想与现实》，北京：商务印书馆 1965 年版。

（41）[英] 卢茨·克莱维曼著，王振西译：《新大牌局：亚洲腹地大国角力内幕》，北京：新华出版社 2006 年版。

（42）[英] 珀西·塞克斯著，张家麟译：《阿富汗史》（第二卷下册），北京：商务印书馆 1972 年版。

（43）[英] 巴里·布赞著，刘永涛译：《美国和诸大国：21 世纪的世界政治》，上海：上海人民出版社 2007 年版。

（44）[加] 罗伯特·杰克逊、[丹] 乔格·索伦森著，吴勇、宋德星译：《国际关系学理论与方法》，天津：天津人民出版社 2008 年版。

（45）[挪] 弗雷德里克·巴特著，黄建生译：《斯瓦特巴坦人的政治过程：一个社会人类学研究的范例》，上海：上海人民出版社 2005 年版。

（46）[法] 艾里克·罗朗著，李旦、徐惠译：《布什家族的战争》，北京：世界知识出版社 2003 年版。

（47）[法] 帕特里斯·弗朗塞斯希著，时波译：《山国烽火》，北京：军事译文出版社 1985 年版。

（48）[日] 星野昭吉著，刘小林、梁云祥译：《全球化时代的世界政治 —— 世界政治中的行为主体与结构》，北京：社会科学文献出版社 2004 年版。

（49）[日] 田中宇著，佟大成译：《"9·11"迷雾 —— 美国政府反恐决策内幕》，北京：世界知识出版社 2005 年版。

（50）[苏]B·Γ·特鲁哈诺夫斯基编，刘功勋等译：《国际关系和苏联对外政策史（第一卷：1917—1939）》，北京：世界知识出版社 1965 年版。

（51）[苏]И·А·基里林主编，邢书纲等译：《国际关系和苏联对外政策史（1917-1945）》，北京：中国社会科学出版社 1990 年版。

（52）[俄]奥列格·格里涅夫斯基著，李京洲等译：《苏联外交秘闻》，北京：东方出版社 2003 年版。

（53）[俄]阿纳托利·多勃雷宁著，肖敏、王为等译：《信赖——多勃雷宁回忆录》，北京：世界知识出版社 1997 年版。

（54）[俄]A.利亚霍夫斯基著，刘宪平译：《阿富汗战争的悲剧》，北京：社会科学文献出版社 2004 年版。

（55）[哈]苏·马·阿基姆别科夫著，汪金国、杨恕译：《阿富汗症结与中亚安全问题》，兰州：兰州大学出版社 2010 年版。

（56）[哈]卡·托卡耶夫著，[哈]赛力克·纳雷索夫译：《中亚之鹰的外交战略》，北京：新华出版社 2002 年版。

（57）[巴基斯坦]A. H. 丹尼、[俄罗斯]]V. M. 马松：《中亚文明史·第一卷》，北京：中国对外翻译出版公司 2000 年版。

（58）[巴基斯坦]伊夫提哈尔·H·马里克著，张文涛译：《巴基斯坦史》，北京：中国大百科全书出版社 2010 年版。

（59）[叙利亚]纳伊瓦·本·拉登、[沙特阿拉伯]奥玛·本·拉登、[美]简·萨森著，陈嘉宁译：《本·拉登传：一个恐怖大亨的隐秘人生》北京：金城出版社 2010 年版。

（60）沙伊斯塔·瓦哈卜、巴里·扬格曼著，杨军、马旭俊译：《阿富汗史》，北京：中国大百科全书出版社 2009 年版。

三、中文论文和文章

（1）阿米力：《浅析美国对阿富汗政策的演变：1979-2003》，北京语言大学硕士学位论文，2009 年。

（2）白建才：《论美国对苏联入侵阿富汗的政策与隐蔽行动》，载《陕西师范大学学报》（哲学社会科学版）2011 年第 6 期。

（3）陈一鸣：《一助选二禁毒：拉姆斯菲尔德闪电访问阿富汗》，载《人民日报》2004 年 8 月 13 日。

（4）蔡登亚：《美国与巴基斯坦的反恐怖情报合作》，载《情报科学》2007 年 6 月增刊。

（5）董漫远：《阿富汗和平前景的隐患》，载《世界知识》1988 年第 14 期。

（6）傅小强：《巴基斯坦部落地区揭秘》，载《东西南北》2007 年第 4 期。

（7）高新涛：《奥巴马"阿富巴"新战略及其面临的挑战》，载《和平与发展》2009 年第 5 期。

（8）高祖贵：《美国阿—巴"全面新战略"评析》，载《和平与发展》2009 年第 6 期。

（9）龚小夏：《"冷战英雄"查理·威尔逊的传奇》，载《南风窗》2008 年第 23 期。

（10）何明：《浅析美国所面对的阿富汗挑战》，载《现代国际关系》2001 年第 10 期。

（11）胡仕胜：《巴基斯坦与阿富汗关系轨迹》，载《国际资料信息》2002 年第 3 期。

（12）胡娟：《美国新战略下阿富汗安全形势及其对中国西部边境安全的影响》，载《东南亚南亚研究》2009 年第 3 期。

（13）黄凤龙：《美国的阿富汗新战略分析》，载《当代世界》2010 年第 2 期。

（14）黄民兴：《达乌德第一次执政时期阿富汗与苏美的关系（1953—1963 年）》，载《西亚非洲》1985 年第 4 期。

（15）黄民兴：《近现代时期的阿富汗中立外交》，载《西亚非洲》2002 年第 4 期。

（16）黄凤龙：《美国的阿富汗新战略分析》，载《当代世界》2010 年第 2 期。

（17）贾春阳：《阿富汗战争及美国中亚驻军长期化对中国安全的影响》，载《大庆师范学院学报》2007 年第 4 期。

（18）姜雅琳：《里根政府对阿富汗与尼加拉瓜政策的比较研究》，吉林大学硕士学位论文，2012 年。

（19）兰江、龙兴春：《巴基斯坦政府与部落武装媾和及其对美巴关系的影响》，载《南亚研究季刊》2007 年第 1 期。

（20）李福泉、黄民兴：《巴基斯坦伊斯兰宗教学校的发展状况、社会根源与影响》，载《南亚研究》2009 年第 2 期。

（21）李琼：《苏联、阿富汗、美国：1979—1989 年三国四方在阿富汗地区的一场博弈》，华东师范大学博士学位论文，2007 年。

（22）李晓亮：《阿富汗战争：苏联高层决策研究（1979—1989 年）》，华东师范大学博士学位论文，2011 年。

（23）李捷、杨恕：《阿富汗与美国"大中亚计划"评析》，载《西亚非洲》2008 年第 4 期。

（24）刘金质：《试评小布什的帝国外交》，载《国际政治研究》2004 年第 4 期。

（25）曲干年：《巴基斯坦部族地区形势及其影响》，载《亚非纵横》2008 年第 4 期。

（26）冉维、陈杉：《驻阿美军提前"交权"能否解阿富汗之"忧"》，载《新华每日电讯》2013 年 1 月 13 日。

（27）荣鹰：《拉登之死与国际反恐斗争走向》，载《当代世界》2011 年第 6 期。

（28）邵永灵、时殷弘：《近代欧洲陆海复合国家的命运与当代中国的选择》，载《世界经济与政治》2000 年第 10 期。

（29）邵峰：《布什第二任期美国对外战略的走向》，载《世界经济与政治》2004 年第 12 期。

（30）苏北：《阿富汗大选号称五千年首次民主选举 其变数难料》，载《北京青年报》2004 年 10 月 9 日。

（31）孙军：《苏军出兵阿富汗与中南亚地缘政治新思考》，新疆师范大学硕士学位论文，2009 年。

（32）谭宏庆：《试析奥巴马政府的军事战略调整》，载《现代国际关系》2009 年第 5 期。

（33）唐孟生：《巴基斯坦反恐任重道远》，载《南亚研究》2010 年第 1 期。

（34）唐彦林：《奥巴马政府"巧实力"外交政策评析》，载《当代亚太》2010 年第 1 期。

（35）陶荣：《"巧实力"战略与奥巴马外交分析》，载《赤峰学院学报》2010 年第 2 期。

（36）王姗姗：《布什政府的阿富汗反恐政策开始重大转型》，载《工人日报》2008 年 9 月 13 日。

（37）王联：《从斯瓦特到瓦济里斯坦 —— 评美国阿巴新战略在巴基斯坦的初

步运用》，载《南亚研究季刊》2009 年第 3 期。

（38）王庆忠：《奥巴马政府对阿富汗"新战略"解析》，载《中共天津市委党校学报》2009 年第 6 期。

（39）王世达：《大选后的阿富汗局势走向》，载《和平与发展》2009 年第 5 期。

（40）王世达：《美国全面调整阿富汗政策及其影响》，载《南亚研究》2012 年第 2 期。

（41）王缉思：《"西进"，中国地缘战略的再平衡》，载《环球时报》2012 年 10 月 15 日。

（42）温宪、牟宗琮：《奥巴马为选战突访阿富汗 塔利班以爆炸做回应》，载《人民日报》2012 年 5 月 3 日。

（43）吴炉火：《"后塔利班时代"的美国对阿富汗政策》，华东师范大学硕士学位论文，2010 年。

（44）吴兆礼：《美国"新丝绸之路"计划探析》，载《现代国际关系》2012 年第 7 期。

（45）杨晓萍：《阿富汗新兴的平衡外交及其政策含义》，载《当代世界》2011 年第 9 期。

（46）伊斯兰研究课题组：《阿富汗为何沦为"毒品 —— 恐怖国家"？》，载《现代国际关系》2010 年第 2 期。

（47）余晓葵：《美国谋划后阿富汗战略》，载《光明日报》2012 年 11 月 29 日。

（48）张清敏：《外交政策分析的三个流派》，载《世界经济与政治》2001 年第 9 期，第 18 页。

（49）张静：《布什政府和奥巴马政府外交理念与实践比较》，外交学院硕士学位论文，2010 年。

（50）张树明：《20 世纪上半期美国与阿富汗关系的演变》，载《西亚非洲》2011 年第 2 期。

（51）张树明：《冷战期间美国对阿富汗政策的发展演变》，陕西师范大学硕士学位论文，2003 年。

（52）张树明：《变革与奠基：20 世纪 50 年代美国对阿富汗政策初探》，载《青海师范大学学报（哲学社会科学版）》2010 年第 1 期。

（53）赵瑞琦：《塔利班还能再起吗？》，载《南风窗》2007 年第 11 期。

（54）赵华胜：《评美国新阿富汗战略》，载《复旦学报》（社会科学版）2009 年第 6 期。

（55）赵葆珉：《从伊拉克到阿富汗：美国反恐战略评估》，载《阿拉伯世界世界》2011 年第 2 期。

（56）钟龙彪：《"巧实力战略"与奥巴马新外交》，载《现代国际关系》2009 年第 5 期。

（57）朱锋：《奥巴马政府的外交与安全战略："变革时代"已经来临？》，载《和平与发展》2009 年第 3 期。

（58）朱永彪、闫培记：《阿富汗难民：历史、现状及影响》，载《世界历史》2009 年第 4 期。

（59）周世立：《里根、布什政府时期的美国与苏联解体》，外交学院硕士学位论文，2002 年。

（60）邹强、邵杰：《未来阿富汗谁主沉浮》，载《光明日报》2001 年 10 月 30 日。

四、档案文献

（一）美国对外关系文件（FRUS）

（1）FRUS, 1921. Vol. I.

（2）FRUS, 1926. Vol. I.

（3）FRUS, 1931. Vol. I.

（4）FRUS, 1934. Europe, Near East and Africa: Vol. II.

（5）FRUS, 1935. General, the Near East and Africa, Vol. I.

（6）FRUS, 1936. Europe, The Near East and Africa: Vol. II.

（7）FRUS, 1937. The British Commonwealth, Europe, the Near East and Africa: Vol. II.

（8）FRUS, 1941. The British Commonwealth; the Near East and Africa: Vol. III.

（9）FRUS, 1942. The Near East and Africa: Vol. IV.

（10）FRUS, 1943. The Near East and Africa: Vol. IV.

（11）FRUS, 1944. The Near East, South Asia, and Africa, the Far East: Vol. V.

（12）FRUS, 1946. The Near East and Africa: Vol. VII.

（13）FRUS, 1948. The Near East, South Asia, and Africa: Vol. V.

（14）FRUS, 1949. The Near East, South Asia, and Africa: Vol. VI.

（15）FRUS, 1951. Asia and Pacific: Vol. VI.

（16）FRUS, 1952-1954. Africa and South Asia: Vol. XI.

（17）FRUS, 1955-1957. South Asia: Vol. VIII.

（18）FRUS, 1958-1960. South and Southeast Asia: Vol. XV.

（19）FRUS, 1961-1963. South Asia: Vol. XIX.

（20）FRUS, 1964-1968. South Asia: Vol. XXV.

（21）FRUS, 1969-1976, Vol. E-7. Documents on South Asia, 1969-1972. Afghanistan(Documents 324-372).

（22）FRUS, 1969-1976, Vol. E-8. Documents on South Asia, 1973-1976. Ch. 1. Afghanistan (Documents 1-28).

（二）数字化国家安全档案（DNSA）

（1）Long-Term Commitment to Afghanistan's Economic Development Program. Memorandum. Department of State, Bureau of Near Eastern and South Asian Affairs. 1961. Item Number: AF00003.

（2）Elements of U.S. Policy toward Afghanistan. Memorandum. Mar. 27, 1962. Item Number: AF00004.

（3）United States Mission to Afghanistan: 1972 Policy Review-Report of the Kandar Conference, April 21-24, 1972. Report. Department of State. Apr. 24, 1972. Item Number: AF00007.

（4）Russians Didn't Instigate Kabul Coup. Cable. United States Embassy, Pakistan. Jul. 1, 1973. Item Number: AF00009.

（5）Afghan Coup: Initial Assessment. Cable. United States Embassy, Afghanistan. Jul. 17, 1973. Item Number: AF00012.

（6）U.S. Goals and Objectives. Cable. United States Embassy, Afghanistan. Jan. 15, 1978. Item Number: AF00258.

（7）Situation in Afghanistan. Memorandum. Department of State. Apr. 30, 1978. Item Number: AF00274.

（8）U.S. Policy toward Afghanistan. Letter(from Robert G. Neumann to Zbigniew Brzezinski). Jun. 4, 1978. Item Number: AF00283.

（9）U.S. Policy toward Afghanistan Following the Death of Ambassador Adolph Dubs. Letter(from Douglas J. Bennet to Claiborne Pell). Mar. 9, 1979. Item Number: AF00263.

（10）The Afghan Resistance Movement. Department of State, Bureau of Intelligence and Research. Mar. 16, 1982. Item Number: AF01328.

（11）U.S. Relations with the USSR. National Security Decision Directive, NSDD 75. Jan. 17, 1983. Item Number: PR01485.

（12）Afghanistan: Status, U.S. Role, and Implications of a Soviet Withdrawal. Report. Congressional Research Service. Apr. 20, 1988. Item Number: AF02195.

（13）Statement of Senator Gordon J. Humphrey before the House Foreign Affairs Committee. Testimony, Jun. 14, 1989. Item Number: AF02292.

（14）Testimony of Ambassador Peter Tomsen before the House of Representatives Select Committee on Hunger. Jul. 27, 1989. Item Number: AF02303.

（15）U.S. Policy on Regional Conflicts: Cambodia, Afghanistan. Statement. Department of State, Bureau of Public Affairs. Apr. 18, 1990. Item Number: AF02312.

（三）解密文件参考系统（DDRS）

（1）U.S. Policy toward Afghanistan. NSC 5409. Security Affairs: Records, 1952-61. National Secturity Council. Document Number: CK3100428277.

（2）Discussion at the 228th Meeting of the National Security Council Held on 12/9/54. Issue Date: Dec. 10, 1954. Document Number: CK3100129249.

（3）United States Policy toward South Asia. NSC 5409. Transmittal Memorandum. Issue Date: Nov. 28, 1956. Document Number: CK3100435310.

（4）Summary of Prime Minister Sardar Mohammad Daud's 6/26/58 Visit with President Eisenhower. White House. Issue Date: Jun. 26, 1958. Document Number: CK3100321801.

（5）Paper regarding U.S. Policy toward the South Asian Countries of: India; Pakistan; Afghanistan; Ceylon; Nepal. Memo. National Security Council. Issue Date: Jan.

19, 1961. Document Number: CK3100473291.

（6）Intelligence Memorandum regarding China's Efforts to Expand Its Influence in Afghanistan. Memo. Central Intelligence Agency. Issue Date: Jun. 2, 1966. Document Number: CK3100123907.

（7）Memorandum to President Lyndon B. Johnson from Secretary of Agriculture Orville Freeman and Agency for International Development(AID) Administrator William S. Gaud regarding Negotiations for a PL 480 Agreement with Afghanistan for the U.S. to Provide 90,000 Tons of Wheat/Wheat flour and 6,000 Tons of Vegetable Oil to that Country. Memo. Department of Agriculture. Issue Date: Mar. 6, 1968. Document Number: CK3100467715.

（8）Summary of a Meeting between President Gerald Ford and Afghan Diplomat Mohammad Aziz Naim. Memo. White House. Issue Date: Jul. 1, 1976. Document Number: CK3100511080.

（9）Briefing Memo on the Coup in Afghanistan and Possible Soviet Complicity in Coup. Memo. Department of State. Issue Date: Apr. 29, 1978. Document Number: CK3100070439.

（10）Letter to Mohammad Reza Pahlavi (Shah of Iran) from President Jimmy Carter regarding Concerns over the Effects of the Soviet-dominated Afghan Government on Middle East Security. Letter. White House. Issue Date: Jun. 2, 1978. Document Number: CK3100505023.

（11）President Carter Corresponds with President Brezhnev regarding Soviet Actions in Afghanistan Which the U.S. Regards as a Clear Threat to Peace. Letter. White House. Issue Date: Dec. 28, 1979. Document Number: CK3100073545.

（12）Letter to President Carter from Leonid Brezhnev Discusses the Reasons for the U.S.S.R.'s Presence in Afghanistan and Mr. Brezhnev's Disagreement with President Carter's Evaluation of the Situation in that Country. Memo. Department of Defense. Issue Date: Dec. 29, 1979. Document Number: CK3100095999.

（13）President Carter Corresponds with Soviet President Brezhnev regarding Soviet Occupation of Afghanistan, Yugoslavia, and Ratification of SALT II. Letter. White House. Issue Date: Jan. 26, 1980. Document Number: CK3100073548.

（14）Cable regarding a Request that the U.S. Support Afghan Dissidents. Cable. Department of State. Issue Date: Jan. 23, 1979. Document Number: CK3100153773.

（15）Memo from Z. Brzezinski to President Carter Reflects on the Soviet Intervention in Afghanistan, and Pakistan's Possible Acquiescence to Soviet Domination. Memo. White House. Issue Date: Dec. 26, 1979. Document Number: CK3100098563.

（16）Secretary Vance Corresponds with Soviet Foreign Minister Gromyko regarding the Soviet Actions in Afghanistan and the SALT II Treaty. Letter. Department of State. Issue Date: Feb. 8, 1980. Document Number: CK3100071658.

（17）Talking Points in Preparation for Secretary of Defense Caspar Weinberger's Meeting with Pakistani President Mohammad Zia-ul-Haq. Issue Date: Dec. 8, 1982. Document Number: CK3100531345.

（18）Letter to Soviet General Secretary Mikhail Gorbachev from President Ronald Reagan regarding U.S. Concern over Soviet Military Actions in Afghanistan and Angola. Letter. White House. Issue Date: Dec. 26, 1985. Document Number: CK3100532883.

（19）U.S. Supplied Stinger Missiles Changes Complexion of Afghanistan War. Cable. Central Intelligence Agency. Issue Date: Sep. 27, 1987. Document Number: CK3100273773.

（20）Summary of Proceedings at a Joint U.S.-Soviet Working Group on Afghanistan. Issue Date: Mar. 22, 1988. Document Number: CK3100474634.

（21）William Burns Updates John Negroponte on Soviet Plans to Withdraw Their Troops from Afghanistan. Memo. National Security Council. Issue Date: Jan 13, 1989. Document Number: CK3100531967.

（四）乔治·华盛顿大学"9·11原始资料"（The September 11th Sourcebooks）

（1）Central Intelligence Agency, National Foreign Assessment Center, " Afghanistan: Ethnic Diversity and Dissidence ", Mar. 1, 1980.

（2）Central Intelligence Agency, Directorate of Intelligence, Office of Political Analysis, " The Soviets and the Tribes of Southwest Asia ", Sep. 23, 1980.

（3）Defense Intelligence Agency, " Iranian Support to the Afghan Resistance ", Jul.

11, 1985.

（4）Central Intelligence Agency, Special National Intelligence Estimate 37-89, " Afghanistan: The War in Perspective ", Nov. 1989.

（5）U.S. Consulate (Peshawar) Cable, " New Fighting and New Forces in Kandahar ", Nov. 3, 1994.

（6）U.S. Embassy (Islamabad), Cable, " The Taliban - Who Knows What the Movement Means ?" Nov. 28, 1994.

（7）U.S. Embassy (Islamabad), Cable, " Meeting with the Taliban in Kandahar: More Questions than Answers ", Feb. 15, 1995.

（8）U.S. Embassy (Islamabad), Cable, " Eyewitness to the Fall of Herat Says Taliban are Winning Hearts and Minds - For Now ", Feb. 18, 1995.

（9）U.S. Embassy (Dushanbe), Cable, " Rabbani Emissary States Rabbani Will Not Surrender Power to Interim Council Until Taliban Join ", Feb. 21, 1995.

（10）U.S. Department of State Report, " Pakistan-Afghanistan Relations ", Jan. 1996.

（11）U.S. Department of State, Cable, " Pak Foreign Minister Asks U.S. Cooperation on Afghanistan ", Feb. 21, 1996.

（12）U.S. Embassy (Islamabad), Cable, " Senator Brown and Congressman Wilson Discuss Afghanistan with Pakistani Officials ", Apr. 14, 1996.

（13）U.S. Embassy (Islamabad), Cable, " A/S Raphel Discusses Afghanistan ", Apr. 22, 1996.

（14）U.S. Embassy (Moscow), Cable, " A/S Raphel Consultations with Deputy FM Chernyshev ", May 13, 1996.

（15）U.S. Department of State, Cable, " Dealing with the Taliban in Kabul ", Sep. 28, 1996.

（16）U.S. Embassy (Islamabad), Cable, " Ambassador Meets Taliban: We are the People ", Nov. 12, 1996.

（17）U.S. Embassy (Islamabad), Cable, " Scenesetter for Your Visit to Islamabad: Afghan Angle ", Jan. 16, 1997.

（18）U.S. Embassy (Islamabad), Cable, " Afghanistan: Taliban Official Says that

Relations with Russia and Iran Tense ", Sep. 29, 1997.

（19）Department of State, Cable, " Afghanistan: Meeting with the Taliban ", Dec. 11, 1997.

（20）State Department Report, " U.S. Engagement with the Taliban on Usama Bin Laden ", Jul. 16, 2001.

（五）加州大学圣芭芭拉分校"美国总统项目"（The American Presidency Project）

（1）Dwight D. Eisenhower, " Joint Statement following Discussions With Prime Minister Daud of Afghanistan ", Jun. 27, 1958.

（2）Dwight D. Eisenhower, " Joint Statement Following Discussions With King Mohammad Zahir ", Dec. 9, 1959.

（3）John F. Kennedy, " Joint Statement Following Discussions With the King of Afghanistan ", Sep. 7, 1963.

（4）Lyndon B. Johnson, " Joint Statement Following Discussions With the Prime Minister of Afghanistan ", Mar. 28, 1967.

（5）Jimmy Carter, " Adolph Dubs Statement on the Death of the U.S. Ambassador to Afghanistan ", Feb. 14, 1979.

（6）Jimmy Carter, " Address to the Nation on the Soviet Invasion of Afghanistan ", Jan. 4, 1980.

（7）Ronald Reagan, " Statement on the Situation in Afghanistan ", Dec. 27, 1981.

（8）Ronald Reagan, " Remarks on Signing the Afghanistan Day Proclamation ", Mar. 10, 1982.

（9）Ronald Reagan, " Statement Following a Meeting With Leaders of the Afghan Resistance Alliance ", Jun. 16, 1986.

（10）Ronald Reagan, " Statement on the Seventh Anniversary of the Soviet Invasion of Afghanistan ", Dec. 27, 1986.

（11）Ronald Reagan, " Statement on the Ninth Anniversary of the Soviet Invasion of Afghanistan ", Dec. 27, 1988.

（12）George Bush, " The President's News Conference ", Jan. 27, 1989.

（13）George Bush, " Remarks on Afghanistan and a Question-and-Answer Session With Reporters ", Feb. 16, 1989.

（14）George Bush, " Remarks Following Discussions With Prime Minister Benazir Bhutto of Pakistan ", Jun. 6, 1989.

（15）George Bush, " Proclamation 5996 - Captive Nations Week, 1989 ", Jun. 6, 1989.

（16）George Bush, " The President's News Conference ", Apr. 10, 1992.

（17）William J. Clinton, " Letter to Congressional Leaders Reporting on the National Emergency With Respect to the Taliban ", Jul. 4, 1999.

（18）William J. Clinton, " Statement on United Nations Security Council Action Against International Terrorism and the Taliban ", Oct. 15, 1999.

（19）William J. Clinton, " Statement on United Nations Sanctions Against the Taliban ", Nov. 15, 1999.

（20）George W. Bush, " Address Before a Joint Session of the Congress on the United States Response to the Terrorist Attacks of September 11 ", Sep. 20, 2001.

（21）George W. Bush, " The President's Radio Address ", Oct. 6, 2001.

（22）George W. Bush, " Address to the Nation Announcing Strikes Against Al Qaida Training Camps and Taliban Military Installations in Afghanistan ", Oct. 7, 2001.

（23）George W. Bush, " Address Before a Joint Session of the Congress on the State of the Union ", Jan. 29, 2002.

（24）George W. Bush, " Remarks Prior to Discussions With President Hamid Karzai of Afghanistan in New York City ", Sep. 12, 2002.

（25）George W. Bush, " Joint Statement Between the United States of America and the Transitional Islamic State of Afghanistan ", Jun. 15, 2004.

（26）George W. Bush, " The President's News Conference With President Hamid Karzai of Afghanistan in Kabul, Afghanistan ", Dec. 15, 2008.

（27）Barack Obama, " Address to the Nation on the Drawdown of United States Military Personnel in Afghanistan ", Jun. 22, 2011.

（28）Barack Obama, " Joint Statement by President Barack Obama and President Hamid Karzai of Afghanistan ", Jan. 11, 2013.

（六）美国科学家联合会"情报资源计划"（Intelligence Resource Program）

（1）U.S. Policy Toward India and Pakistan. National Security Decision Directive, NSDD 147. Oct. 11, 1984.

（2）U.S. Policy, Programs, and Strategy in Afghanistan. National Security Decision Directive, NSDD 166. Mar. 27, 1985.

（3）U.S. Policy Toward Afghanistan. National Security Directive, NSD 3. Feb. 13, 1989.

（4）Legislation to Authorize the Transfer of Funds to the Agency for International Development (Aid) For Humanitarian Assistance to Afghanistan. National Security Directive, NSD 5. Mar. 18, 1989.

五、英文著作

（1）Ali, Mehrunnisa, Pak-Afghan Discord: A Historical Perspective (Documents 1855-1979), Karachi: Pakistan Study Centre, University of Karachi, 1990.

（2）Barfield, Thomas, Afghanistan: A Cultural and Political History, Princeton: Princeton University Press, 2010.

（3）Burns, Nicholas and Price, Jonathon, American Interests in South Asia: Building a Grand Strategy in Afghanistan, Pakistan, and India, Washington, DC: The Aspen Institute, 2011.

（4）Bird, Tim and Marshall, Alex, Afghanistan: How the West Lost Its Way, New Haven : Yale University Press, 2011.

（5）Cohen, Saul B., Geography and Politics in a World Divided, New York: Oxford University Press, 1975.

（6）Coll, Steve, Ghost Wars: The Secret History of the Cia, Afghanistan, and Bin Laden, from the Soviet Invasion to September 10, 2001, New York: Penguin Group, 2004.

（7）Cordesman, Anthony H., Mausner, Adam and Kasten, David, Winning in Afghanistan: Creating Effective Afghan Security Forces, Center for Strategic and International Studies, 2009.

（8）Cordovez, Diego and Harrison, Selig S., Out of Afghanistan: The Inside Story of the Soviet Withdrawal, New York: Oxford University Press, 1995.

（9）Crews, Robert D. and Tarzi, Amin (ed.), The Taliban and the Crisis of Afghanistan, Cambridge, Massachusetts: Harvard University Press, 2009.

（10）Crile, George, Charlie Wilson's War: The Extraordinary Story of How the Wildest Man in Congress and a Rogue CIA Agent Changed the History of Our Times, New York: Grove Press, 2003.

（11）Danspeckgruber, Wolfgang, Working Toward Peace and Prosperity in Afghanistan, Boulder: Lynne Rienner Publishers, 2011.

（12）Deen, Robert P. and Burken, Allison D., Fragile Mideast Countries: Afghanistan and Yemen, Nova Science Publishers, 2011.

（13）Dorronsoro, Gilles, Revolution Unending: Afghanistan, 1979 to the Present, London: C. Hurst & Co. Publishers, 2005.

（14）Edwards, David B., Before Taliban: Genealogies of the Afghan Jihad, Berkeley: University of California Press, 2002.

（15）Fairgrieve, James, Geography and World Power, London: University of London Press, 1915.

（16）Feifer, Gregory, The Great Gamble: The Soviet War in Afghanistan, Harper Collins e-books, 2009.

（17）Fitzgerald, Paul and Gould, Elizabeth, Invisible History: Afghanistan's Untold Story, City Lights Books, 2008.

（18）Grau, Lester W. and Gress, Michael A., The Soviet-Afghan War: How a Superpower Fought and Lost, Lawrence: University Press of Kansas, 2002.

（19）Gupta, Bhabani Sen, The Afghan Syndrome: How to Live with Soviet Power, London: Croom Helm Limited, 1982.

（20）Gutman, Roy, How We Missed the Story: Osama Bin Laden, the Taliban, and the Hijacking of Afghanistan, Washington, D.C.: United States Institute of Peace Press, 2008.

（21）Hyman, Anthony, Afghanistan under Soviet Domination, 1964-1983, London: Macmillan Press, 1984.

（22）Inayatullah, Naeem and Blaney, David L., International Relations and the Problem of Differenc, New York and London: Routledge, 2004.

（23）Jones, Seth G., In the Graveyard of Empires: America's War in Afghanistan, New York: W.W.Norton and Company, 2010.

（24）Kakar, M. Hasan, Afghanistan: The Soviet Invasion and the Afghan Response, Berkeley: University of California Press, 1997.

（25）Keller, Bill, State Building, Security, and Social Change in Afghanistan, Reflections on a Survey of The Afghan People, Washington, D.C.: Asia Foundation, 2008.

（26）Khan, Jalal, Afghanistan Jirga System, LAP Lambert Academic Publishing, 2010.

（27）Klass, Rosanne, Afghanistan: The Great Game Revisited, New York: Freedom House, 1990.

（28）Lansford, Tom, A Bitter Harvest: US Foreign Policy and Afghanistan, Burlington: Ashgate Publishing Company, 2003.

（29）Ma' Aroof, Mohammad Khalid, Afghanistan in World Politics: A Study of Afghan-U.S. Relations, Delhi, India: Gian Publishing House, 1987.

（30）Macdonald, David, Drugs in Afghanistan: Opium, Outlaws and Scorpion Tales, Pluto Press, 2007.

（31）Maley, William, The Afghanistan Wars, Palgrave Macmillan, 2009.

（32）Maley, William (ed.), Fundamentalism Reborn?: Afghanistan and the Taliba, London: Hurst & Company, 2001.

（33）Matinuddin, Kamal, The Taliban Phenomenon: Afghanistan 1994-1997, Oxford : Oxford University Press, 1999.

（34）Meher, Jagmohan, America's Afghanistan War: The Success that Failed, Delhi: Kalpaz Publications, 2004.

（35）Meyer, Karl E., The Dust of Empire: the Race for Mastery in the Asian Heartland, New York: Public Affairs, 2003.

（36）Nafeez Mosaddeq Ahmed, The War on Freedom, California: Tree of Life Publication, 2002.

（37）Nye, Joseph S., The Future of Power, New York: Public Affairs, 2011.

（38）Poullada, Leon B., and Poullada, Leila, The Kingdom of Afghanistan and the United States: 1828-1973, Lincoln, Nebraska: University of Nebraska at Omaha and Dageforde Publishing, 1995.

（39）Rasanayagam, Angelo, Afghanistan: A Modern History, London: I.B. Tauris, 2005.

（40）Rashid, Ahmed, Taliban: Islam, Oil and the New Great Game in Central Asia, London: I.B.Tauris & Co Ltd, 2002.

（41）Rubin, Barnett R., The Search for Peace in Afghanistan: From Buffer State to Failed State, New Haven: Yale University Press, 1995.

（42）Runion, Meredith L., The History of Afghanistan, Westport: Greenwood Press, 2007.

（43）Saikal, Amin, Modern Afghanistan: A History of Struggle and Surviva, London: I.B. Tauris, 2004.

（44）Scott, Peter Dale, American War Machine, Lanham, Maryland: Rowman and Littlefield publishers, 2010.

（45）Tanner, Stephen, Afghanistan: A Military History from Alexander the Great to the War Against the Taliban, Philadelphia: Da Capo Press, 2009.

（46）Tellis, Ashley J. and Mukharji, Aroop, Is a Regional Strategy Viable in Afghanistan? Carnegie Endowment for International Peace, 2010.

（47）Tomsen, Peter, The Wars of Afghanistan: Messianic Terrorism, Tribal Conflicts, and the Failures of Great Powers, New York: Public Affairs, 2011.

（48）Williams, Brian Glyn, Afghanistan Declassified: A Guide to America's Longest War, Philadelphia: University of Pennsylvania Press, 2011.

（49）Yousaf, Bridagier Mohammad, Silent Soldier: The Man behind the Afghan Jehad, Lahore, Pakistan: Jang Publishers, 1992.

（50）Yousaf, Mohammad and Adkin, Mark, The Bare Trap, Lahore, Pakistan: Jang Publishers, 1992.

六、英文论文和文章

（1）" Afghanistan: The U.S. Response ", Heritage Foundation Reports, Februbary,

1980.

（2）Bearden, Milton, " Afghanistan, Graveyard of Empires ", Foreign Affairs, Vol. 80, No. 6, Nov./Dec., 2001.

（3）Belasco, Amy, " The Cost of Iraq, Afghanistan, and Other Global War on Terror Operations Since 9/11 ", CRS Report for Congress, May 15, 2009.

（4）Belasco, Amy, " The Cost of Iraq, Afghanistan, and Other Global War on Terror Operations Since 9/11 ", CRS Report for Congress, Oct. 15, 2008.

（5）Blanchard, Christopher M., " Afghanistan: Narcotics and U.S.Policy ", CRS Report for Congress, Aug. 12, 2009.

（6）Boucher, Richard A., " U.S. Policy in Central Asia: Balancing Priorities (Part II) ", Apr. 26, 2006.

（7）Brenneman, Carl, " Bleeding the Bear by Funding Jihad: U.S. Foreign Policy in Afghanistan 1979-1989 ", ProQuest-PQDT, UMI Numeber: 1449107, 2007.

（8）Burns, Robert, " Mullen: Afghanistan Isn't Top Priority ", The Associated Press, Dec. 11, 2007.

（9）" Central Asia and the Transition in Afghanistan ", A Majority Staff Report Prepared for the Use of the Committee on Foreign Relations United States Senate, Dec. 19, 2011.

（10）Charles G. Cogan, " Partners in Time: The CIA and Afghanistan since 1979 ", World Policy Journal, Vol. 10, No. 2, 1993.

（11）Chadbourne, Melissa, " U.S. Policy toward Afghanistan and Pakistan Implications for the U.S. and its Allies ", Spring 2009.

（12）Coll, Steve, " A Secret Hunt Unravels in Afghanistan ", Washington Post, Feb. 22, 2004.

（13）Dale, Catherine, " War in Afghanistan: Strategy, Military Operations, and Issues for Congress ", CRS Report for Congress, Jan. 23, 2009.

（14）Demkiv, Anita, " Pakistan' FATA, Transnational Terrorism and The Global Development Model ", Journal of Global Change and Governance, Vol. II, Nov. 1, Winter/ Spring 2009.

（15）Dorronsoro, Gilles, " Afghanistan: The Impossible Transition ", The Carnegie

Papers, Jun. 2011.

（16）Douglas Kellner, " September 11 and Terror War: The Bush Legacy and the Risks of Unilateralism ", Logos 1.4 – Fall 2002.

（17）Fischer, Karl, " The AfPak Strategy: Reactions in Pakistan ", AAN Policy Briefing, Mar. 9, 2010.

（18）Grare and Maley, William, " The Afghan Refugees in Pakistan ", MEI-FRS, Middle East Institute, Jun. 30, 2011.

（19）Haider, Ziad, " Mainstreaming Pakistan's Tribal Belt: A Human Rights and Security Imperative ", Belfer Center Student Paper Series, Jan. 2009.

（20）Hanagan, Deborah, " The Changing Face of Afghanistan, 2001-08 ", Carlisle Paper, Jul. 2011.

（21）Hartman, Andrew, " 'The Red Template': US Policy in Soviet-Occupied Afghanistan ", Third World Quarterly, Vol. 23, No. 3, Jun. , 2002.

（22）Hollen, Christopher van, " Leaning on Pakistan Leaning on Pakistan ", Foreign Policy, No. 38, Spring, 1980.

（23）Hulbert, Matthew, " Last Throw of the Dice? US Strategy in Afghanistan ", CSS Analyses in Security Policy, No. 51, Mar. 2009.

（24）Ikenberry, G. John and Slaughter, Anne-Marie, " Forging a World of Liberty under Law: U.S. National Security in the 21st Century ", Final Report of the Princeton Project on National Security, Sep. 27, 2006.

（25）Innocent, Malou, " U.S. Policy toward Afghanistan and Pakistan ", Cato Handbook for Policymakers, 7th Edition.

（26）Jennings, John, " The Taliban and Foggy Bottom ", The Washington Times, Oct. 25, 1996.

（27）Jones, Seth G., " U.S. Strategy in Afghanistan ", Before the Committee on Foreign Affairs Subcommittee on Middle East and South Asia United States House of Representatives, Apr. 2, 2009.

（28）Kakar, Palwasha, " Tribal Law of Pashtunwali and Women's Legislative Authority ", Islamic Legal Studies Program, Harvard Law School.

（29）Kashyap, Aparajita, " Af-Pak Strategy: a Survey of Literature ", IPCS Special

Report, Jul. 2009.

（30）Katzman, Kenneth, " Afghanistan: Post-Taliban Governance, Security, and U.S. Policy ", CRS Report for Congress, Apr. 8, 2008.

（31）Katzman, Kenneth, " Afghanistan: Post-Taliban Governance, Security, and U.S. Policy ", CRS Report for Congress, Mar. 1, 2010.

（32）Keddie, Nikki R., " Is There a Middle East?", International Journal of Middle East Studies, Vol. 4, No. 3, Jul., 1973.

（33）Kfir, Isaac, " U.S. policy toward Pakistan and Afghanistan under the Obama administration ", Jan. 23, 2010.

（34）Kfir, Isaac, " A Review of AfPak and the Ongoing Challenge of Pakistan ", PSRU Brief Number 51, Dec. 10, 2009.

（35）Khalizad, Zalmay, " Turbulence in Afghanistan ", Hindustan Times, Oct. 10, 1996.

（36）Khan, Ayesha R., " Conceptualizing AfPak: the Prospects and Perils ", Asia Programme Paper: ASP, Jan. 2010.

（37）Khan, Rashid Ahmad, " International Assistance for Afghan Refugees ", Pakistan Horizon, Vol. 38, No. 1, 1985.

（38）Korb, Lawrence J., Wadhams, Caroline, Cookman, Colin and Duggan, Sean, " Sustainable Security in Afghanistan: Crafting an Effective and Responsible Strategy for the Forgotten Front ", Center for American Progress, Mar. 2009.

（39）Korski, Daniel " Transatlantic 'AfPak' Policy: One Year Later ", Policy Brief, No. 40, Feb. 2010.

（40）Lunn, Jon and Smith, Ben, " The AfPak policy: Origins and evolution ", Mar. 19, 2010.

（41）Lucas, Matthew Robert, " A Self-Defeating Strategy: The United States in Afghanistan, 1946-1960 ", California State University, Northridge, 2012.

（42）Mathiak, Lcuy Joanne, " American Jihad: the Reagan Doctrine as Policy and Practice ", ProQuest-PQDT, UMI Numeber: 9972805, 2000.

（43）Mahapatra, Debidatta Aurobinda, " The AfPak Strategy and its Implementation ", Journal of Alternative Perspectives in the Social Sciences, 2009, Vol. 1, No. 3.

（44）Markey, Daniel, " From AfPak to PakAf: A Response to the New U.S. Strategy for South Asia ", Council on Foreign Relations Press, Apr. 2009.

（45）Mohmand, Abdul-Qayum, " American Foreign Policy toward Afghanistan: 1919-2001 ", ProQuest-PQDT, UMI Numeber: 3271439, 2007.

（46）Mohsin Hamid, " The real problem in the Afghan war is India, Pakistan and Kashmir ", Aug. 8, 2010.

（47）Nerland, Krista, " A New Approach to Afghanistan/Pakistan?" Round Table and Public Panel Report, Jun. 3, 2009.

（48）Nossel, Suzanne, " Smart Power ", Foreign Affairs, Mar/Apr, 2004.

（49）Nye, Joseph S., " Get Smart ", Foreign Affairs, Jul/Aug, 2009.

（50）Parasram, Ajay, " Call in the Neighbours: Indian Views on Regionalizing Afghanistan Strategies ", Asia Pacific Bulletin, May 14, 2009.

（51）Phares, Walid, " China's strategic interests in AfPak Conflicts ", May 20, 2009.

（52）Phillips, James, " Pakistan: The Rising Soviet Threat and Declining U.S. Credibility ", Heritage Foundation Reports, Jun. 4, 1980.

（53）Pipes, Daniel, " Fundamentalist Muslims and U.S. Policy ", Heritage Foundation Reports, Aug. 10, 1984.

（54）Rashid, Ahmed, " Trotsky in Baluchistan ", The National Interest, Nov./Dec. 2009.

（55）Rice, Condoleezza, " Remarks at Eurasian National University ", Oct. 13, 2005.

（56）Rohed, David and Sanger, David E., " How a 'Good War' in Afghanistan Went Bad ", The New York Times, Aug. 12, 2007.

（57）Schrecker, Mark, " U.S. Strategy in Afghanistan: Flawed Assumptions Will Lead to Ultimate Failure ", Joint Force Quarterly, Issue 59, 4th Quarter 2010.

（58）Singh, Bilveer, " The Talibanization of Southeast Asia: losing the war on terror to Islamist extremists ", Praeger Security International, 2007.

（59）Starr, S. Frederick, " A 'Greater Central Asia Partnership' for Afghanistan and Its Neighbors ", Silk Road Paper, March 2005.

（60）Starr, S. Frederick, " A Partnership for Central Asia ", Foreign Affairs, Vol. 84, No. 4, Jul./Aug., 2005.

（61）Swaine, Michael D., " China and the 'AfPak' Issue ", China Leadership Monitor, No. 31, Winter 2009.

（62）Tarnoff, Curt, " Iraq: Reconstruction Assistance ", CRS Report for Congress, Mar. 24, 2008.

（63）Tarnoff, Curt, " Afghanistan: U.S. Foreign Assistance ", CRS Report for Congress, Jul. 8, 2009.

（64）The Senate of the United States, " Silk Road Strategy Act of 2006 ", May 4, 2006.

（65）Umar, Ghulam, " The Refugee Problem: An Overview ", Pakistan Horizon, Vol. 38, No. 1, 1985.

（66）UNHCR, " UNHCR Global Appeal 2010-2011 ", Dec. 1, 2009.

（67）UNODC, " Afghanistan Opium Survey 2008 ", Nov. 2008.

（68）United States Government Accountability Office, " Afghanistan: Key Issues for Congressional Oversight ", Apr. 2009.

（69）United States Government Accountability Office, " Afghanistan Security: Further Congressional Action May Be Needed to Ensure Completion of a Detailed Plan to Develop and Sustain Capable Afghan National Security Forces ", Jun. 18, 2008.

（70）United States Government Accountability Office, " Securing, Stabilizing, and Reconstructing Afghanistan ", May 2007.

（71）World Bank, " Afghanistan: State Buliding, Sustaining Growth, and Reducing Poverty ", Sep. 9, 2004.

（72）Wright, Parker H., " Pakistan's Tribal Lands: Central Front in the War Against the Global Islamist Insurgency ", A Research Report Submitted to the Faculty, Apr. 2009.

附录1　历任美国驻阿富汗大使

大使（含公使、代办）	任期	头衔及补充说明
威廉·H·霍尼布鲁克	1935—1936 年	全权公使。常驻伊朗并兼驻伊公使。
小路易斯·G·德莱弗斯	1940—1942 年	全权公使。常驻伊朗并兼驻伊公使。
科·万·恩格特	1942—1945 年	首位专任全权公使。1942 年，美国在阿开设使馆。
厄利·E·帕尔默	1945—1948 年	专任全权公使
小路易斯·G·德莱弗斯	1949—1951 年	第一任正式大使。 1948 年，美国公使馆升级为大使馆。
乔治·罗伯特·迈勒	1951—1952 年	大使
安格斯·I·沃德	1952—1956 年	大使
谢尔顿·T·米勒	1956—1959 年	大使
亨利·A·拜罗德	1959—1962 年	大使
约翰·M·斯蒂夫斯	1962—1966 年	大使
罗伯特·G·诺依曼	1966—1973 年	大使
小西奥多·L·艾略特	1973—1978 年	大使
阿道夫·杜布斯	1978—1979 年	大使，任内遇害。杜布斯遇害后，美国没有再向阿富汗派驻正式大使直至 2002 年。
J·布鲁斯·阿姆斯特茨	1979—1980 年	美国特派团副团长，后任临时代办。
霍桑·Q·米勒	1980—1982 年	临时代办
阿彻·K·布拉德		在 1982 年被任命，但这一任命被阿富汗政府拒绝。
查尔斯·F·登巴尔	1982—1983 年	临时代办
爱德华·霍尔福维茨	1983—1986 年	临时代办
詹姆斯·莫里斯·厄鲁姆	1986—1987 年	临时代办
乔恩·D·格拉斯曼	1987—1989 年	临时代办。1989 年，美国使馆关闭。
彼得·汤姆森	1989—1992 年	美国驻阿富汗抵抗组织的特使
詹姆斯·F·多宾斯	2001 年	美国使馆重新开放时的特使
瑞安·克罗克	2002 年	在任命正式大使以前的代办
罗伯特·芬恩	2002—2003 年	大使
扎尔梅·哈利勒扎德	2003—2005 年	大使
罗纳德·E·诺依曼	2005—2007 年	大使
威廉·B·伍德	2007—2009 年	大使
卡尔·W·艾肯伯里	2009—2011 年	大使
瑞安·克罗克	2011—2012 年	大使
詹姆斯·B·坎宁安	2012—2014 年	大使
P·迈克尔·麦金莱	2014—2016 年	大使

（资料来源：http://kabul.usembassy.gov/previous-us-ata.html; http://en.wikipedia.org/wiki/United_States_Ambassador_to_Afghanistan）

附录 2   《阿富汗展望》

说明：该文件是艾森豪威尔政府（情报咨询委员会）于 1954 年 10 月 19 日出台的国家情报评估报告。

1·问   题

为评估阿富汗内部事务和对外关系的发展要基于以下两点，一是苏联关于阿富汗的政策，二是西方为巩固这个被包围着的国家而做出的努力会产生怎样的影响。

2·结   论

（1）阿富汗是一个原始的部落王国，人口混杂，经济资源落后。虽然它有一个能完全控制政府的王室，但这个王室并不受阿富汗人欢迎。在可预见的未来，它的权威可能会面临国内的挑战。总的来看，阿富汗军事力量薄弱，只要不同时出现普遍的部落反叛，它都能确保国内安全。但在面对外来入侵时，它作为一支有组织的力量很快就会土崩瓦解。

（2）在为经济发展和重要的进口产品所必需的外汇上，阿富汗面临着短缺和不足。在未来的三年，这种短缺将是决定性的。然而，阿富汗经济大体上能实现粮食的自给自足。如果它能克服外汇的困难，阿富汗长期的经济前景包括适度规模的经济发展，会相当不错。

（3）阿富汗的战略重要性在于，作为一个缓冲国，它将北边的苏联和南边的非共产主义的巴基斯坦以及印度分隔开来，但它本身不被共产主义或非共产主义阵营所主导。阿富汗和苏联接壤，距离西方权力中心遥远，军事衰弱，对苏联在贸易和技术援助贷款上的依赖不断增长，这些都使得阿富汗面对苏联的施压会非常的脆弱。

（4）苏联对阿富汗的关注尤其是在技术和经济方面的援助，在去年显著增强。我们相信，这种关注是苏联整体努力的一部分，旨在抵抗西方在中东和南亚地区任何地方的努力。如果未来阿富汗参加西方支持的防卫协定或接受西方大量的军事援助，苏联将会做出强烈的反应。

（5）苏联的经济渗透可能会导致阿富汗逐渐走上苏联的轨道。而且，与苏联经济和技术援助相关的大量苏联人员的涌入会大大提高苏联的颠覆能力。然而，我们认为至少在未来数年内，苏联还不会事实上控制阿富汗。目前阿富汗国内微不足道的亲共产主义因素可以获得足够的力量推翻这个政权——在可预见的未来，这还是不可能的。如果苏联选择这样做，它能轻易地接管阿富汗。但是公开的入侵会招致普遍性的抵制，特别是在阿拉伯—亚洲国家里，这恰恰是苏联希望避免出现的。

（6）阿富汗可能会继续发挥自己的优势，推行在大国间搞平衡的基本政策，同时会在联合国内继续保持同阿拉伯—亚洲国家的联盟。

（7）阿富汗领导人将试图获得额外的西方援助以平衡来自苏联的援助，并且他们会对参与西方支持的军事援助计划表现出持续的兴趣。然而，让阿富汗人接受作为西方支持的区域防御协定中的一员是不可能的，因为他们几乎肯定意识到没有可预见的安排以提供足够的现实保护去反对苏联的进攻。反过来，这样还会刺激苏联的敌意接踵而至。

（8）与此同时，阿富汗将可能继续接受苏联提供的援助。在这样做的时候，阿富汗领导人可能会对自己在遏制与经济发展相关的苏联政治颠覆活动的能力方面产生误判。他们可能无法意识到一旦发生军事或外交危机时，西方在援助他们的能力和意愿上都具有有限性。

（9）受制于由阿富汗挑唆的普什图尼斯坦争端，巴基斯坦与阿富汗关系改善的机会变得渺茫了。实际上，在巴基斯坦和阿富汗官方圈子里已经有一些关于组建两国联盟或邦联的讨论。然而，由于基本的内部并发症和总是面临苏联和印度的反对，这样的合并是绝对不可能发生的。

3.讨 论

I 背景和现状

3.1 阿富汗的战略重要性和国际地位

（10）在东西方的权力斗争中，阿富汗的原始经济、未开发的资源、微不足道的军事能力、缺乏有用的战略设施——都会严重限制它对东西任何一方所具有的积极价值。

然而，美国的利益会受到这些发展的极大影响，因为：美国正在寻求阿富汗两侧的国家以加强对苏联威胁的反击；阿富汗的弱点和它远离西方力量的中心使得它面对苏联的行动会不堪一击，因此它很可能成为苏联在整个地区向西方利益施压的支点；阿富汗位于苏联和南亚次大陆（的印度和巴基斯坦）之间。

（11）在19世纪，阿富汗成为沙俄和英帝国冲突的焦点，因为它位于沙俄南下向印度扩张的必经之路上。英国因此支持阿富汗作为一个缓冲国寻求发展，阿富汗强大的政府基于自身利益也反对沙俄的扩张。在19世纪末，阿富汗出现了一位强大的统治者，英国已经控制了阿富汗的对外政策。1885年之后，阿富汗以前不清楚的边界被联合委员会划定，它的缓冲国角色得到加强。1907年，英俄确认了阿富汗的缓冲国地位，沙俄同意将阿富汗排除在其势力范围之外。作为回报，英国承诺不干涉阿富汗领土和内部事务。

（12）因此近一个世纪以来，阿富汗的安全和内部独立依赖于这样一种情形，即沙俄和英国都不能接受彼此对阿富汗的占领。结果，在1919年阿富汗获得了其对外关系的控制权后，它的对外政策就是要平衡英国和俄国的影响。然而，第二次世界大战和1947年英国撤出印度从根本上改变了过去曾支持阿富汗独立地位的力量平衡态势。南亚次大陆的英国权力被两国相对较弱的国家巴基斯坦和印度取代，这就剥夺了来自于南方的对阿富汗的传统支持。缺乏权力制衡，阿富汗极易受到苏联的压力。

（13）部分是由于这一地位，阿富汗在目前的东西方冲突中采取了中立主义立场。它是联合国中阿拉伯—亚洲集团的一员，经常弃权以避免卷入苏联阵营和西方之间的争论。它欢迎苏联、美国以及联合国援助它的发展计划。虽然阿富汗领导人通常被认为倾向西方和不信任苏联，但他们意识到身处这样的位置，他们不能无视一个强大邻国的态度。一般而言，他们会继续平衡两个大国集团的利益，为阿富汗谋取最大化的优势。

3.2　与巴基斯坦的普什图尼斯坦争端

（14）在阿富汗的东南侧翼，英国权力被一个缺乏稳定的弱小国家取代，这刺激了阿富汗在它以前输给英国的领土和民族问题上的兴趣的复苏。尽管阿富汗没有对位于巴基斯坦境内的这片领土提出正式声索，但阿富汗并没有完全接受巴关于将旧的杜兰线作为与阿富汗边界的主张。自从巴基斯坦立国后，阿富汗就要求巴境内大约五百万人的普什图部落民众（普什图族也是阿富汗境内占主导地位的民族集团）应该被赋予建立普什图尼斯坦这样一个自主国家的权利。阿富汗赞助普什图尼斯坦的原始动机还不完全清楚，它试图唤起部落民众支持的努力也只取得有限的成功。然而在某种程度上，阿富汗一直坚持这一运动。到现在，普什图尼斯坦争端已经成为事关阿富汗国家威望的问题。

（15）尽管阿富汗的普什图尼斯坦主张是它外交政策的重要主题，但这一主张从未被精确界定。在对待这个拟议中的国家的领土范围和它与巴基斯坦和阿富汗的关系应该怎样的问题上，阿富汗的宣传多有不同。巴基斯坦拒绝讨论任何涉及其领土完整的问题。主要由于现有证据的支持，巴基斯坦坚持这样的立场：巴继承了杜兰线以东的所有英国权利；正如过去与英属印度的关系那样，普什图部落满足于与巴基斯坦保持相同的关系。普什图部落从阿富汗和巴基斯坦任何一方都能获得补助和利诱，因此，虽然部落本身并不特别赞成普什图尼斯坦国家，但他们有兴趣看到争议持续下去。第三方包括美国在1950年的各种努力，并没有推动问题的解决，双方都不愿在其基本立场上后退。

（16）如果普什图尼斯坦问题不被列入议程，阿富汗拒绝与巴基斯坦就一般问题进行正式谈判。尽管有一些阿富汗领导人声称希望结束争端，但在阿富汗王室内部，首相达乌德是普什图尼斯坦问题最狂热的倡导者。最近几个月，喀布尔又加强了宣传攻势。在支尔格会议上，部落领袖已经得到承诺：政府将继续寻求独立的普什图国家，政府控制的阿富汗媒体会继续宣传普什图尼斯坦。

3.3　内部状况

（17）至（26）的内容已省略。

Ⅱ　可能的国内事态发展

（27）至（33）的内容已省略。

Ⅲ　苏联与阿富汗关系可能的发展状态

（34）大约自从1953年中期以来，特别是1954年初土耳其与巴基斯坦签署协定后，苏联对阿富汗的关注显著加强。如上所述，苏联已经为阿富汗提供了大量的经济和技术援助，并大大提高了它在阿富汗对外贸易中的地位。

（35）我们相信，苏联对阿富汗的关注是它对抗西方尤其是美国在中东和南亚地区势力的整体努力的一部分。关于阿富汗本身，苏联的目标可能在于：限制西方的影响力，尤其是阻止西方在阿富汗建设军事设施；确保阿富汗政府对苏联压力和影响力的回应能力；建立苏联在阿富汗的颠覆能力；建设有助于入侵印度次大陆的设施。

（36）不过，苏联几乎肯定会将这些累积效应视作是苏联在西南亚地区利益的受挫，这些累积效应来自于：去年的土耳其—巴基斯坦协定、开始为巴基斯坦和伊拉克提供军事援助、强化西方在伊朗的存在和解决苏伊士运河争端。在这种情况下，阿富汗在军事上极端虚弱，经济上严重依赖苏联，其战略位置横空美国正试图打造的"北层防御线"上——由此阿富汗为苏联提供了一个便利的舞台，苏联可以采取反制措施阻止附近的国家在西方防御计划中进一步合作，以抵消西方在该地区的收获。

（37）苏联利用阿富汗处境的努力几乎肯定会继续下去。至少在最初，苏联可能会继续强调经济和其他利诱的软政策，这服务于双重目的，其一是向阿富汗邻国展示与苏联合作的价值，其二是在阿富汗建立苏联的力量和影响。然而，如果该地区对苏联利益的威胁增长了，那么苏联可能会逐步转向施压策略。如果伊朗显示出加入亲西方的防御体系的信号，苏联可能会考虑不仅对伊朗而且对阿富汗展示力量。这种展示可能会是外交和经济压力，并且得到沿着边境线上的军事行动的支持。同时，苏联将在任何情况下继续阻止阿富汗接受西方在该国影响和活动的加强，并且施加强大压力防止阿富汗参加西方支持的防御协定或接受大量西方军事援助。1931年的苏联—阿富汗条约为苏联的施压提供了强有力的法律支持，该条约规定任何一方不予承担或协助会危害另一方利益的任何行为。

（38）因此，双方关系的未来前景是苏联会继续渗透阿富汗的经济和其他内部事务。阿富汗领导人几乎肯定会寻求限制苏联在其国内力量和影响的增强，努力获得具有制衡作用的西方的经济或其他援助。然而，他们将会发现很难抵抗苏联经济援助的优势。他们可能会高估自己在遏制与经济发展相关的苏联政治颠覆活动的能力。他们可能无法意识到一旦发生军事或外交危机时，西方在援助他们的能力和意愿上都具有有限性。苏联的经济渗透很可能导致阿富汗循序渐进地步上苏联的轨道。

（39）然而，至少在未来几年内，我们不认为苏联会实际上控制阿富汗。由于苏联在阿富汗经济生活中的持续渗透以及随之而来的苏联人员的涌入，共产主义的颠覆能力会有所提高。然而，我们认为至少在未来数年内，苏联还不会事实上控制阿富汗。目前阿富汗国内微不足道的亲共产主义因素可以获得足够的力量推翻这个政权——在可预见的未来，这还是不可能的。苏联能够轻易地通过或多或少的公开手段降低阿富汗的卫星国地位，这些手段包括：利用跨境游击队或心存不满和唯利是图的部落民众，推翻目前的王朝或在阿富汗北部建立傀儡政权；要求在阿富汗建立军事基地；进行公开的军事侵略。然而，在目前情况下，莫斯科可能会不愿意采取这样的公开激进的战术，以免引起中东和南亚的中立主义国家的警觉，从而推动它们向西方靠拢。除了为苏联提供战略优势，占领阿富汗并不能提供太多东西。即使发生大规模战争，阿富汗也可能只会被接管作为共产主义入侵印度次大陆的一部分。我们目前的估计是，至少在大规模战争的早期阶段，这样的入侵可能不会进行。

Ⅳ　阿富汗与巴基斯坦关系可能的发展状态

（40）至（44）的内容已省略。

Ⅴ　展望阿富汗与美国的关系

（45）尽管阿富汗奉行中立政策，但大多数阿富汗领导人都认识到要与西方保持良好的关系以平衡苏联的影响，他们对苏联充满恐惧和不信任。阿富汗可能会继续希望获得最大化的西方援助，但是鉴于邻近苏联以及游走于俄国和西方之间的传统政策，它可能会对西方对其政策的影响设定谨慎的限制措施。尽管最近苏联于阿富汗的贸易在增长，但阿富汗对外贸易的很大一部分和其目前发展计划所需的大部分外部援助，仍将继续依赖非共产主义国家尤其是美国。阿富汗将继续寻求美国的经济援助，主要是因为其自身的经济需求，但也可能增加美国在阿富汗的利益存在。

（46）虽然阿富汗一直批评美国对巴基斯坦的武器援助，但它总体上并不反对我们加强在该地区力量存在的努力，甚至它还对接受美国的武器援助表现出一定的兴趣。毫无疑问，如果该地区的防御协定能得到美国的支持并且获得美国的武器援助，那么许多阿富汗领导人是愿意让阿富汗加入这样的协定的。然而，让阿富汗人接受作为西方支持的区域防御协定中的一员是不可能的，因为他们几乎肯定意识到没有可预见的安排——即使是在最坚定的支持下，我们几乎无法提供足够的现实保护去反对苏联的进攻。此外，如果没有涉及与巴基斯坦直接关系的任何安排，普什图尼斯坦争端会变得更加困难难解。

（47）美国通过巩固巴基斯坦和增加苏联对阿富汗南部侧翼的敏感度以加强在该地区的力量存在，虽然此举可能会违反阿富汗的利益，但阿富汗可能会继续希望美国对地区防御保持兴趣。喀布尔政府仍然倾向于按照阿富汗传统缓冲国的角色去思考，它可能会将进入该地区的美国力量作为是对阿富汗南部侧翼的英国权力的替代，这是一个理想的手段。出于这个原因，阿富汗可能会寻求最大化地利用美国对阿富汗和整个该地区的兴趣，它可能会继续不时地提出获得美国军火和加入地区防御协定的可能性——虽然它也意识到这样的计划是不切实际的。

VI 展望与其他国家的关系

（48）印度。

（49）伊朗。

（50）土耳其。

（51）西欧国家。

（52）阿拉伯国家。

（48）至（52）的具体内容已省略。

（资料来源：FRUS, 1952-1954. Africa and South Asia: Vol. XI）

附录 3 《美国在阿富汗的政策、计划和战略》

说明：该文件是 1985 年 3 月 27 日里根总统签署的第 166 号国家安全决策指令，被认为是里根时期美国对阿富汗政策的转折点。

苏联在阿富汗的战争已经进入第 6 个年头。我们的阿富汗战略有两个基本内容：其一，执行隐蔽行动以支持阿富汗抵抗运动；其二，运用外交、政治战略对苏联施压以促使苏联从阿富汗撤军，并且增强对阿富汗抵抗力量的国际支持。

1. 美国的政策目标和主要利益

我们政策的最终目标是使苏联从阿富汗撤军，恢复阿富汗的独立地位。在 1985 至 1990 年的中期阶段，美国将致力于实现一些暂时的目标，这有助于实现最终的目标。不管阿富汗战争的最终结果如何，实现暂时目标都符合美国的国家利益。这些暂时目标如下。

（1）向苏联证明，它征服阿富汗的长期战略是不起作用的。如果阿富汗战争形势不断恶化，从苏联的视角看，苏联领导人将会对最终实现苏联的目标缺乏信心。实现这一目标是对苏联保持压力以迫使它调整政策的最好方式，这将有利于美国和阿富汗人民。

（2）不能让阿富汗成为苏联的基地。我们的隐蔽计划就是要阻止阿富汗成为苏联向这个地区扩张权力和影响力的基地。一旦苏联巩固了在阿富汗的地位，它就能更好地利用伊朗后霍梅尼时代可能发生的动乱，同时给巴基斯坦政府制造困难。

（3）在阿富汗问题上，推动苏联在第三世界和伊斯兰世界的孤立。苏联已经为继续占领阿富汗在第三世界付出了代价。我们一定不能让苏联的行为从第三世界和伊斯兰世界的议程中消失。我们要继续努力在阿富汗问题上增强对苏联的谴责。

（4）防止（其他国家内部）抵制苏联侵略的运动的失败。不能让苏联的反暴乱努力战胜这些土生土长的抵抗运动，这是至关重要的。第三世界的许多国家一开始就倾向于将苏联视作它们的天然盟友，苏联在阿富汗的持续侵略向这些国家证明——苏联是一个帝国主义国家，只要符合它的利益，它就会对第三世界的国家进行军事征服。

（5）向苏联显示我们志在阻止苏联在第三世界侵略的坚定目标。我们支持阿富汗抵抗运动就证明了我们的这一承诺。如果撤出对阿富汗抵抗力量的援助，就会向苏联以及中美洲、非洲和亚洲的反苏力量传递出这样的信号：我们在抵抗苏联帝国主义这个目标上是不坚定的。我们的援助向苏联证明了我们将继续抵抗低层次的苏联侵略，同时追求武器控制。

（6）某种程度上，将战争信息带给苏联人民将会降低他们对苏联军事和对外政策的信心。

2. 实现我们的政策目标

为了实现上述论及的目标，美国政府各部门和机构都要行动起来，采取以下措施。

（1）加强对我们隐蔽行动计划的情报支持。有关战争进程的详细、及时的信息能使我们确定我们是否正在击败苏联的长期战略，而且便于调整我们的计划以提高它的有效性。

（2）利用情报强化这样的努力，加强苏联由于占领阿富汗所造成的敏感性和脆弱性。

（3）提升阿富汗抵抗运动的军事效力，目的是保持对苏联不利的战争趋势。这就包括为军事效力设立成绩目标和标准。

（4）约束腐败问题或腐败现象的发生，这就需要继续加强对输入阿富汗的物资供应的管理，追踪在途中的物资，进一步确定阿富汗的抵抗组织接收到不断增加的物资并且使用在战斗中。

（5）与巴基斯坦保持良好的合作关系。由于缺少向阿富汗运输物资的其他路线，这种关系对隐蔽行动来说就显得至关重要。因为巴基斯坦支持抵抗运动，我们需要对它的安全需求给予回应。

（6）鼓励抵抗运动基于人道主义在阿富汗进一步开展社会服务，这有助于缓解巴基斯坦的难民问题，确保阿富汗人民在后勤方面支持抵抗运动。

（7）通过公共外交、双边努力增强国际社会对苏联的政治压力，支持联合国主导的旨在使苏联完全撤军的谈判。

（8）在任何可能的情况下，都要鼓励阿富汗各抵抗组织之间进行更多的政治合作。从国际方面来看，一个联合的抵抗运动将有助于抵抗事业的发展，虽然期待一个联合的抵抗运动还不现实，但是各圣战者党派之间达成协议，建立在国际上能代表抵抗运动的组织，这将增加对苏联的压力并且增强抵抗运动在政治和外交上的效力。

（资料来源：U.S. Policy, Programs, and Strategy in Afghanistan. National Security Decision Directive, NSDD 166. Mar. 27, 1985. Intelligence Resource Program）

附录4 《与喀布尔的塔利班打交道》

说明：该文件是美国国务院于1996年9月28日发给美国驻巴基斯坦大使馆的电报，塔利班在此前一天首次攻占喀布尔。

在初期阶段，我们愿意与新的塔利班"临时政府"接触，目的是：表明美国有将他们作为新的喀布尔当局并与之打交道的意愿；寻求有关他们的计划和政策方面的信息；表达美国在包括稳定、人权、毒品和恐怖主义等关键的关注领域的看法。只要可行和安全，授权驻伊斯兰堡大使馆派代表前往喀布尔，与塔利班临时政府主动联系，代表们应该阐明以下论点：

（1）美国与阿富汗人民的友谊历史悠久，我们期待未来亦如此，我们承认塔利班现在控制着喀布尔和阿富汗的许多国土；我们注意到新的临时政府的最初声明，我们希望你们不久能推荐一位代表你们的政府的使节前往华盛顿，我们没有延长目前在美国的阿富汗外交官（指拉巴尼政权）的签证，我们正采取措施确保阿富汗代表团在华盛顿和纽约的安全；我们愿意与你们的政府对话，我们想更多地了解你们的计划和政策；我们始终如一地告诉前政府，我们想看到一个和平、安定的阿富汗，它的政府应该要代表所有的阿富汗民族和宗教群体；你们声明说阿富汗是所有阿富汗人民的共同家园，任何派别都不能单独管理这个国家。我们对此深受鼓舞，我们也持相同的观点，我们对你们打算如何吸纳少数民族和宗教群体也很感兴趣。

（2）关于人道主义问题：正如你们所知，我们为阿富汗人民提供了援助，在拨款买食物、救灾和扫雷等方面，我们愿意继续这种援助；我们为在巴基斯坦的阿富汗难民提供了保健和教育援助，我们希望阿富汗的新事态能容许在那里和伊朗的难民返回阿富汗；我们认为联合国在阿富汗扮演了持续重要的角色，它在人道主义救助、扫雷和其他领域做出了主要贡献，我们鼓励你们能继续与它密切合作；对你们的部队进入喀布尔后破坏联合国的建筑以及立刻处死前总统纳吉布拉，我们感到失望；联合国特别代表团在你们实现国家和解的任务中也发挥着作用，这个时候你们如何看待他们的作用？

（3）关于毒品问题：我们已经与你们的代表讨论了我们对阿富汗不断增长的毒品生产和交易的关切，对于你们谴责毒品是非伊斯兰的这种再保证，我们表示欢迎；然而，我们注意到自从1993年以来赫尔曼德省的毒品生产已经增加了许多，有迹象表明坎大哈省的海洛因配制也有显著的提升；我们希望你们能采取坚定的措施使那些种植鸦片的地方转向种植其他作物；我们致力于在赫尔曼德省和其他地方开展反毒品项目，实现种植作物的替代。

（4）关于恐怖主义：你们保证说，你们正在关闭之前由希克马蒂亚尔、萨亚夫或其他阿拉伯组织运作的恐怖分子和激进分子的训练营，我们对此表示欢迎。你们能告诉我们那些训练营目前的状况吗？你们知道前沙特金融家和激进伊斯兰分子奥萨马·本·拉登的位置吗？我们以前听说他在阿富汗的东部省份，我们认为他在阿富汗的存在不符合阿富汗的利益。

（5）关于我们在阿富汗的外交代表问题（仅仅是在被塔利班询问时）：我们在喀布尔还有大使馆财产，我们寻求你们给予保护。当安全状况允许，我们愿意重开大使馆。我们正在考虑何时可以采取这个行动。同时，我们愿意经常前往喀布尔以保持和你们政府的联系。

（资料来源：U.S. Department of State, Cable, "Dealing with the Taliban in Kabul", September 28, 1996. The September 11th Sourcebooks）